2015

GUANGDONGSHENG QUYU JINGJI FAZHAN BAOGAO

广东省区域经济发展报告 2015

广东省发展和改革委员会 编

暨南大学出版社
JINAN UNIVERSITY PRESS

中国·广州

图书在版编目（CIP）数据

广东省区域经济发展报告．2015/广东省发展和改革委员会编．—广州：暨南大学出版社，2016.12
ISBN 978－7－5668－1764－8

Ⅰ．①广…　Ⅱ．①广…　Ⅲ．①区域经济发展—研究报告—广东—2015　Ⅳ．①F127.65

中国版本图书馆 CIP 数据核字（2016）第 300404 号

广东省区域经济发展报告（2015）
GUANGDONGSHENG QUYU JINGJI FAZHAN BAOGAO（2015）
编　者　广东省发展和改革委员会

出 版 人　徐义雄
责任编辑　黄文科　黄圣英
责任校对　李倬吟
责任印制　汤慧君　周一丹

出版发行　暨南大学出版社（510630）
电　　话　总编室（8620）85221601
　　　　　　营销部（8620）85225284　85228291　85228292（邮购）
传　　真　（8620）85221583（办公室）　85223774（营销部）
网　　址　http://www.jnupress.com　http://press.jnu.edu.cn
排　　版　广州市天河星辰文化发展部照排中心
印　　刷　深圳市新联美术印刷有限公司
开　　本　787mm×1092mm　1/16
印　　张　17.75
字　　数　270 千
版　　次　2016 年 12 月第 1 版
印　　次　2016 年 12 月第 1 次
定　　价　50.00 元

前言

为全面系统地反映广东全省区域发展情况，促进区域协调发展，为各级党委、政府决策作参考，根据省领导的指示，广东省发展改革委从2008年开始，每年组织编写出版年度《广东省区域经济发展报告》，至今已出版七期。

为保持延续性，便于分析对比，《广东省区域经济发展报告（2015）》沿用了上一期的篇章结构，分综合篇、区域篇、专项篇三个篇章和附录，以翔实的资料，全面反映了2015年广东推进区域经济发展的情况。综合篇介绍了2015年广东省经济社会发展总体情况、四大区域发展分析和“十三五”发展思路，并对广东在全国发展中的地位及与沿海发达省（市）的比较进行了分析；区域篇介绍了珠三角、粤东、粤西、粤北四大区域的发展情况，并对21个地级以上市及顺德区的区域发展和合作特点、县域经济发展情况、重大区域发展平台规划建设等进行了重点阐述；专项篇详细介绍了区域发展十项主要工作情况。本书的附录收录了2015年出台的《国家发展改革委关于进一步加强区域合作工作的指导意见》《中共广东省委关于制定国民经济和社会发展第十三个五年规划的建议》等三份文件和“2015年广东区域经济发展大事记”。

本书在编写过程中，得到了广东省经济和信息化委、省财政厅、省商务厅、省统计局、省海洋渔业局、省港澳办、省台办、省扶贫办等省直部门和各地级以上市发展改革局（委）的大力支持，在此表示衷心的感谢！由于水平有限，如有错漏之处，敬请批评指正。

编　者

2016 年 10 月

目录

Contents

区域篇

专项篇

附 录

综合篇

一、经济社会发展概要

2015年，广东省紧紧围绕主题主线和“三个定位、两个率先”目标，全面落实稳增长、促改革、调结构、惠民生、防风险各项措施，经济运行稳中向好、稳中提质，经济社会发展取得新成绩，实现了“十二五”的圆满收官。全省地区生产总值72 812.55亿元，增长8.0%；[①] 人均地区生产总值达67 503元，增长7.0%；地方一般公共预算收入9 366.78亿元，增长11.9%。

（一）产业发展

三次产业结构为4.6∶44.8∶50.6，服务业占比首次超过50%。建成珠海碧辟化工PTA三期扩建等一批重大产业项目，湛江钢铁1号高炉正式点火，先进制造业增加值占规模以上工业比重达47.9%，高技术制造业增加值占规模以上工业比重提高至25.6%。加快发展生产性服务业、健康服务业、养老服务业、体育产业、旅游业、文化创意设计服务，现代服务业增加值占服务业比重达60.4%。

（二）对外经贸

全省进出口总额达10 227.96亿美元，下降5.0%；一般贸易方式进出口4 311.58亿美元，增长3.7%，占总额的42.2%，比重提升3.6百分点；服务贸易占对外贸易的比重提高到11.1%。对美国、东盟、欧盟进出口额分别为

① 本书主要数据来源：《广东统计年鉴2016》。所述的“增长”，除特别标明外，均指“比上年增长”。

1 283.92 亿美元、1 133.83 亿美元、1 071.59 亿美元，分别增长 5.4%、1.0%、1.4%。合同利用外资 561.5 亿美元，增长 30.3%；实际利用外商直接投资 268.75 亿美元，与上年持平。率先出台参与“一带一路”建设实施方案，成功举办第二届广东 21 世纪海上丝绸之路国际博览会；对海上丝绸之路沿线重点 14 国进出口额增长 4.3%。

（三）基础设施

全年固定资产投资完成 30 031.20 亿元，增长 15.8%。基础设施投资 6 976.83亿元，增长 16.6%。2015 年作为“十二五”的收官之年，基础设施领域建成投产了一批大型项目，其中亚洲最大的火车站——深圳福田火车站正式投入运营；平兴高速、包茂高速粤境段、潮惠高速一期、汕湛高速揭西至博罗段等 9 条高速公路通车，高速公路通车里程突破 7 000 公里、跃居全国首位，新增高速公路里程 738 公里，实现了县县通高速的目标，出省高速公路通道达 11 条；全省高快速铁路通车里程 1 360 公里，广佛肇城际、莞惠城际进入联调联试阶段，广佛地铁线西朗至燕岗段年底正式通车。新建成一批机场、港口、能源、环保、水利等项目。阳江核电 2 号机等 11 台机组建成投产，新增骨干电源装机容量 630 万千瓦。

（四）区域发展

珠三角地区人均生产总值突破 10 万元，现代服务业增加值占服务业比重达 62.9%，先进制造业增加值占规模以上工业比重达 53.0%，创新型经济蓬勃发展。深入实施粤东西北地区振兴发展战略，狠抓交通基础设施建设、产业园区扩能增效、中心城区扩容提质和全面对口帮扶。开展高速公路建设大会战，改善粤东西北内联外通条件。省产业转移园区规模以上工业增加值增长 16.6%，占粤东西北地区比重上升到 25.8%。珠三角 6 个帮扶市累计投入财政资金约 95 亿元，引进项目 692 个，已完成投资约 600 亿元。

（五）资源环境

推进节约集约用地示范省建设，累计完成“三旧”改造面积13.33万亩。开展练江、淡水河、石马河、广佛跨界河流及一批城市内河涌污染综合整治，主要江河水质总体稳定，城市集中式饮用水源水质全部达标。开展大气污染联防联治，2015年PM2.5、PM10平均浓度分别下降17.1%、15.0%，城市空气质量指数平均达标率为91.1%，提高6.1百分点。实施重金属污染综合防治行动计划。城镇生活污水集中处理率、生活垃圾无害化处理率分别达93.3%、91.6%，农村生活垃圾无害化处理率达53.6%。全面开展新一轮绿化广东大行动，建成生态公益林7 214万亩、碳汇林1 503万亩，森林覆盖率达58.88%。建成一批国家级自然保护区、森林公园、湿地公园，建成绿道1.2万公里。2015年，广东单位GDP能耗下降5.71%，单位工业增加值能耗下降10.47%，单位GDP电耗下降6.1%。

（六）体制机制

行政体制改革步伐加快，51个省直部门实行权责清单管理，新取消和调整省级行政审批事项120项。建成省、市、县三级联通的网上办事大厅并延伸到镇、街，省直部门全部行政审批事项和99%的社会服务事项实现网上办理。全省率先全面完成党政机关公务用车制度改革。率先实行企业投资项目清单和网上备案，推行投资审批事项并联审批；推广政府和社会资本合作模式。探索建立现代财政制度，深入开展预算管理、转移支付制度改革。初步建成省公共信用信息管理系统平台，开通运行“信用广东网”。

（七）社会民生

城镇和农村常住居民人均可支配收入分别达3 4757.16元和13 360.44元，

分别增长 8.1% 和 9.1%。城镇新增就业 155.5 万人，城镇登记失业率 2.45%。加快推进基本公共服务均等化，坚持办好十件民生实事，全省民生类支出 8 912.7 亿元，增长 44.3%，占地方一般公共预算支出 69.6%，比上年提高 2 百分点。底线民生水平不断提高，城乡低保补差分别提高到 410 元/月和 200 元/月。全省企业职工基本养老金平均水平达 2 400 元/月。新开工建设城镇保障性住房 6.6 万套（户）、棚户区改造 8.8 万套（户），基本建成保障性安居工程 11.9 万套（户）。全面实施城乡居民殡葬基本服务由政府免费提供政策。公办义务教育标准化学校覆盖率达 99.0%，高中阶段教育、高等教育毛入学率分别达 95.7%、33.0%。开展城乡居民大病医疗保险，城乡居民人均补助标准提高到 380 元/年，人均基本公共卫生服务经费补助标准提高到 40 元。

表 1　广东省 2015 年宏观经济主要指标表

	2014 年		2015 年	
	绝对数	比上年增长(%)	绝对数	比上年增长(%)
一、广东省生产总值（亿元）	67 809.85	7.8	72 812.55	8.0
第一产业	3 166.82	3.2	3 345.54	3.3
第二产业	31 419.75	7.9	32 613.54	7.0
第三产业	33 223.28	8.0	36 853.47	9.5
二、人均地区生产总值（元）	63 469	7.1	67 503	7.0
三、固定资产投资（亿元）	25 928.09	15.9	30 031.20	15.8
四、社会消费品零售总额（亿元）	28 471.15	11.9	31 517.56	10.1
五、外贸进出口总额（亿美元）	10 765.84	-1.4	10 227.96	-5.0
出口总额	6 460.87	1.5	6 434.68	-0.4
进口总额	4 304.97	-5.5	3 793.28	-11.9
六、实际利用外商直接投资（亿美元）	268.71	7.7	268.75	0.01

（续上表）

	2014 年		2015 年	
	绝对数	比上年增长(%)	绝对数	比上年增长(%)
七、城镇常住居民人均可支配收入（元）	32 148.11	8.8	34 757.16	8.1
农村常住居民人均可支配收入（元）	12 245.56	10.6	13 360.44	9.1
八、居民消费价格指数（%）	102.3	2.3	101.5	1.5
九、地方一般公共预算收入（亿元）	8 065.08	13.9	9 366.78	11.9
地方一般公共预算支出（亿元）	9 152.64	8.8	12 827.80	40.1
十、金融机构信贷收支（亿元）				
银行业金融机构本外币存款余额	127 881.46	6.9	160 388.22	25.4
银行业金融机构本外币贷款余额	84 921.80	12.2	95 661.12	12.6

二、区域经济发展综述

（一）四大区域发展分析

广东全省划分为珠江三角洲、粤东、粤西、粤北四大区域。珠江三角洲地区包括广州、深圳、珠海、佛山、江门、东莞、中山、惠州、肇庆 9 市；粤东地区包括汕头、潮州、揭阳、汕尾 4 市；粤西地区包括湛江、茂名、阳江 3 市；粤北地区包括韶关、河源、梅州、清远、云浮 5 市。2015 年，全省年末常住人口 10 849 万人，其中珠三角占 54.2%，粤东、粤西、粤北分别占 15.9%、14.6%、15.3%。珠三角城镇化率最高，达 84.59%，比上年提高了 0.5 百分点；粤东、粤西、粤北分别为 59.93%、42.01%、47.17%，基本与上年持平。

表 2　2015 年广东省四大区域基本情况

	面积及全省比重		年末常住人口及占全省比重		城镇化率
	面积（万平方公里）	占比（%）	人口（万人）	占比（%）	（%）
全省	17.97	—	10 849	—	68.71
珠三角	5.48	30.49	5 874.27	54.2	84.59
粤东	1.55	8.63	1 727.31	15.9	59.93
粤西	3.26	18.14	1 583.35	14.6	42.01
粤北	7.68	42.74	1 664.07	15.3	47.17

“十二五”以来，广东充分发挥珠三角地区辐射带动作用，大力推进产业和劳动力“双转移”，推进粤东西北地级市城区扩容提质，加大财政转移支付和对重大项目建设的支持力度，实施扶贫开发“规划到户、责任到人”，区域协调发展迈上新的台阶。

1. 区域经济实力相对差距有所缩小。改革开放以来，广东经济快速发展，实力不断增强，珠三角在广东经济中占据“龙头”地位。随着区域协调发展战略的全面推进，广东四大区域经济实力的相对差距有所缩小，区域经济发展从一极到多极转变。2000 年以来，珠三角占全省地区生产总值比重不断提高，2007 年占比上升到最高 80.0%，2008 年开始下降，2014 年比重降到 78.9%，同期，粤东、粤西占全省地区生产总值比重分别为 6.9%、7.9%，比 2007 年分别提高了 0.5、0.7 百分点，粤北山区比重保持不变。2015 年，珠三角占地区生产总值比重有所回升，为 79.1%，粤东西北地区占 20.9%。

近年来，粤东西北地区经济增长速度快于珠三角地区，这也是广东区域相对差距缩小的主要原因。2000 年以来，珠三角地区和粤东西北地区的经济走势基本一致，经济在经历了 20 世纪 90 年代相对低速之后重新走上较快增长轨道，2009 年受国际金融危机冲击，经济经历了一轮较快增长后下行。从 2000 年到 2008 年，珠三角地区生产总值增速一直高于粤东西北地区，差距为 0 ~ 7.0 百分点；从 2009 年到 2014 年，珠三角地区生产总值增速开始低于粤东西北地区，差距0.6~2.7百分点，且波动比较小。“十五”“十一五”珠三角经济增长分别为15.4%、13.5%，均高于同期全省和粤东西北增速，但差距在不断缩小，与全省平均水平之差由“十五”的2.1百分点，下降为“十一五”的1.1百分点，与粤东西北之差由“十五”的5.2百分点，下降为“十一五”的0.1百分点。“十二五”珠三角增速明显下降，仅为8.7%，分别低于全省和粤东西北0.2和1.0百分点。

表3　历年区域GDP占比及增速变化情况

	区域占全省GDP比重（%）					区域GDP增长速度（%）				
	珠三角	粤东西北	粤东	粤西	粤北	珠三角	粤东西北	粤东	粤西	粤北
2000年	75.2	24.8	9.5	8.5	6.8	13.7	8.2	6.7	9.4	8.7
2005年	79.8	20.2	6.7	7.5	6.0	15.7	13.8	11.9	13.8	15.7
2006年	79.9	20.1	6.5	7.4	6.2	16.8	15.5	13.2	14.2	19.0
2007年	80.0	20.0	6.4	7.2	6.4	16.3	15.9	15.4	14.0	18.2
2008年	79.7	20.3	6.6	7.3	6.4	12.8	11.4	13.1	10.9	10.3
2009年	79.7	20.3	6.7	7.2	6.4	9.4	10.7	11.3	10.4	10.3
2010年	79.6	20.4	6.6	7.4	6.4	12.2	13.7	14.1	14.1	13.0
2011年	79.3	20.7	6.7	7.6	6.4	9.9	11.0	11.5	11.1	10.4
2012年	79.1	20.9	6.9	7.7	6.3	8.1	9.6	10.1	10.0	8.7
2013年	79.0	21.0	6.9	7.8	6.3	9.3	10.4	10.5	12.0	8.4
2014年	78.9	21.1	6.9	7.9	6.3	7.8	9.4	9.2	10.0	8.9
2015年	79.1	20.9	6.9	7.7	6.3	8.6	8.1	8.2	8.3	7.9
2001—2005年平均	78.2	21.8	7.6	7.9	6.4	15.4	10.2	7.9	11.3	11.9
2006—2010年平均	79.8	20.2	6.6	7.3	6.4	13.5	13.4	13.4	12.7	14.2
2011—2015年平均	79.1	20.9	6.9	7.7	6.3	8.7	9.7	9.9	10.3	8.9

人均地区生产总值是反映区域经济实力和发展水平的又一重要指标。2015 年，珠三角、粤东、粤西、粤北人均地区生产总值分别比 2000 年增加 86 731元、24 132 元、31 362 元、24 239 元，年均分别增长 8.3%、9.3%、10.2%、9.4%，粤西、粤北人均地区生产总值增速均超过珠三角。四大区域人均地区生产总值相对差距也有所缩小，2015 年珠三角、粤东西北各区域人均地区生产总值之比为 3.62∶1.06∶1.30∶1，与 2005 年的 4.56∶1.10∶1.31∶1 相比，差距明显弱化。相对差距缩小的同时，绝对差距也在不断扩大，珠三角与粤东西北人均地区生产总值总量差异仍悬殊，珠三角人均地区生产总值远高于粤东西北地区。2015 年，珠三角人均地区生产总值107 011 元，是粤东西北地区的 3.2 倍，比粤东西北地区多 73 854元。

表 4　2000—2015 年四大区域人均 GDP 及相对差距变化情况

	四大区域人均 GDP（元）				四大区域人均 GDP 之比			
	珠三角	粤东	粤西	粤北	珠三角	粤东	粤西	粤北
2000 年	20 280	7 294	7 099	5 344	3.79	1.36	1.33	1
2005 年	40 336	9 729	11 608	8 838	4.56	1.10	1.31	1
2006 年	46 725	11 014	13 496	10 599	4.41	1.04	1.27	1
2007 年	53 299	12 829	15 321	13 010	4.10	0.99	1.18	1
2008 年	59 480	15 032	18 123	15 197	3.91	0.99	1.19	1
2009 年	61 422	16 372	19 120	16 130	3.81	1.01	1.19	1
2010 年	69 002	18 829	23 060	18 872	3.66	1.00	1.22	1
2011 年	77 689	21 792	27 446	21 882	3.55	1.00	1.25	1
2012 年	84 434	24 327	30 231	23 530	3.59	1.03	1.28	1
2013 年	93 548	27 070	33 908	25 745	3.63	1.05	1.32	1
2014 年	100 448	29 393	36 770	28 047	3.58	1.05	1.31	1
2015 年	107 011	31 426	38 461	29 583	3.62	1.06	1.30	1

2. 产业结构层次整体不断提升。随着“双转移”战略的实施，区域三次产业结构继续改善。2015 年珠三角三次产业结构为 1.8∶43.6∶54.6，与

2000 年相比，一产、二产比重分别下降 3.6、4.0 百分点，三产比重上升 7.6 百分点。粤东西北地区三次产业结构为 13.8：44.7：41.5，与 2000 年相比，三产比重上升 5.7 百分点。其中，粤东地区三次产业结构由 2000 年的 17.4：45.3：37.3 调整到 2015 年的 8.2：53.8：38.0；粤西地区三次产业结构由 2000 年的 30.9：34.7：34.4 调整到 2015 年的 17.2：40.7：42.1；粤北三次产业结构由 2000 年的 32.6：31.8：35.6 调整到 2015 年的 15.8：39.5：44.7。从 2015 年粤东西北地区三次产业结构看，产业层次总体水平不高，三产占比有待提高。

表 5　主要年份各区域三次产业结构

（单位：%）

	年份	珠三角	粤东	粤西	粤北
第一产业	2000 年	5.4	17.4	30.9	32.6
	2005 年	3.1	12.3	23.8	22.1
	2010 年	2.1	9.3	20.1	16.6
	2015 年	1.8	8.2	17.2	15.8
第二产业	2000 年	47.6	45.3	34.7	31.8
	2005 年	50.7	49.6	39.0	40.0
	2010 年	48.4	53.5	40.3	43.4
	2015 年	43.6	53.8	40.7	39.5
第三产业	2000 年	47.0	37.3	34.4	35.6
	2005 年	46.3	38.2	37.2	37.8
	2010 年	49.5	37.2	39.6	40.0
	2015 年	54.6	38.0	42.1	44.7

3. 产业分工呈现区域共同协作格局。2015 年，全省规模以上工业增加值占比前六位行业：计算机、通信和其他电子设备制造业（22.1%），电气机械和器材制造业（9.2%），电力、热力生产和供应业（6.6%），化学原料和化学制品制造业（5.1%），汽车制造业（4.9%），金属制品业（4.6%），占全

省52.5%，占广东规模以上工业半壁江山。若将优势行业定义为区位商大于1.1且在全省比重大于2%的行业，从表6可见四大区域产业分工体系基本成形，各区域重心各异，呈现区域共同协作格局。

珠三角的6个优势行业，即计算机、通信和其他电子设备制造业，电气机械和器材制造业，汽车制造业，化学原料和化学制品制造业，通用设备制造业，专用设备制造业，在粤东西北均处于相对劣势。粤东在电力、热力生产和供应业，金属制品业，纺织业，纺织服装、服饰业，橡胶和塑料制品业等行业具有绝对优势，纺织业，纺织服装、服饰业，橡胶和塑料制品业等行业在珠三角均有弱化趋势，说明这些行业正被附加值较高的新兴产业挤出珠三角，逐步往其他地区转移。粤西的优势行业集中在金属制品业，石油和天然气开采业，石油加工、炼焦和核燃料加工业等重化工业，与粤西的资源禀赋相符。粤北的优势行业相对较弱，主要为电力、热力生产和供应业，非金属矿物制品业，主要为资源禀赋的行业。

表6　2015年区域制造业按行业大类分的区位商

制造业行业大类	占全省规模以上工业比重（%）	珠三角	粤东	粤西	粤北
石油和天然气开采业	1.3	0.8	0.0	5.6	0.0
黑色金属矿采选业	0.2	0.6	0.0	0.5	8.8
有色金属矿采选业	0.1	0.1	0.4	1.0	15.6
非金属矿采选业	0.4	0.4	0.0	4.0	7.3
农副食品加工业	1.5	0.4	1.8	6.5	1.4
食品制造业	1.9	1.0	1.7	0.6	0.4
酒、饮料和精制茶制造业	1.1	1.1	0.5	0.6	1.1
烟草制品业	1.2	0.8	0.1	0.6	5.6
纺织业	2.0	0.8	3.5	0.3	0.8
纺织服装、服饰业	3.5	0.8	4.2	0.3	0.4
皮革、毛皮、羽毛及其制品和制鞋业	2.3	0.9	1.9	0.7	1.3

（续上表）

制造业行业大类	占全省规模以上工业比重（%）	珠三角	粤东	粤西	粤北
木材加工和木、竹、藤、棕、草制品业	0.7	0.6	0.2	5.8	1.4
家具制造业	1.6	1.0	0.9	1.4	0.4
造纸和纸制品业	1.4	0.9	1.1	1.9	0.5
印刷和记录媒介复制业	1.1	0.9	2.5	0.4	0.6
文教、工美、体育和娱乐用品制造业	2.6	0.9	2.9	0.2	0.9
石油加工、炼焦和核燃料加工业	2.8	0.5	0.0	8.3	0.0
化学原料和化学制品制造业	5.0	1.0	0.5	1.0	1.0
医药制造业	1.5	0.9	2.1	0.7	1.1
化学纤维制造业	0.1	1.0	1.7	0.0	0.8
橡胶和塑料制品业	3.9	1.0	2.1	0.5	0.5
非金属矿物制品业	4.2	0.8	1.6	1.0	3.7
黑色金属冶炼和压延加工业	1.2	0.6	2.6	1.2	4.2
有色金属冶炼和压延加工业	1.6	1.0	0.3	1.3	2.1
金属制品业	4.6	1.0	1.1	1.7	0.7
通用设备制造业	2.7	1.2	0.2	0.2	0.5
专用设备制造业	2.3	1.1	0.6	0.5	0.7
汽车制造业	4.9	1.2	0.1	0.0	0.2
铁路、船舶、航空航天和其他运输设备	0.9	1.2	0.2	0.2	0.2
电气机械和器材制造业	9.2	1.2	0.3	0.4	0.5
计算机、通信和其他电子设备制造业	22.1	1.2	0.2	0.0	0.4
仪器仪表制造业	0.9	1.2	0.2	0.1	0.7
废弃资源综合利用业	0.8	0.8	0.7	1.0	4.8
金属制品、机械和设备修理业	0.1	1.0	1.7	0.1	0.5
电力、热力生产和供应业	6.6	0.9	1.7	1.1	1.9
燃气生产和供应业	0.7	1.0	1.7	0.4	0.2
水的生产和供应业	0.6	1.1	0.6	0.7	0.5

注：此表为工业37个行业大类，不包括比重和区位商较低的煤炭开采和洗选业、开采辅助活动、其他采矿业和其他制造业。

4. 区域劳动力结构配置不断优化。“双转移”战略实施以来，产业转移带动劳动力培训和转移，促使粤东西北地区就业人口结构明显改善。2015 年，珠三角二、三产业从业人口占 91.0%，比“十一五”规划末期提高 2.5 百分点，接近发达国家的水平；粤东西北二、三产业从业人口占比为 56.3%，比“十一五”规划末期提高 5.6 百分点。其中，粤东、粤西、粤北分别占 67.5%、47.7%、53.9%，比“十一五”规划末期提高 3.6、3.4、6.2 百分点，表明区域就业结构朝工业化、城市化进程迈进。

5. 要素流动顺畅且分布日趋均衡。珠三角地区的土地环境约束非常强，其人口密度是全省平均水平的 309%，单位土地面积万元 GDP 是全省平均水平的 281%，相反粤东西北土地相对富余，单位土地面积万元 GDP 仅为全省平均水平的 32%，有着更大的发展空间。

从资本要素看，近年来投资明显向粤东西北地区倾斜，这种趋势的出现，一是体现加快发展粤东西北等区域协调发展战略政策举措的具体实效，政府通过财税优惠和定向投资扩大了对粤东西北的投资力度；二是粤东西北自身投资环境和基础设施环境的改善，增强了对资本的吸引；三是区域间产业转移为粤东西北带来了大量的项目和投资。

与资本相比，劳动力的流动成本相对较高。广东区域间劳动力流动比较顺畅，长期以来，大量自由流动的劳动力为珠三角的岗位需求提供了充足供给，约束了劳动力成本的上涨。2015 年珠三角、粤东、粤西和粤北在岗职工年平均工资相对差距比 2000 年明显缩小，工资差距相对缩小的同时有利于劳动力要素在区域间的合理分配。粤东、粤西和粤北地区劳动工资的较快提高有助于吸引劳动力在适当的时间回流，加快区域人才市场建设。

6. 交通基础设施建设取得快速发展。近年来，交通基础设施建设提速升级，强化区域互联互通，珠三角和粤东西北地区综合交通网络不断完善。粤东西北地区大力推进高速公路和铁路建设，基本实现与珠三角地区快速便捷的交通联系。全省高速公路通车总里程 2014 年跃居全国首位，2015 年达 7 018公里，实现县县通高速公路；高快速铁路运营里程达 1 360 公里，居全国前列。贵广铁路、南广铁路、厦深铁路、广珠城际等一批铁路项目建成通车。以珠三角为核心的广东沿海港口群已初步建设成为亚太地区最开放、最便捷、最高效、最安全的物流中心。珠三角高等级航道网进一步完善，2015年全省内河航道通航里程达12 150公里。粤东、粤西港口群建设不断推进，民用运输机场布局和通用航空机场布点逐步优化。

（二）“十三五”促进区域协调发展基本思路

坚持区域协同，深入实施珠三角优化发展战略和粤东西北振兴发展战略，优化区域功能和空间布局，推动形成资源要素有序自由流动、基本公共服务均等、资源环境可承载的区域协调发展的新格局。到2020年，国土空间格局进一步优化，区域发展协调性进一步增强，有效规范的空间开发秩序和区域协同发展的机制基本形成，为全省率先迈向社会主义现代化提供均衡协调的空间支撑。

——加快建设主体功能区。全面落实主体功能区规划，健全基于主体功能区的区域政策，推动各地区依据主体功能区定位发展。强化主体功能区分区管控，严格执行差别化政策，实施各有侧重的绩效考核评价办法。推动重点开发区域提高产业和人口集聚度，加大对重点生态功能区和农产品主产区的支持力度。加快建设国家主体功能区试点示范市（县）。

——巩固提升珠三角城市群核心竞争力。深入推进珠三角“九年大跨越”，加快国家自主创新示范区和对外开放重大平台建设，在实施创新驱动战略、发展先进装备制造业、实施“互联网+”行动计划、推动加工贸易转型升级上走在全国前列。提升“广佛肇”“深莞惠”“珠中江”三大经济圈一体化建设水平，深入推进珠三角一体化发展。加快建设南沙、前海、横琴等重大区域平台，发挥辐射带动作用。开展珠三角城市升级行动，提升城市群规划、建设和管理水平。加快信息基础设施建设，努力构建珠三角智慧城市群。

——加快粤东西北地区振兴发展。以交通基础设施建设、产业园区建设和中心城区扩容提质为抓手，增强发展后劲和区域互动，把粤东西北地区培育成新增长极。大力推进粤东西北地区高速公路、铁路项目和内河航道、港口建设，加快构建互联互通的综合交通体系。强化与珠三角交通基础设施连通，推动与周边省份高速公路对接，完善出省通道建设。推动产业园区扩能增效，促进主导产业发展壮大和产业链集聚延伸，推动特色优势传统产业转型升级。推进产城融合，加快粤东西北新区起步区建设，促进中心城区扩容提质。加大力度支持原中央苏区、欠发达革命老区等特殊类型区域发展。

——积极促进区域融合发展。深化区域合作与融合，增强珠三角对粤东西北的辐射带动作用，推动形成联动融合、互利共赢的区域发展新格局。强化珠三角对粤东西北的对口帮扶，加强双向交流与合作，带动韶关、河源、汕尾、阳江、清远、云浮等环珠三角地市融入珠三角发展，建设“广佛肇+清远、云浮、韶关”“珠中江+阳江”“深莞惠+汕尾、河源”经济圈。加快广清一体化，推进清远率先融入珠三角。加快建设汕潮揭城市群，发展壮大湛茂阳沿海经济带，优化粤东、粤西地区经济发展格局。

——大力发展县域经济。依据主体功能区规划实行县域分类指导，推动县域培育发展与主体功能定位相适应的特色优势产业。统筹规划建设县域产业园区，鼓励县域范围内制造业项目向园区集中，实行集聚集约发展。鼓励各县创建省级现代农业示范区，推动省级现代农业示范区在各市全覆盖。加强县域交通、环保、能源、水利、信息等基础设施建设。科学有序推进县城扩容提质，合理规划建设公共交通、文化教育、医疗卫生、商业服务等综合配套设施，提高基本公共服务和社会保障覆盖率，引导本地农业人口向县城和中心镇集聚。

——推进海洋经济综合试验区建设。坚持陆海统筹、科学开发，重点建设一批集中集约用海区、海洋产业集聚区和滨海经济新区，推动海陆空间统筹利用试点，构建海洋经济发展新格局。加强海洋科技创新平台建设，提升海洋资源开发能力，加快海洋信息化资源整合，推进智慧海洋建设，率先构建现代海洋产业体系。

三、区域经济发展比较

(一) 广东在全国区域发展中的地位

经济实力进一步增强。2015 年，广东实现地区生产总值 72 812.55 亿元，增长 8.0%，占全国 10.8%，经济总量从 1989 年起连续 27 年居全国第一。广东人均地区生产总值达 67 503 元，按平均汇率折算为 10 838 美元。广东财政收入居全国首位，来源于广东的财政总收入达 20 934 亿元，占全国的 13.8%；地方一般公共预算收入 9 366.78 亿元，总量连续 25 年居全国首位。

对内对外开放进一步扩大。2015 年，广东外贸进出口总额达 10 227.96 亿美元，连续 30 年居全国首位，约占全国的 1/4。2015 年，实际利用外商直接投资 268.71 亿美元，占全国的 21.3%。跨境电子商务快速发展，交易量占全国近七成。

产业结构持续优化。2015 年，广东三次产业结构调整为 4.6 : 44.8 : 50.6，服务业占比首次超过 50%。先进制造业增加值占规模以上工业比重达 47.9%，高技术制造业增加值占规模以上工业比重提高至 25.6%。现代服务业增加值占服务业比重达 53.1%。

自主创新能力进一步增强。2015 年，广东研究与试验发展经费支出占生产总值比重达 2.47%，技术自给率提高到 71%，区域创新能力稳居全国第二位。每百万人口发明专利申请量 1 066 件，有效发明专利达 142 763 件，PCT 国际专利申请量连续 14 年保持全国第一。新增国家级高新技术企业 1 816 家，总数达到 11 105 家，总数居全国第二位。

生态文明建设走在全国前列。2015 年，广东单位 GDP 能耗下降 5.71%，单位工业增加值能耗下降 10.47%。全省城市空气质量指数（AQI）平均达标率为 91.1%，提高 6.1 百分点，PM2.5、PM10 平均浓度分别下降 9.6%、

22.7%。城镇生活污水集中处理率、生活垃圾无害化处理率分别达93.3%、91.6%，城市集中式饮用水源水质保持100%达标。森林覆盖率达58.88%。

（二）广东与山东、江苏、浙江、上海沿海四省（市）比较

1. 从总体经济看，广东经济总量居全国首位，但人均地区生产总值相对较少。2015年，广东地区生产总值达72 812.6亿元，继续居于全国首位，领先江苏2 696.2亿元，与上年基本相当；广东地区生产总值增速快于上海，与山东、浙江持平，但低于江苏。广东人均地区生产总值达67 503元，增长7%；人均地区生产总值总量仅高于山东，落后于江苏、浙江和上海，相当于上海的65.4%；人均地区生产总值增速仅高于上海，慢于浙江、山东和江苏。从三次产业结构看，广东服务业比重较高，仅低于上海；第二产业比重低于山东、江苏和浙江，规模以上工业增加值相当于江苏的90.7%。

表7　2015年广东与沿海四省（市）经济发展总体比较

	地区生产总值		人均地区生产总值		三次产业结构
	绝对数（亿元）	增长（%）	绝对数（元）	增长（%）	
广东	72 812.6	8.0	67 503	7.0	4.6：44.6：50.8
山东	63 002.3	8.0	64 168	7.3	7.9：46.8：45.3
江苏	70 116.4	8.5	87 995	8.3	5.7：45.7：48.6
浙江	42 886.5	8.0	77 644	7.6	4.3：45.9：49.8
上海	24 965.0	6.9	103 141	6.9	0.4：31.8：67.8

2. 从三大需求看，广东投资、消费增长平稳，进出口呈负增长。2015年，广东完成固定资产投资30 031.20亿元，增长15.8%，投资增速高于江苏、山东、浙江、上海，但固定资产投资总额仍仅相当于江苏的65.4%。广东实现社会消费品零售总额31 517.56亿元，增长10.1%，社会消费品零售总额总量仍居全国首位，但增速低于山东、江苏、浙江。广东进出口、出口总

额居全国首位，但进出口降幅大于江苏、浙江、上海。

表8　2015年广东与沿海四省（市）三大需求比较

	固定资产投资		社会消费品零售总额		进出口总额		出口总额	
	绝对数（亿元）	增长（%）	绝对数（亿元）	增长（%）	绝对数（亿美元）	增长（%）	绝对数（亿美元）	增长（%）
广东	30 031.20	15.8	31 517.56	10.1	10 227.96	-5.0	6 434.7	-0.4
山东	47 381.46	13.9	27 761.40	10.6	2 417.5	-12.7	1 440.6	-0.4
江苏	45 905.17	10.5	25 876.80	10.3	5 456.1	-3.2	3 386.7	-0.9
浙江	26 664.72	13.2	19 784.70	10.9	3 473.4	-2.2	2 766.0	1.2
上海	6 349.39	5.6	10 131.50	8.9	4 492.4	-3.7	1 959.4	-6.8

3. 从生产要素看，广东自主创新能力较强，能源利用水平较高。2015年，广东PCT国际专利受理量达15 190件，占全国一半以上，居全国第一位，远高于其他沿海发达省市。广东R&D支出占GDP比重为2.47%，高于全国、浙江和山东，但低于江苏和上海。广东能源利用水平在沿海发达省市中较高，2015年广东单位GDP能耗下降5.71%，降幅大于山东、浙江、上海。

表9　2015年广东与沿海四省（市）生产要素主要指标比较

	PCT国际专利受理量（件）	研发经费支出占GDP比重（%）	万元GDP能耗上升或降低（%）
广东	15 190	2.47	-5.71
山东	837	2.23	-3.72
江苏	2 442	2.55	-6.73
浙江	931	2.33	-3.53
上海	1 060	3.70	-3.92

4. 从社会发展看，广东就业形势较好，但城乡居民收入差距仍然较大。

广东城镇登记失业率2.45%，低于其他发达沿海省市。广东城镇和农村常住居民人均可支配收入分别增长8.1%和9.1%，城乡居民收入比为2.6∶1，城乡居民收入差距仍大于山东（2.44∶1）、江苏（2.29∶1）、浙江（2.07∶1）、上海（2.28∶1）。

表10　2015年广东与沿海四省（市）社会发展主要指标比较

	城镇常住居民人均可支配收入		农村常住居民人均可支配收入		年末城镇登记失业率（%）
	绝对数（元）	增长（%）	绝对数（元）	增长（%）	
广东	34 757	8.1	13 360	9.1	2.45
山东	31 545	8.0	12 930	8.8	3.35
江苏	37 174	8.2	16 257	8.7	3.00
浙江	43 715	8.2	21 125	9.0	2.93
上海	52 962	8.4	23 205	9.5	4.10

区域篇

一、珠三角地区

（一）发展概述

2015 年，珠三角地区实现生产总值 62 267.78 亿元，增长了 8.6%，占全省地区生产总值比重 79.1%。人均地区生产总值达 107 011 元，增长 7.1%；固定资产投资 20 048.7 亿元，增长 14.3%；社会消费品零售总额 22 651.04 亿元，增长 9.7%；地方一般公共预算收入达 6 391.70 亿元，增长 18.9%。

——产业结构调整优化加快。2015 年，珠三角三次产业结构为 1.8：43.6：54.6，与 2014 年的 1.9：45.0：53.1 相比较，一产、二产比重分别下降 0.1、1.4 百分点，三产比重上升 1.5 百分点。现代服务业增加值比重达 63%，先进制造业、高技术制造业增加值比重分别达 53.0%、30.1%。成功举办首届珠江西岸先进装备制造业投资贸易洽谈会，珠江西岸装备制造业完成增加值 2 466 亿元，增长 13.5%。珠三角新增主营业务收入超百亿元企业 19 家，总数达 211 家；新增超千亿元企业 3 家，总数达 22 家，提前完成“九年大跨越”目标。

——创新驱动发展势头良好。珠三角研发经费支出比重达 2.7%，百万人口发明专利申请量达 1 728 件，万人发明专利拥有量达 23.33 件，技术自给率超 71%。新增国家级高新技术企业 1 748 家，总数达到 10 560 家，高新技术产品产值达 5.1 万亿元，增长 8.1%，高新区产值达 2.2 万亿元。启动珠三角国家自主创新示范区和全面创新改革试验试点省建设。实施大型骨干企业研究机构全覆盖行动，扶持 8 家大型骨干企业建设中央研究院，新增各类众创空间 100 家，总数达 150 家，居全国前列。新增孵化器 144 家，新认定新型研发机构 113 家。实施“珠江人才计划”，累计引进 5 批共 117 个创新科研团队，高层次人才 850 多人。

——重大项目、重大平台建设成效明显。重大项目方面，区域内省重点项目完成投资2 831亿元，为年度计划投资的111.9%；新开工、完工1亿元以上项目1 311个和1 270个，在建项目本年完成投资7 562.41亿元，增长2.5%。建成惠州军民合用机场改扩建工程、珠海三一重工港口机械、惠州科锐公司LED芯片项目等28个项目。开工建设深圳市轨道交通六号线工程、武深高速公路仁化至博罗段、惠州市中新工业园汽车零配件生产和珠海市长隆国际海洋度假区二期等41个项目。重大平台方面，深圳前海注册企业累计突破7万家，平均注册资本达5 000多万元。广州南沙新区新设立企业近6 500家，增长近300%，落户融资租赁企业88家，新增航运物流企业超过1 000家。珠海横琴新区十字门中央商务区展览中心、会议中心投入使用，创新产业基地（创业谷）一期工程建成投产。

——开放型经济实现新提升。外贸结构不断优化，高新技术产品占出口总额达36.2%，服务贸易占对外贸易总额的比重提高到11.1%，加工贸易"委托设计+自主品牌"方式出口比重达70%。成功举办第二届21世纪海上丝绸之路国际博览会，签约项目680个，签约金额2 018亿元。港珠澳大桥、粤澳新通道等跨境基础设施建设加快推动，推进落实粤港澳服务贸易自由化协议，规划建设粤港澳深度合作试验区。中山市在CEPA框架下，积极推进与港澳台医疗服务业合作先行先试，首家港资医疗机构获批准引入。

——改革全面推进。出台实施自贸试验区建设实施方案和管理办法，形成60项创新经验，首批27项改革经验在全省推广，其中跨境电商监管模式、政府智能化监管服务模式2项制度创新入选国家最佳实践案例。全面取消非行政许可审批事项，完成省级328项非行政许可事项清理，珠三角各市基本完成非行政许可审批事项清理。省、市、县三级行政审批事项基本进驻网上办事大厅，网上全流程办理率分别为91%、84%、73%。广州市已有99.4%的市级行政审批事项和91.7%的社会服务事项可以网上办理。佛山市全面推进"一门式、一网式"政府服务改革，极大方便群众办事。全面启动珠三角法治政府示范区建设。

——绿色低碳和生态建设取得新成效。珠三角单位GDP能耗和四项污染物减排完成国家“十二五”目标任务。累计完成电机效能提升900万千瓦，注塑机改造11 500台，推广新能源汽车超过4万辆，单位工业增加值能耗下降10.25%，非化石一次能源消费比重提高到20%以上。空气质量（AQI）达标率为88.4%，提高7.4百分点，在全国重点区域率先达到国家空气质量二级标准要求，全国空气十佳城市中珠三角占了五席。省控断面水环境功能区水质达标率为84.6%；水质优良率70.8%，提高1.5百分点。推进珠三角国家森林城市群建设，启动珠三角绿色生态水网建设，新建森林公园104个、湿地公园49个，森林覆盖率达51.5%。东莞市成功创建国家森林城市，中山市成为首个国家级生态建设示范区地级市。

——社会民生事业加快发展。居民人均可支配收入34 757.16元，增长7.5%。城镇新增就业98.4万人，失业人员再就业43万人。珠三角九市共使用就业专项资金17.36亿元，惠及484万人次。医疗卫生机构达1.9万个，每千人口床位数达4.3张。出台关于深化教育改革的实施意见，教育现代化先进县（市、区）31个和先进市4个，覆盖率分别达63%和44%。广州市建成34个小型足球场，成功举办广州马拉松等200多项赛事。珠海市幸福村居建设基本实现生活污水处理、村民网上办事、村居文化广场、居家养老全覆盖。

表11　2015年广东省珠三角九市主要经济指标

	地区生产总值		人均地区生产总值		第三产业增加值		地方一般公共预算收入	
	绝对数（亿元）	增长率（%）	绝对数（元）	增长率（%）	绝对数（亿元）	增长率（%）	绝对数（亿元）	增长率（%）
珠三角	62 267.78	8.6	107 011	7.1	34 014.26	9.8	6 391.70	18.9
广州	18 100.41	8.4	136 188	6.0	12 147.49	9.4	1 349.47	8.6
深圳	17 502.86	8.9	157 985	5.2	10 288.28	10.1	2 726.85	30.9
珠海	2 025.41	10.0	124 706	8.6	973.00	10.2	269.96	20.4
佛山	8 003.92	8.5	108 299	7.5	3 028.00	10.7	557.55	11.2
#顺德	2 586.69	8.5	102 538	7.6	1 035.10	10.6	187.47	7.6

（续上表）

	地区生产总值		人均地区生产总值		第三产业增加值		地方一般公共预算收入	
	绝对数（亿元）	增长率（%）	绝对数（元）	增长率（%）	绝对数（亿元）	增长率（%）	绝对数（亿元）	增长率（%）
惠州	3 140.03	9.0	66 231	8.4	1 262.35	8.6	340.02	13.1
东莞	6 275.07	8.0	75 616	8.4	3 332.00	10.2	517.97	13.8
中山	3 010.03	8.4	94 030	7.8	1 310.85	10.2	287.51	14.2
江门	2 240.02	8.4	49 608	8.1	980.80	8.9	199.01	12.3
肇庆	1 970.01	8.2	48 670	7.7	691.49	7.8	143.36	3.0

（二）广州市

1. 概况。

2015 年，广州市地区生产总值突破 1.8 万亿元，增长 8.4%；人均地区生产总值为 136 188 元，增长 6.0%。地方一般公共预算收入 1 349.47 亿元，增长 8.6%。社会消费品零售总额 7 987.96 亿元，增长 11.0%。固定资产投资 5 405.95 亿元，增长 10.6%，其中，民间投资 2 397.76 亿元，增长 35.8%。全年进出口总额 1 338.7 亿美元，增长 2.5%；其中出口 811.7 亿美元，增长 10.4%。全年新增就业人数 26.15 万人，城镇登记失业率 2.2%；城市居民消费价格指数上涨 1.7%。

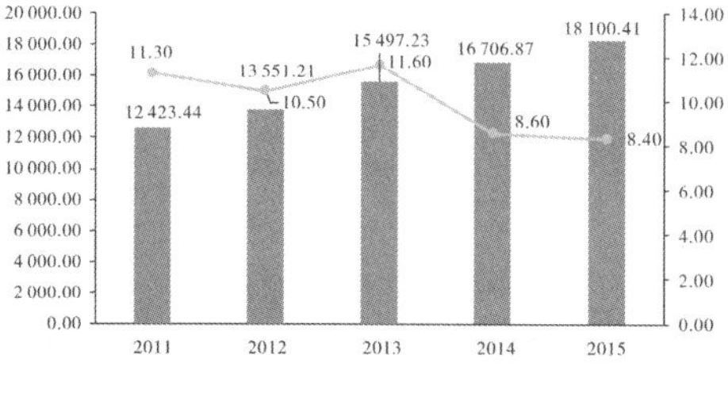

1　地区生产总值总量及增长

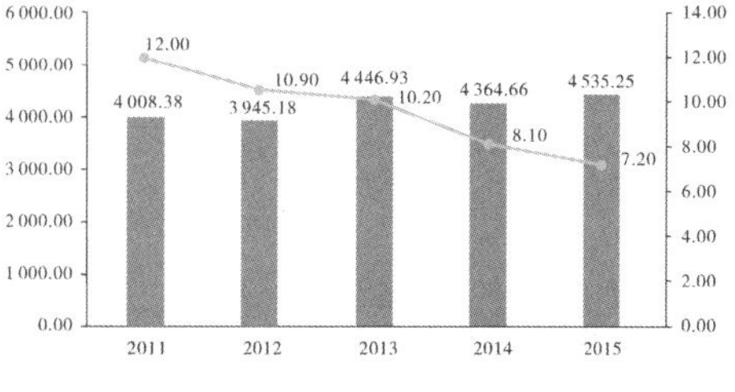

2　规模以上工业增加值及增长

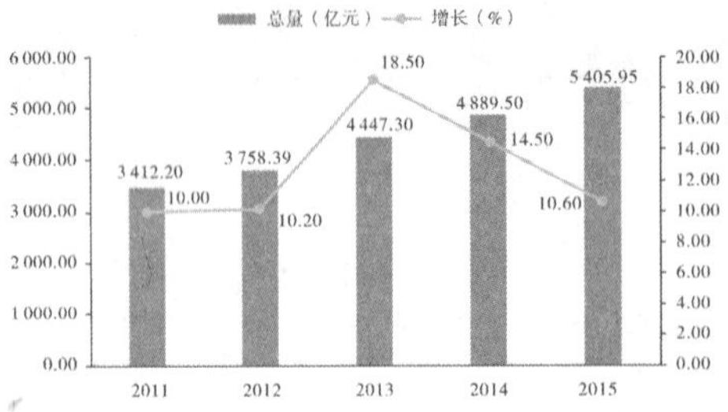

3　固定资产投资总量及增长

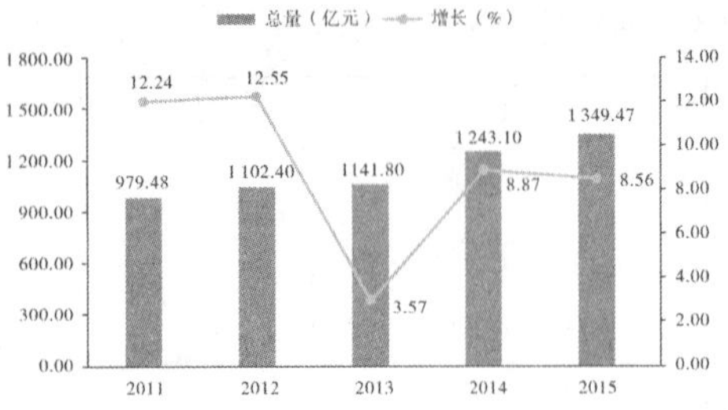

4　一般公共预算收入总量及增长

图1　广州市“十二五”时期主要经济指标统计图

2. 实施珠三角优化发展战略情况。

——着力抢占制高点，产业加快转型升级。产业结构加快调整优化，三次产业结构调整为1.3∶31.6∶67.1。科技、金融、总部经济发展取得新成效，出台“1+9”科技创新系列政策，新增孵化器34家；全市发明专利申请量和授权量分别增长37.7%和44.4%。狠抓金融招商和新业态培育，新增主板上市企业10家、“新三板”挂牌企业110家，金融业增加值占地区生产总值比重提高至9%。吸引中航油南方总部等20多个总部项目落户，新认定总部企业36家。服务业、制造业结构加快转型升级，服务业增加值12 086.11亿元，增长10.5%，现代服务业增势好于传统服务业，金融、信息服务两大现代服务业占服务业比重（18.3%）比上年提高0.7百分点。先进制造业增势好于传统制造业，汽车、电子、石化三大支柱产业产值（增长8.7%）和高新技术产品产值（增长8.2%）增长均快于工业平均水平。现代农业稳步发展，全年农业增加值151.55亿元，增长3.8%。

——深化重点领域改革，营商环境不断优化。加快行政审批制度改革，动态调整31项行政审批备案事项，全部取消非行政许可审批事项；全面实施“三证合一、一照一码”，登记审批时限由20个工作日缩短至3个工作日，全市新登记注册市场主体增长14.9%。深化财政和国资国企改革，推进“营改增”试点，为企业减轻税收负担约450亿元；出台全面深化国资国企改革的意见及配套政策，推动6家上市企业“二次混改”。推动价格和收费领域改革，全面停征堤围防护费，对小微企业免征土地登记费等42项收费，为企业减负约45亿元。

——加强城市规划建设管理，生态宜居环境持续改善。加快交通基础设施建设，南沙港区三期主体工程基本完工，大广等高速公路项目顺利推进，高速公路通车里程达972公里，11条地铁新线加快建设，优化调整及新开72条公交线路。生态环境建设扎实推进，完成19台燃煤机组超洁净排放改造和282台高污染燃料锅炉整治，淘汰黄标车10.1万辆。建成生态景观林带124.6公里、绿道300公里、森林公园14个、湿地公园7个。城镇污水处理率达92.5%。全年环境空气质量达标天数比例85.5%，PM2.5平均浓度同比下降20.4%。顺利完成年度和“十二五”节能减排目标。成功创建全国首批生活垃圾分类示范城市。

——加快发展社会事业，民生福利水平进一步提升。出台《广州市2015—2016年社会民生基础设施建设项目实施计划》，十件民生实事全部完成。广州美术馆、南汉二陵博物馆等一批文化设施项目开工建设。广州医科大学、广州大学纳入首批广东省高水平大学建设计划。广州少年儿童图书馆新馆和13个儿童公园建成开放。建成34个小型足球场，成功举办广州马拉松等200多项体育赛事。88%的社区卫生服务中心和81%的镇卫生院开展家庭医生式服务。企业离退休职工养老金提高至3 200元/月，城乡低保标准提高至650元/月。新建日间托老机构50个，实现所有街镇全覆盖。

3. 广佛肇清云韶经济圈建设情况。

——加强政府间多层次协调沟通。2015年2月8日，广佛肇经济圈市长联席会议在广州举行，邀请清远市、云浮市政府主要领导参加，决定将广佛肇经济圈升级为广佛肇清云经济圈。8月28日，广州市荔湾区政府与佛山市南海区政府签署《共建广佛同城化合作示范区框架协议》；10月9日，广州市花都区、番禺区与佛山市三水区、顺德区结对签署《共建广佛同城化合作示范区框架协议》。11月9日，广韶两市签署合作协议。12月25日，广佛肇清云韶经济圈2015年度市长联席会议在广州召开，六市政府主要领导出席，共谋经济圈发展大计。

——强化规划的指引和衔接。广佛肇三市在编制各自“十三五”规划时，加强彼此间的衔接，并将经济圈建设作为规划的重要内容，单列章节。同时，广佛两市还专门编制广佛同城化“十三五”规划及产业布局专项规划。广清两市编制《广清一体化发展规划》和《广清一体化交通专项规划》。制订印发《广佛肇经济圈建设2015年度重点工作计划》，涵盖规划、交通、产业、环保、民生等领域47个合作项目或事项。广佛两市主要领导签署了《广佛两市轨道交通衔接工作备忘录》，两市规划部门联合编制《广佛两市轨道交通衔接规划》。

——完善交通基础设施网络。轨道交通方面，广佛肇城际轨道佛肇段完工，并通过广茂铁路接入广州站，实现广州、佛山、肇庆三市中心城区的快速衔接。广清城际、广佛环线佛山西站至广州南站段加快建设。广佛江珠城、南沙港铁路可研获批。广佛地铁西朗至燕岗段开通运行。佛山地铁二号线各站点陆续开工建设。国家发展改革委正式批复广州地铁7号线西延至佛山顺德北滘，继南海、禅城后，顺德也被纳入广佛地铁网络系统。公路交通方面，广明高速广州段于2015年年底建成通车。广佛肇高速公路大旺至封开段累计完成投资159亿元，力争2016年建成通车，广佛段先行段（佛山一环北线改造）于年底动工。广清高速改扩建加快推进，预计2016年全线完工。佛清从高速南段一期工程累计完成投资45.5%。汕湛高速清远清新至云浮新兴段、汕昆高速龙川至怀集段加快建设。汕湛高速惠州至清远段、佛清从高速北段于年底动工。黄榄干线顺德至省道S111段于2月正式通车。龙溪大道（广州西环—五丫口大桥段）快速化改造完成。连接顺德陈村和广州南站的海华大桥已动工建设。港口航运方面，广州港以驳船运输为重点，积极拓展广佛肇间江海联运，在佛山开通容奇、勒流、高明、北滘4个穿梭巴士支线，在肇庆开通三榕、高要、肇庆新港、四会4个穿梭巴士支线，2015年完成运输箱量120万TEU，增长19.4%。广州航运交易所努力向经济圈拓展服务功能，肇庆地区的船舶交易及相关业务已基本进入广州航交所完成，佛山地区的业务开拓正抓紧推进。云浮新港与广州南沙港合作，正式启动“无水港”通关模式，成为省内首个“无水港”试点。北江、西江航道扩能升级工程加快推进。

——推动产业互补联动发展。共建广佛肇（怀集）经济合作区，截至2015年年底，累计投入基础设施建设资金约11亿元，主干道和各支线道路路网基本形成并完成了市政配套设施建设；全年引进项目7个，合同投资额16.65亿元。共建广清产业合作园，合作园（清城片区）“三纵三横”路网框架基本形成，园区已签约项目55个，计划总投资320亿元，其中35个项目动工建设。合作园（佛冈片区）已完成总规、控规和市政专项规划的编制工作。深入推进金融同城化，继续推动互设金融机构。21家银行实现广佛间通存通兑，占佛山银行的7成。利用广州市金融市场要素平台促进三地企业融资发展，累计已有57家佛山市企业及7家肇庆企业挂牌融资。广东省企业非银行信用信息管理系统与各地级市的公共信用信息平台对接，经济圈实现信用信息共享。推动旅游业合作，充分依托利用广州“72小时过境免签”政策，在白云机场设置“72小时过境免签”政策中转旅游服务柜台，推介广佛肇旅游产品。联合参展宣传，组织广佛肇三地主要旅游企业联合参加2015年广州国际旅游展；以“多彩广佛肇、岭南真味道”为主题赴甘肃兰州、青海西宁举办旅游推介会；三市联合参加在昆明举办的中国国际旅交会。

——协同保护区域生态环境。重点推进广佛跨界河涌治理。截至2015年年底，广佛跨界16条河涌整治工程开工率为98.2%，总体完成率47.4%。2015年6月成功摘掉佛山市域广佛交界河涌治理省督办的帽子。在省环保厅组织下，广佛环保部门联合对白云区、南海区违法排污企业进行了查处，共同开展珠江水域保洁。推动大气污染联防联治。广州现役全部燃煤发电机组超洁净排放改造工作已经完成，佛山市燃煤电厂超洁净排放改造工作已完成第一、第二阶段治理任务。肇庆市建立了空气质量预报预警系统，除怀集县外，各县（市）级的自动监测子站均已完成建设并投入运行，同时加快推进大旺国电燃煤电厂超洁净排放改造。大力开展黄标车整治，广佛肇三市均完成省下达任务。

——促进公共服务一体化。深化政务合作。广州市荔湾区与佛山市南海区以“市民之窗”自助终端为平台，实现跨区域的行政审批事项办理，两区市民可在“市民之窗”办理行政审批服务事项共计1 670项。促进卫生计生合作。

2015年6月，省医改办组织召开广佛肇三市医改工作座谈会；8月，广佛肇清召开重大传染病和突发公共卫生事件联席会议；11月，邀请佛山、肇庆、清远卫计部门观摩“2015年广州市突发公共卫生事件应急处置演练”；广佛肇已实现计生信息的互联互通及计生服务管理工作的协同。开展人事人才服务对接。7月2日，第六次广佛肇人才一体化大学生专场招聘会在中国南方人才市场举行，三市组织300家用人单位提供近7 000个职位；佛山、肇庆分别组团参加了第五届外籍人才（广州）招聘会及第十七届留交会；广佛肇人事人才信息化综合服务平台建设项目（一期）已完成。推进社保联动。广佛肇之间已实现养老保险、失业保险的无障碍转移；医疗保险异地就医可即时结算，极大方便群众跨市就医。开展体育交流活动。2015年，相继组队互邀参加了2015年广佛肇网球邀请赛、肇庆北岭山森林公园户外登山活动、佛山市第三届南狮锦标赛、2015年佛山市龙舟公开赛、2015年广州国际龙舟邀请赛等一系列体育活动；2015年“爱我珠江”亲水节在清远市江滨公园举行；7月31日举办2015年广州横渡珠江活动，广佛肇三市领导亲自参加了所在城市方队横渡珠江。按照《广州与佛山市公安出入境管理部门涉外警务协作工作协议》，广佛统一了签证政策和外国人住宿登记管理等制度；广佛两市公安局出入境管理支队多次对口交流，研究强化涉外警务合作机制。广佛肇三市食药监部门进一步完善企业信息，推进药品流通可追溯电子监管体系建设以及药师备案工作，实现了三市药品经营企业基本资料和监督检查情况的共享。

4. 中新广州知识城建设情况。

——知识城上升为国家级双边合作项目取得重大突破。2015年10月13日，中新双边合作联合委员会第十二次会议在新加坡召开，新加坡副总理张志贤明确表示支持知识城上升为国家级的合作项目。10月21日，国家发展改革委召开知识城专题工作会议，知识城项目得到商务部、外交部等国家部委高度认可和有力支持。10月29日，新加坡荣誉国务资政吴作栋先生到访知识城，公开表达了新加坡政府支持知识城上升为国家级合作项目的积极意愿。在习近平主席对新加坡进行国事访问期间，11月7日，知识城管委会在习近平主席和新加坡李显龙总理的见证下，与南洋理工大学、华南理工大学、中新广州知识城投资开发有限公司正式签署了中新国际联合研究院合作协议。中新双方各层级领导在不同场合均表示了对知识城上升为国家级双边合作项目的支持。

——进一步优化稳定知识城总体发展规划。一是调整用地规划。增加产业用地比例，减少居住用地比例，进一步深化“知识城”的内涵。将知识城主城区产业用地从7.44平方公里调整为8.8平方公里，占城市建设用地比例的30%；居住用地比例占城市建设用地比例从原来的20%减少到17%。新增建设用地规模和指标向产业用地倾斜。二是重点体现岭南特色和新加坡等国际社区元素。开展知识城生态城区规划建设标准专题研究，并在具体项目的规划中以建设绿色建筑为抓手，大力建设绿色园区。三是完成重点项目土地规划调整、用地报批和土地出让工作。完成中新知识城功能片区土地利用总体规划有条件建设区使用方案的编制及报批工作。

——加快基础设施及配套项目建设。编制了《知识城三年建设计划（2016—2018年）》，确定6大类69个重点建设项目，总投资额约247亿元。知识城主干路网、安置区、生态和市政工程等基础设施建设全面铺开。九龙湖于2015年9月1日开工，三个标段同时建设。知识大道全面开工建设。广河北辅路、狮龙大道等主干路网陆续开标，年底全面开工。推进南入口环境整治工程、景观大道等新开工项目的征地拆迁和施工建设。加大知识城供电、供水、污水处理等基础设施项目推进协调力度。加快九龙污水处理厂建设，其中二厂已建成运营。推进知识城绿道建设，知识城绿道驿站顺利开通；充分利用风景优美的凤凰湖绿道，建成了知识城展厅驿站和凤凰湖西入口驿站，用绿道和驿站将凤凰湖与知识城展厅居住组团串联起来，打造知识城首个特色慢行休闲系统。推进安置区建设，南中北三个安置区一期基本完工。

——招商引资势头良好。在继承以往招商模式基础上深耕“以资引商、以智引商、以商引商”，以“汇聚高端要素，引领世界知识经济”为目标，以“产业项目集中落地，产业生态链集聚形成”为抓手，重点在产业、园区、资本上深化招商内涵、提升招商平台、创新招商渠道。截至2015年年底，知识城已累计注册企业201家，其中内资企业165家，注册资本185.92亿元；外资企业36家，注册资本100.25亿元。

（三）深圳市

1. 概况。

2015 年，深圳市地区生产总值 17 502. 86 亿元，增长 8. 9%；人均地区生产总值 157 985 元，增长 5. 2%。地方一般公共预算收入 2 726. 85 亿元，增长 30. 9%。固定资产投资额 3 298. 31 亿元，增长 21. 4%。第二和第三产业增加值占比分别为 41. 2% 和 58. 8%。现代服务业增加值 7 134. 47 亿元，增长 11. 6%；先进制造业增加值 4 715. 66 亿元，增长 11. 5%。四大支柱产业中，金融业增加值 2 542. 82 亿元，增长 15. 9%；物流业增加值 1 782. 70 亿元，增长 9. 4%；文化产业增加值 1 021. 16 亿元，增长 7. 4%；高新技术产业增加值 5 847. 91 亿元，增长 13. 0%。

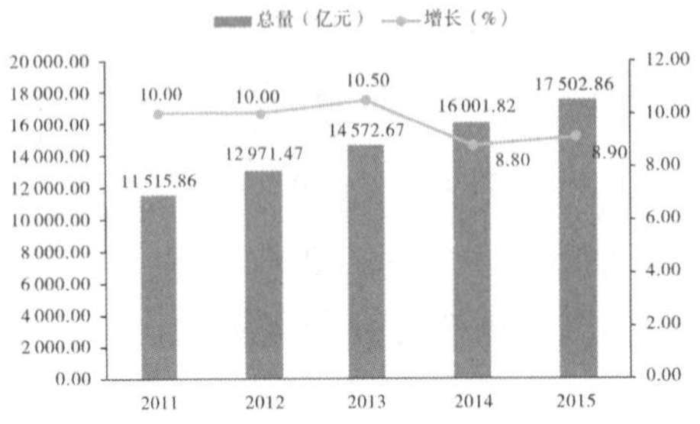

1　地区生产总值总量及增长

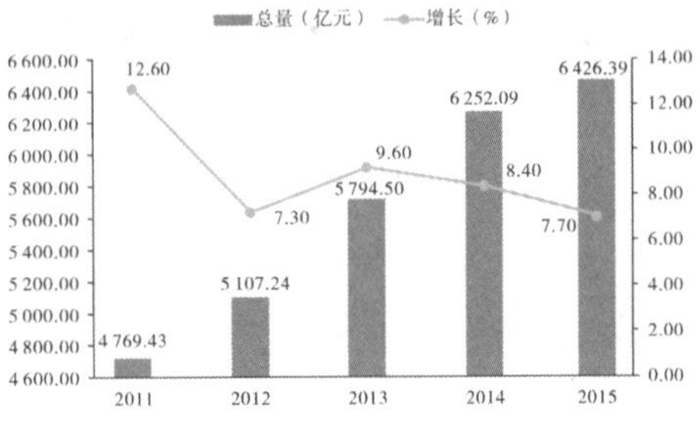

2　规模以上工业增加值及增长

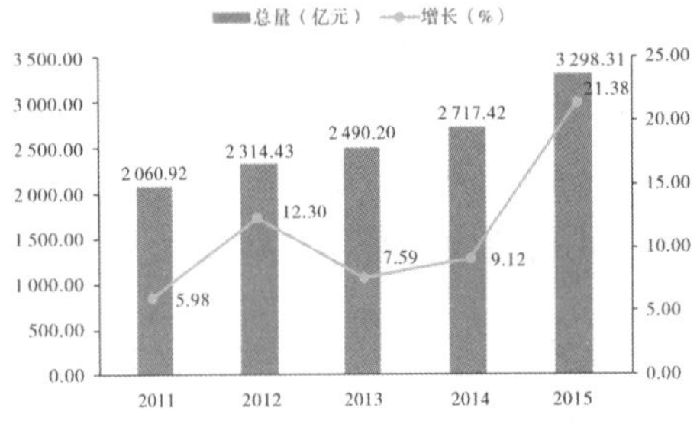

3　固定资产投资总量及增长

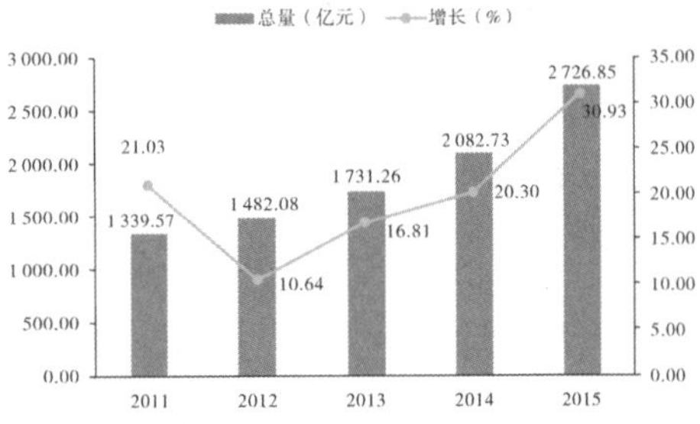

4　一般公共预算收入总量及增长

图 2　深圳市“十二五”时期主要经济指标统计图

2. 实施珠三角优化发展战略情况。

——全力落实创新驱动发展战略。积极培育创新主体，2015 年新增国家级高新技术企业 800 家左右，累计达 5 500 家，高新技术产业增加值达5 847.91亿元，高新技术服务产业增加值 1 483 亿元，高新技术企业已经成为创新发展的重要支撑。加快创新载体建设，国家、省、市级创新载体累计达1 213家，2015 年全社会研发投入占 GDP 比重达 4.05%，PCT 国际专利申请量占全国的 48.1%。设立 2 亿元创客专项资金和 3 亿元创客基金，新增创客空间 42 个，创客服务平台 30 个。成功举办深圳国际创客周、中国（深圳）创新创业大赛等活动，是全国“大众创业万众创新活动周”主会场参展项目最多的城市。

——全力促进产业转型升级。2015 年全市安排重大项目 434 个，总投资达到 12 626 亿元。华星光电二期项目正式投产，阿里巴巴集团国际运营总部、天安云谷产业园一期项目竣工。加快发展互联网和电子信息产业，2015 年互联网产业增加值达到 756.06 亿元，新一代信息技术增加值达到 3 173.07 亿元，电子商务交易总额预计达到 1.7 万亿，增长 13%，跨境电子商务成交额 320 亿美元，增长 88%。制订《“中国制造 2025” 深圳行动计划》，雷柏科技、创维、大族激光等入选工信部 2015 年智能制造试点示范项目。加快发展现代服务业，服务业占地区生产总值的比重达 58.8%，现代服务业增加值占服务业增加值比重达到 69.3%，其中金融业增加值超过 2 550 亿元，占地区生产总值比重为 14.6%。

——全力推动区域协调发展。加快深莞惠互通互联，穗莞深城际线深圳、东莞段全面开工建设，深惠城际线前期工作有序推进，深莞惠跨市公交线路超过 10 条。联合珠三角九市举办了“珠三角城市群绿色低碳发展论坛”，共同发布了《珠三角城市群绿色低碳发展深圳宣言》。出台《关于进一步优化深汕特别合作区体制机制加快合作区建设发展的意见》，编制完成《深汕特别合作区创新发展三年行动计划（2015—2017 年）》，强力推进重点投资项目落地投产。

——全面深化改革开放。全力以赴建设好前海蛇口自贸片区。推出 80 项贸易便利化改革创新举措，其中 31 项纳入广东自贸区首批创新经验。完成固定资产投资 300 亿元。2015 年前海蛇口自贸区注册企业累计达到 7.4 万家，注册资本达到 3.1 万亿元，累计实现税收收入 170 亿元。试点下放城市更新审批权，率先实施“多证合一、一照一码”、企业名称自主申报登记和企业简易注销。粤港澳大湾区纳入国家“一带一路”愿景与行动计划，出台加快落实国家“一带一路”战略行动方案。

——全面加强绿色低碳发展。推广应用新能源汽车 3.8 万辆，公交车新能源化率超过 40%。绿色建筑面积超过 3 000 万平方米。2015 年，万元 GDP 能耗、水耗分别下降 3%、6%，化学需氧量排放量、氮氧化物排放量、氨氮排放量分别下降 3.5%、10.6%、3.3%，深圳国际低碳城入选国家低碳城（镇）试点，成功举办第三届国际低碳城论坛。全面供应国Ⅴ车用柴油，基本淘汰黄标车。PM2.5 日均浓度降至 29.8 微克/立方米左右，人均公园绿地面积、森林覆盖率分别达到 16.9 平方米、41.5%。

——全面提升民生保障水平。最低生活保障标准和最低工资标准分别提高到每人每月 800 元和 2 030 元，新增就业人员超过 9 万人。重特大疾病补充医疗保险全面实施。新开工保障性住房 1.71 万套、竣工 2.13 万套。引进 10 个高水平医学学科团队，建成 3 家名医诊疗中心，新增病床 5 600 张。香港中文大学（深圳）一期、哈尔滨工业大学（深圳）校区等开工建设，新增普通高中学位 5 700 个、义务教育学位 2.1 万个、幼儿园学位 2 万个。

3. 推进深莞惠（3+2）经济圈建设情况。

——环保共治取得显著成效。界河及跨界河流综合治理取得新突破，2015 年 12 月 3 日深莞两市联合召开茅洲河全流域水环境综合整治工作领导小组第一次会议，两地同时启动多个涉及综合整治的重点工程，力争到 2017 年年底，茅洲河水体实现不黑不臭。深圳市茅洲河干流中上游段 18.8 公里的治理工程完工；牛湖水、山厦河（水贝河）、鹅公岭河综合整治工程开工建设；编制完成了《观澜河流域治水提质方案》；君子布河综合整治工程开工建设；龙岗河支流综合整治加快提速。举办深莞惠经济圈环保合作会议，审议通过危险废物及严控废物监管处置等 8 个议题。

——交通一体化工作取得显著成效。三市跨市重点通道建设进展顺利。广深港高铁福田站及相关工程完成施工建设并开通运营，穗莞深城际线深圳段及东莞段全面开工建设，莞惠城际联调联试，深惠城际线前期工作有序推进；深莞两市签订轨道建设战略合作框架协议，明确两市未来将有5条轨道对接；惠深高速公路改扩建工程、河惠莞高速、恒心路、青松东路、金龙路等跨界道路前期工作顺利推进，深莞边界东宝河新安大桥项目全面开工。多条公交线路实现了跨市延伸，深圳市高峰88线延伸至惠州大亚湾龙光城，惠州208路公交车延伸至深圳龙岗坪地毗邻公交站，明确了惠州大亚湾体育广场至深圳市坪山东部公交基地、东莞火车站至惠州园洲客运站的跨界公交线路。

——全面深化多领域合作。分别召开了区域信用、社会组织服务、文化合作、警务协作等联席会议，签署了相关领域合作协议或备忘录，全方位多角度推进经济圈合作；深入推进商事登记制度改革，加强企业注册登记、事中事后监管等方面的交流与合作；深化落实深莞惠三市在知识产权协调保护、执法打假、公平竞争监管等方面合作。强化深莞惠旅游联盟功能，共同在上海、宁波、新加坡等地举办旅游联合推介会，发布深莞惠自助自驾智慧导览图，“微游深莞惠”微信公众号上线。5市旅游局联合举行“缤纷深莞惠　美丽乡村游”深莞惠3+2（河源、汕尾）“万人互游”系列活动。

——积极推进汕尾、河源融入经济圈。深圳市加大财政资金投入力度，分别向汕尾、河源两市追加10亿元产业帮扶资金，用于加快共建产业园区的开发；2015—2017年每年安排1亿元民生帮扶资金，一次性安排2.2亿元的“重点产业园区重点产业项目贷款贴息资金”，推动设立规模15亿~20亿元的深河及深汕产业投资基金。深圳、汕尾两市联合出台《关于进一步优化深汕特别合作区体制机制加快合作区建设发展的意见》，优化了合作区管理体制；编制完成《深汕特别合作区创新发展三年行动计划（2015—2017年）》，强力推进重点投资项目落地投产。编制《深圳（河源）共建产业园开发建设实施方案》，启动共建产业园基础设施建设。中兴通讯（河源）项目建设顺利，带动了上下游产业链企业投资河源。

4. 深汕特别合作区建设情况。

2015年，合作区生产总值约35亿元，增长12%；工业总产值84亿元，增长9%；全社会固定资产投资55亿元，增长10%。

——千方百计推进项目落地。组建海港新城、鲘门新城、信息技术城等建设办公室，负责推进项目前期对接、服务项目落地和组织市政基础设施建设等工作，进一步强化项目落地建设的工作抓手。全年实现易能电气、韩建河山、中建绿色建筑科技园、应达利电子、深圳森钢、天威内容数据中心等53个项目集中动工，计划投资额达329.9亿元。华润新一代数据中心已完成主体土建工程，正在进行机电安装和园区绿化；腾讯云计算数据中心、水底山温泉庄园、晟火科技等项目已经顺利投产。

——整合资源做强投融资平台。引进企业建设小漠国际物流港（一期）陆域形成及配套路网PPP项目、信息技术城开发建设和运营PPP项目等一批市政基础设施及配套设施工程，总投资额近100亿元。累计从浦发银行、中国农业发展银行获得贷款17.4亿元，从平安银行、省建设银行获得综合授信430亿元。推动设立规模超过30亿元的产业发展基金。增加合作区投控公司资本金规模至20.478亿元。

——增强合力开展土地收储。制定了合作区土地收储办法和国有建设用地开竣工保证金管理暂行办法及实施细则，与海丰县政府签订征地拆迁包干协议。至2015年年底，已签订征地协议土地12.9平方公里，其中已初步移交土地3.7平方公里。。

——科学谋划建设发展规划。编制了《深汕特别合作区创新发展三年行动计划（2015—2017年）》，明确未来三年合作区创新发展的发展思路、工作目标、创新举措及重点任务。积极修编合作区土地利用总体规划，开展了鹅埠信息技术城等6个片区控制性详细规划、生态文化旅游规划等专项规划、云计算等产业专业园区规划编制；编制完成了合作区产业发展规划、基础设施建设规划、低碳生态建设规划等专项规划。

——创新突破优化体制机制。不断规范履行汕尾市委托授权的第一批31项管理权限。初步建立财税体制，启动了合作区金库，完成合作区国税局、地税局组建，并于2016年1月1日起正式运行。深圳市推出了13项扶持政策，落实了总部在深企业到合作区投资享受深圳企业同等待遇扶持政策，在合作区建设高职园区、学校、三甲医院等。汕尾市推出了6项扶持政策，进一步向合作区委托授权，增加建设用地规模。在汕尾市对园区专项资金进行清理的基础上，成立产业转移园区公司承担并逐步解决历史债务，解决了制约合作区开发建设的历史难题。

（四）珠海市

1. 概况。

2015 年，珠海市地区生产总值首次突破 2 000 亿元大关，达到 2 025. 41 亿元，增长 10. 0%；人均地区生产总值达 124 706 元，增长 8. 6%。地方一般公共预算收入 269. 96 亿元，增长 20. 4%；社会消费品零售总额 915. 2 亿元，增长 12. 2%；固定资产投资 1 305. 14 亿元，增长 15%。三次产业结构为 2. 2 ：49. 7 ：48. 1。规模以上工业增加值 916. 94 亿元，增长 9. 6%；现代服务业增加值 562. 86 亿元，增长 10. 1%。

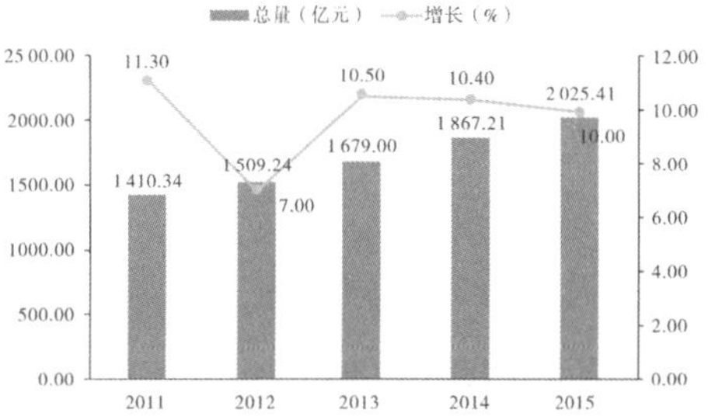

1　地区生产总值总量及增长

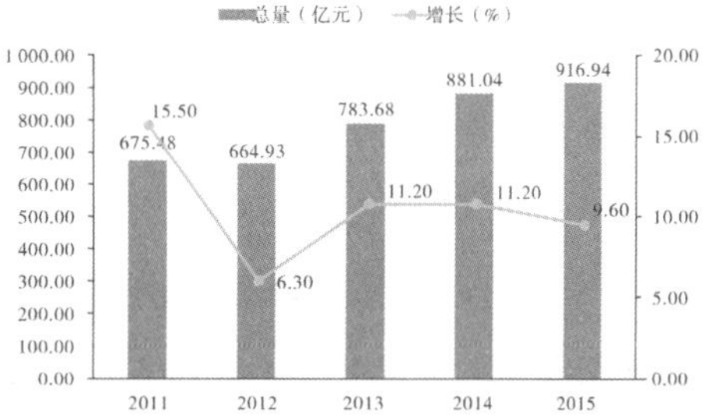

2　规模以上工业增加值及增长

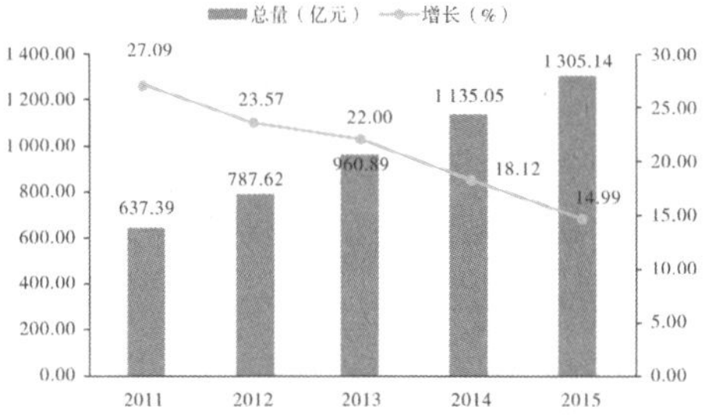

3　固定资产投资总量及增长

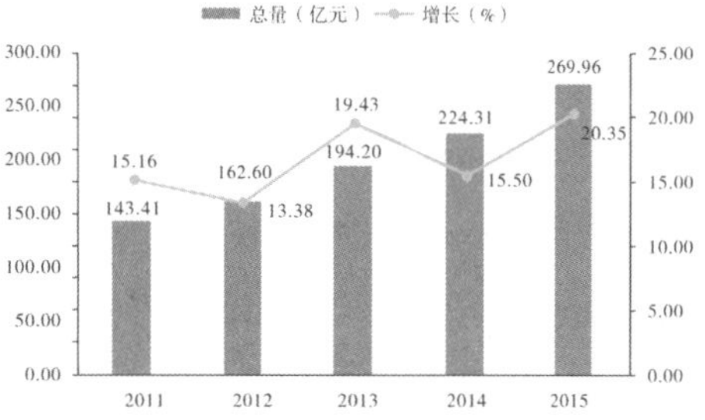

4　一般公共预算收入总量及增长

图 3　珠海市“十二五”时期主要经济指标统计图

2. 实施珠三角优化发展战略情况。

——创新驱动发展成效显著。创新能力稳步提升，全社会投入研发经费占GDP比重达2.7%，每百万人年发明专利申请超过2 000件，高新技术产品产值占规上工业总产值比重达55%，高新技术企业占规模以上企业数量达40%。创新体系不断完善，实施孵化器倍增计划，与中山大学等5所高校（科研院所）开展战略合作，新型研发机构累计达16家，引进国家“千人计划”专家13人、诺贝尔奖得主2人。创新环境继续优化，组建珠海科技创业投资公司，创投引导基金总规模达11亿元，“新三板”华南基地落户横琴。

——产业转型升级步伐加快。先进制造业、装备制造业、高技术制造业增加值占规模以上工业增加值比重分别达45.2%、38.4%、28.8%，现代服务业占服务业比重达57.6%。出台先进装备制造业发展规划和三年行动计划，布局智能装备制造业，完成装备制造业投资120亿元，增长76%。中车等重点项目投产，国机机器人产业园、新兴重工应急救援装备产业园等项目动工建设。成功举办首届“装洽会”，签约28个项目，总投资354.6亿元。一批新业态落地成长，跨境电商通关监管中心和公共服务平台建成启用，阿里巴巴全球货源珠海站、聚美优品华南总部等一批项目落户。

——重大平台的引擎作用增强。横琴自贸片区发挥引领作用，6项改革创新举措入选广东省自贸区首批制度创新案例，引进金融类企业1 200多家，管理资产超过1万亿元。高栏港区成为装备制造产业龙头，三一海工产业园一期等一批项目竣工，15万吨级主航道完工，10万吨级集装箱码头1号泊位建成，世界级海洋工程装备制造基地、全国沿海主枢纽港加快形成。《广东珠海西部生态新区发展总体规划（2015—2030年）》印发实施，起步区建设框架拉开，启动建设海绵城市示范区等一批项目。高新区成为创新驱动主战场，纳入珠三角国家自主创新示范区，动工建设孵化器面积超过70万平方米。

——改革探索向纵深推进。行政审批改革力度加大，公布市区权力清单，下放182项行政管理事权，清理非行政许可审批事项244项。网上办事大厅实现省市区镇四级联通，网上全流程办理率、上网办理率和网上办结率等指标全省排名第二。市场化改革继续深化，完成“一照一码”商事登记制度改革，出台鼓励民间投资产业导向目录正负面清单，建立市公共信用信息管理系统。社会建设改革成效显著，出台多部社会建设地方性法规，建立市、区、镇（街）三级联运的社会组织孵化平台网络。推进事业单位法人治理结构试点工作，完善“错峰服务”工作制。成为全国公安改革综合试点地区和民警分类管理改革试点城市。

——生态文明发展成绩瞩目。生态文明成绩突出，启动创建国家森林城市、海绵城市、水生态城市，通过国家生态园林城市、省林业生态市创建工作考核。生态基础不断巩固，划定生态控制红线、城市开发边界和农用地保护线，淘汰黄标车 14 199 辆，清洁能源公交车比例接近 80%，新增绿色建筑 170 万平方米。率先发布“生态环境指数”，首次实施区级生态文明考核，碳排放交易试点稳步推进，入选中欧低碳生态综合试点城市。节能减排全面完成，污水集中处理率达 90.1%，空气达标率达 89.3%，PM2.5、PM10 平均浓度优于国家一级标准，环保责任考核连续三年排名全省第一。

——宜居城市建设成果丰硕。确定六大珠海宜居城市建设目标，改造提升“一河一带两轴两镇三港三心”。交通会战拓展城市空间，港珠澳大桥主体及连接线完成总概算的 70%，横琴二桥建成通车，珠海至北京、桂林高铁线路开通。智慧城市建设增强城市活力，建成 12345 市民服务热线等五大工程，启动建设六大领域应用系统，荣获“2015 全国智慧城市建设进步奖”。新农村建设“三年大变化”，基本实现生活污水处理、村民网上办事、村居文化广场、居家养老全覆盖。

——区域一体化进程加速。珠中江阳区域合作进入新阶段，召开第 10 次珠中江阳党政联席会议，阳江全方位参与珠中江区域合作。珠澳合作进一步深化，增设珠澳旅游、文化合作工作小组，签订珠澳旅游、文化合作框架协议。对外开放水平进一步提升，珠海—巴基斯坦瓜达尔合作项目列入省“一带一路”实施方案，中国和拉美国家企业家理事会地方联络机构落户横琴。

——民生保障水平不断提升。成功创建省推进教育现代化先进市，公办幼儿园学位全部公开摇号派位，出台促进民办教育规范特色发展实施办法，开展校长职级制评审。同步推进城市公立医院、基层医疗卫生机构和办医体制改革，公立医院统一实行药品和医用耗材零差率，全市医疗机构实现信息共享、检查结果互认。基本医疗保险财政补助调整为每人每年400元，低保标准提高到580元，困难群众住院自付医疗费用救助比例为80%以上，重特大疾病年最高救助金额达20万元，建成保障性住房3 986套。

3. 推进“珠中江+阳江”合作情况。

——着力交通建设。实施《珠中江交通基础设施一体化规划》，一批跨界道路完工，广中江高速进展顺利，中开高速完成前期工作，广佛江珠城际轨道立项，珠海高栏—阳江集装箱驳船航线等开通，珠海江门共推黄茅海与崖门出海航道连接工程，珠中江公交IC卡实现互通，珠中互通公交线路11条，中江互通1条。

——着力产业协作。珠中江高新区纳入珠三角国家自主创新示范区，珠中江阳共性技术和服务平台新增4家。举办首届珠江西岸先进装备制造业投资贸易洽谈会等一系列活动，洽谈会签约项目205个，总投资1 511.2亿元。举办第六届珠中江进出口商品展销会，成功树立“珠西第一展”品牌。珠中江与云南、贵州实现旅游互通，携手阳江赴台湾、福建推介“活力广东·最美珠江西岸游”。

——着力环境共治。合作治水取得新进展，珠中签署《跨界区域防洪及河涌污染综合整治合作协议》，中江专题座谈研究跨界环境污染治理工作，前山河水质持续向好。开展区域大气污染联防联治，网络实时发布PM2.5监测信息，淘汰黄标车54 000多辆，超洁净排放改造完成年度目标。珠中实现省立绿道1号线、4号线对接，珠江开展森林防火联防联动工作交流。

——着力民生福祉。珠中江阳联网即时结算定点医院达7家，二级以上医疗机构互认医学检验检查结果。举办医疗卫生联防联控应急演练，开展珠中江阳临床学术交流和联合教研活动，珠阳率先开展教育卫生系统专业技术人才双向交流培养工程。签署《“珠中江+阳江”四地社会工作行业发展框架合作协议》，举办2015年珠中江阳大型公益性人才招聘会及网络招聘大会。召开珠中江阳公共法律服务合作第四次联席会议、珠中江警务合作联席会议和珠中江阳四地技术串并案件联席会议，探索建设协作办案机制，加强110警情交流。

4. 珠海西部生态新区规划建设情况。

——建设以先进装备制造业为重点的现代产业体系。以高栏港海工产业园、金湾航空航天产业园和富山装备制造产业园为主要载体，优先保障先进装备制造业项目用地，规划海工、航空、轨道交通装备等重点行业的专业化配套园区。引进福陆海洋工程装备制造、华彬航空集团通航产业基地、清华发动机等一批龙头项目，建成投产中航赛斯纳飞机公司项目等一批重点项目。加快建设省科学院海洋技术与装备、航空装备与制造、生物医药与高端医疗器械 3 个研究所，充分提升国家船舶及海洋工程装备材料质检中心的服务检测功能；加快建设华南理工大学珠海现代产业创新研究院、通用航空工程技术研究中心等平台，支持中海油海工等骨干企业设立研发中心、重点实验室。

——构建立体综合交通枢纽。围绕西部交通发展战略定位和现实需求，完善西部地区交通规划体系，力争到 2018 年实现到珠三角核心城市的 90 分钟交通圈和东西中心区 30 分钟、市域 60 分钟互达的时空圈。重点开展“双港”（高栏港第三代港口、珠海机场升级改造和通用机场）、“两铁”（广佛江珠城际、广珠城际延长线）等交通基础设施建设，力争到 2018 年基本形成以“一桥、双港、双铁”为龙头，以高速公路和城市快速交通主干道网络为主骨架的立体综合交通体系。加快完善西区内部城市道路网络，改造提升低标准县道及农村道路，畅通新区内部微循环。重点发展东西部城区之间和西区内部快速公交、干线公交网络，推进高峰快线、高校专线等多样化的公交模式，建设多层次公交体系。

——打造生态宜居示范新城。紧紧围绕西部生态新区的战略定位和发展目标，基本形成以珠海概念规划、城市总规为统领，以新区总规为主体，以城市设计、控制性详细规划为重点，以各类专项规划为补充，以近期建设规划为抓手的规划体系。注重田园城市风貌管控，划定生态控制线，明确城市天际线、山脊线和水岸线等城市风貌要素控制要求，严格控制建筑密度、容积率和建筑高度，统一打造岭南建筑风貌特色。启动海绵城市示范区试点工作，将海绵城市建设理念融入新城规划编制、水生态保护、水资源利用和开发建设全过程。

（五）佛山市

1. 概况。

2015 年，佛山市地区生产总值 8 003. 92 亿元，增长 8. 5%；人均地区生产总值达 108 299 元，增长 7. 5%。固定资产投资 3 035. 52 亿元，增长 16. 2%。社会消费品零售总额 2 705. 22 亿元，增长 11. 9%。地方一般公共预算收入完成 557. 55 亿元，增长 11. 2%。进出口总额 657. 12 亿美元，下降 4. 5%，其中出口 482. 05 亿美元，增长 3. 2%；实际利用外资金额 23. 77 亿美元，下降 10. 5%。三次产业结构为 1. 7 ∶ 60. 5 ∶ 37. 8，规模以上工业增加值 4 364. 33 亿元，增长 7. 9%。先进制造业增加值 1 451. 23 亿元，增长 15. 7%；高技术制造业增加值 328. 00 亿元，增长 10. 8%；现代服务业增加值 1 769. 14 亿元，增长 10. 4%。

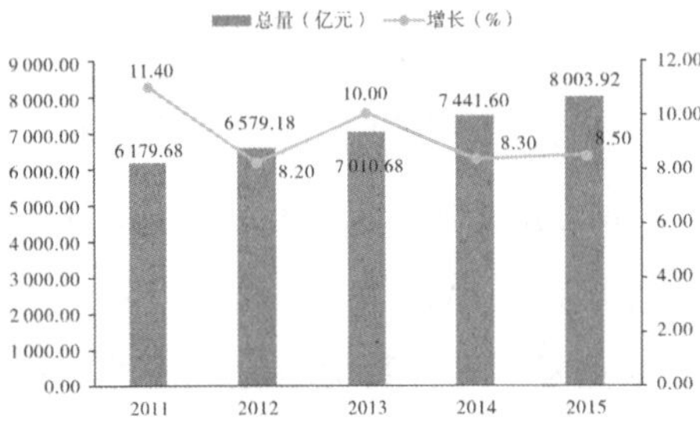

1　地区生产总值总量及增长

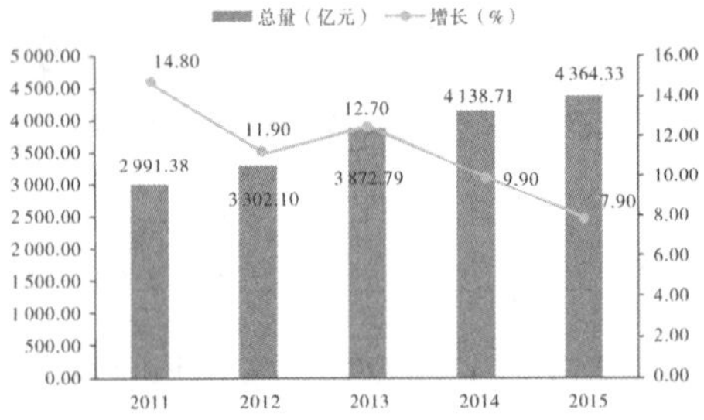

2　规模以上工业增加值及增长

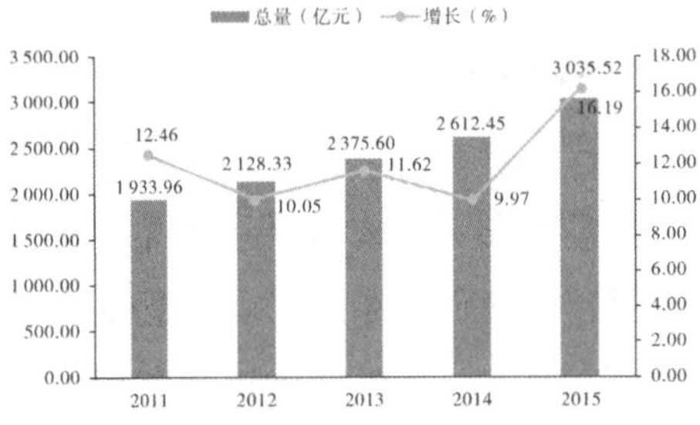

3　固定资产投资总量及增长

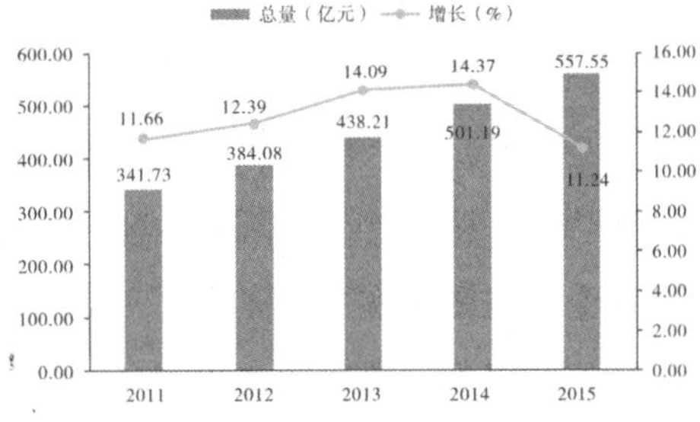

4　一般公共预算收入总量及增长

图 4　佛山市“十二五”时期主要经济指标统计图

2. 实施珠三角优化发展战略情况。

——制造业转型升级。全市规模以上先进制造业总产值 7 543.51 亿元，增长 15.2%，其中装备制造业 5 933.34 亿元，增长 15.9%。本田汽车零部件制造有限公司 CVT 变速箱项目投产，南车项目、佳明重工项目试产，福田汽车项目总装车间封顶，一汽—大众二期项目建设顺利。新引进千山药机医疗器械装备大健康产业基地等一批先进装备制造项目。开展智能制造发展专项行动，实施“百企智能制造提升工程”，全省首个机器人产业发展示范区在顺德区启动，华南智能机器人创新研究院挂牌成立。依托智能制造推动产业结构优化升级成为范例，获得国务院通报表扬。加快新能源汽车推广应用，累计推广新能源汽车 2 613 辆，超额完成省分解推广任务，建成充电桩（机）689 个。招商引资有新成效，全市合计签约投资额超千万美元的外资项目 71 个，投资总额达 53.85 亿美元，签约投资额超亿元的内资项目 321 个，投资总额达 2 173.81 亿元。

——创新驱动深入开展。成功举办首届中国（广东）国际“互联网 +”博览会，百度、汉诺威、IBM 等 21 个战略合作项目现场签约。佛山国家高新区获批建设国家自主创新示范区。科技创新深入推进。出台加快培育高新技术企业专项行动方案，培育国家级高新技术企业 716 家。实施科技企业孵化器倍增计划，全市共有国家级科技企业孵化器 4 家、国家级孵化器培育单位 13 家。全市各类新型研发机构达 25 家，省级工程中心 288 家、市级工程中心 463 家。金融创新步伐加快。在全省率先出台全面性债券融资扶持政策，全市非金融类企业债券融资 56 亿元。企业融资专项资金规模扩大至 15 亿元。科技型中小企业信贷风险补偿基金运作顺利，累计授信企业 107 家、授信金额 8.4 亿元。新增新三板挂牌公司 30 家；新增股权投资机构 50 家，总数达 276 家，注册资本超 398 亿元。

——城市品质显著提升。一是基础设施日益完善。佛山西站、广佛地铁二期项目进展顺利，地铁 2 号线一期站点陆续开工，地铁 3 号线工可报告与初步设计方案获批。江罗高速佛山段、广明高速西延线完工，广中江高速公路顺德段征地拆迁任务、广明高速陈村至西樵段一期工程顺利完成。魁奇路西延线、华阳大桥、东西大道、同济东路、三水桃园路西延线等19条市域“断头路”建成通车。二是城市升级不断延伸。启动城市升级两年延伸行动，128个升级项目建设次第开展，“一老三新”及组团城市建设不断提速，千灯湖公园荣获美国城市土地学会颁发的城市开放空间大奖，成为中国首个荣获该奖项的项目。南海区和狮山镇成为第二批国家新型城镇化综合试点。“三旧”改造深入推进，荣获全省2014年度“三旧”改造考核一等奖，截至2015年年底，全市实施“三旧”改造项目共1 155个，总用地面积10.42万亩，项目改造预算投入资金2 185.15亿元。百村升级行动加快推进，首批13个古村落完成活化项目203个、30个城中村（旧居民社区）完成改造项目241个、48个新农村完成建设项目508个。三是环境治理力度加大。全面开展电厂超洁净排放改造和电力需求侧管理城市综合试点，完成40个项目合计427万平方米绿色建筑，位居全省前列。淘汰整治高污染燃料小锅炉495台、淘汰黄标车5.53万辆、整治VOCs排放重点企业95家，全市PM10和PM2.5浓度比2014年分别下降12.1%和13.3%。重点推进水环境整治，基本完成42条“一河一策”河涌整治，22条河涌基本指标达到V类水标准。全力推进汾江河、西南涌、水口水道、芦苞涌等广佛交界河流整治，广佛交界区域水环境整治问题挂牌督办摘牌。完成全市省级集中式饮用水源地标准化建设，全市饮用水源水质达标率100%。

——公共服务不断完善。一是民生保障持续改善。以大众创业带动就业，促进创业5 425人，带动就业26 750人。新增转移就业劳动力1.45万人，新增就业8.27万人。提高养老保险待遇水平，企业退休职工月人均基本养老金由2 438元增至2 693元，城乡居民基本养老保险基础养老金调升至155元/月。新增收养性养老床位16 128张，全市养老床位达到29 429张。提高底线民生保障，在全省率先实现统一城乡低保补差水平，城乡低保标准调整为590元/人·月。保障房建设提前完成省下达5 000套的全年任务，基本建成7 485套。启动12次低收入群体临时价格补贴与物价上涨联动机制，发放补贴1 646万元。二是社会事业不断进步。现代职教体系建设改革试点项目荣获“2015中国可持续发展城市范例奖”。全市义务教育民办学校均通过省义务教育标准化学校评估。申报国家学前教育改革试验区。省市共建研究生联合培养基地，推动佛山科学技术学院建设广东省高水平理工科大学。顺利通过国家卫生城市复审。进一步改善医疗服务，启动疾病应急救助制度，2015 年支付疾病应急救助资金 829.7 万元。文化体育事业精彩纷呈，获批创建国家公共文化服务体系示范区，成功举办 2015 广东国际旅游文化节，启动“佛山韵律　和风鸣畅”系列活动，评选出十大区域文化产业品牌。市文化馆新馆土建基本完成，佛山大剧院主体建筑封顶。获批国家体育产业联系点城市，成功举办亚洲俱乐部杯龙舟赛、高尔夫欧巡挑战赛、国际拳联职业拳击赛暨里约奥运会资格赛 49 公斤级比赛等精彩赛事，成功申办 2016 年全国游泳冠军赛和 2019 年男篮世界杯。

——大力推进广佛同城化。佛山市南海区与广州市荔湾区，顺德区与广州市番禺区，三水区与广州市花都区先后结对签署共建广佛同城化合作示范区框架协议，广佛交界区先行同城再次提速。广佛环线佛山西站至广州南站段加快建设。广佛地铁西朗至沥滘段土建工程完成八成以上。佛山地铁二号线各站点陆续开工建设。继南海、禅城后，顺德也被纳入广佛地铁网络系统。黄榄干线顺德至省道 S111 段于 2015 年 2 月正式通车。龙溪大道（广州西环—五丫口大桥段）快速化改造于 2015 年年底完成，大大缩短经南海海八路进入广州中心城区的时间。广佛两市还就沉香沙大桥、大坦沙大桥、容桂东出口道路、三山长江路接南浦大道、魁奇路东延线接南大路、碧江大桥工程、大沥北环东路接芳村沿江路等规划项目进行协调并取得积极进展。深入推进金融同城化。继续推动互设金融机构，广州银行新设大沥支行，使其在佛山的分支机构达到 4 家；佛山新增 8 家企业到广州股权交易中心挂牌，累计已有 57 家佛山企业挂牌融资，融资交易额达 5 亿元。广州农村产权交易所通过订单农业模式组织佛山市高明区“丽堂莱心”项目挂牌交易，将农产品供求关系以合同形式在一定期限内稳定下来，增强农民的抗风险能力。

3. 粤桂黔高铁经济带建设情况。

积极谋划以佛山西站枢纽新城为核心区域，以佛山国家高新区为载体，建设粤桂黔高铁经济带合作试验区（广东园），为全国高铁经济带建设探索经验。试验区以佛山国家高新区南海园为主体区，面积约 92 平方公里；核心区即佛山西站枢纽新城，面积约 8.58 平方公里；拓展区包括佛山国家高新区禅城、顺德、高明、三水四个分园。同时，省政府同意试验区云浮分园建设。云浮分园以云浮新区西江新城为主体区，其中核心区为云浮东高铁站区、中央商务区；拓展区包括郁南高铁站区、南江口高铁站区。一是成立工作架构。2015年年初，佛山市、南海区成立了试验区建设领导小组和专责工作组，分别由市长和区委书记担任组长。试验区纳入2015年广东省重点项目和广东省“十三五”规划。二是发展总体规划获批复。2015年8月25日，试验区发展总体规划获省政府批准实施；产业、城市等专项规划编制已启动。三是开展体制机制改革创新。强化粤桂黔多层次资本市场互联互通战略合作，在粤桂黔地区开展企业孵化培育、资源共享、联合路演、业务产品对接等；争取成立高铁经济带发展民营银行；拟联合广西、贵州以“一区三园”的形式申报国家级跨区域合作试验区。四是谋划重大合作平台。设立高铁经济带产业发展投资基金，首期100亿元；建设粤桂黔高铁经济带合作试验区广东会展中心，投资额138亿元，为三省（区）产品交流和展示提供平台；中山大学、广西大学、贵州大学与南海区合作共建粤桂黔高铁经济带研究院，作为研究交流、成果转化、培训等平台。五是积极开展交流对接。2015年4月以来，佛山市党政代表考察团赴南广、贵广高铁沿线城市交流对接，得到沿线各城市的积极响应，达成多方面共识。六是举办首届粤桂黔高铁经济带合作联席会议、投资洽谈会等系列活动。联席会议审议通过《共同建设粤桂黔高铁经济带合作宣言》《贵广、南广高铁沿线城市合作联席会议章程》《贵广、南广高铁沿线城市战略合作框架协议》等多份合作文件，初步建立起高铁经济带合作的常态联系机制，开创了跨区域合作新模式。召开粤桂黔高铁经济带投资洽谈会，贵广、南广高铁沿线13个城市达成合作项目71个，投资总额超千亿元；拉动销售贸易额约1.8亿元。

（六）惠州市

1. 概况。

2015年，惠州市地区生产总值3 140.03亿元，增长9.0%；人均地区生产总值66 231元，增长8.4%。三次产业结构调整为4.8：55.0：40.2。规模以上工业增加值1 617.38亿元，增长10.0%。先进制造业、高新技术制造业增加值占规模以上工业增加值的比重分别为62.2%、40.5%。固定资产投资1 863.93亿元，增长16.0%。社会消费品零售总额完成1 070.72亿元，增长10.5%。外贸进出口总额543.6亿美元，其中，出口347.8亿美元，进口195.8亿美元。地方一般公共预算收入340.02亿元，增长13.1%。居民人均可支配收入为25 219.6元，增长10.1%。

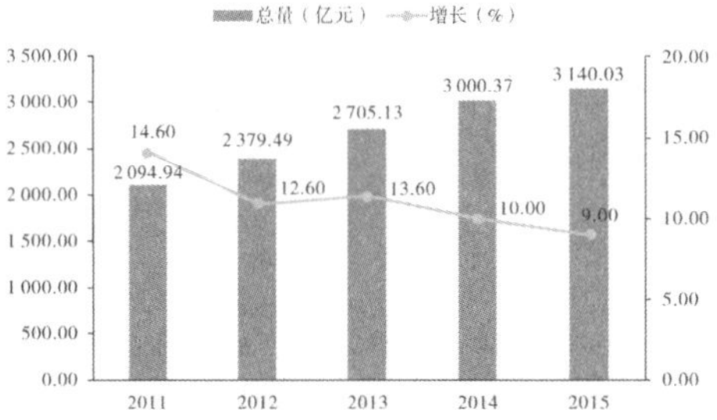

1 地区生产总值总量及增长

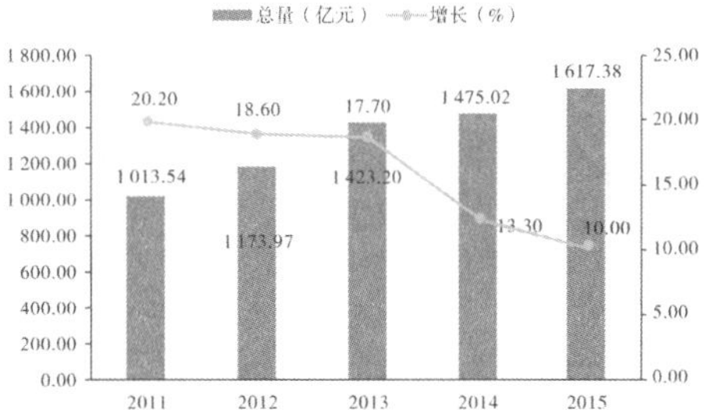

2 规模以上工业增加值及增长

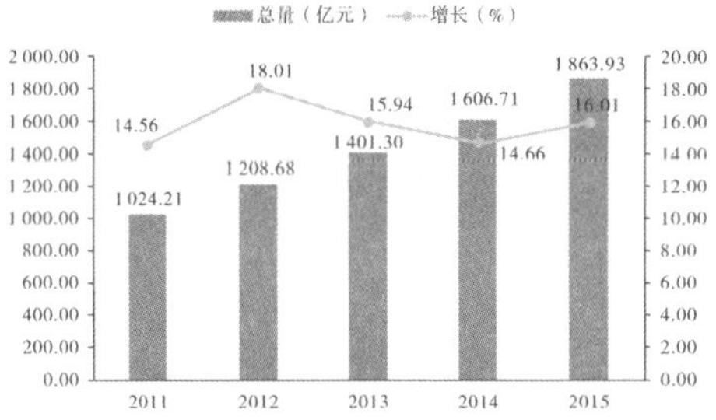

3 固定资产投资总量及增长

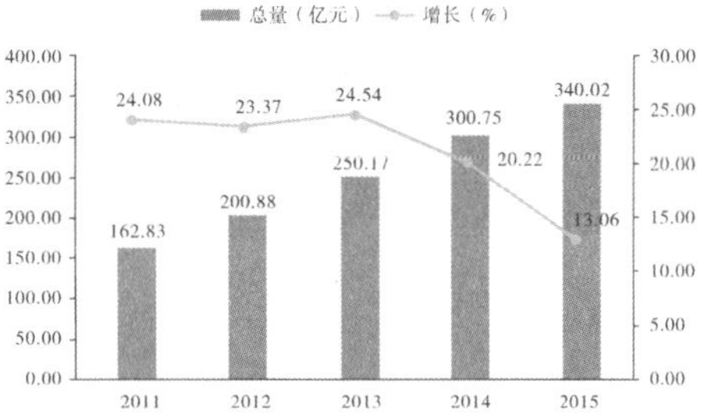

4 一般公共预算收入总量及增长

图5 惠州市“十二五”时期主要经济指标统计图

2. 实施珠三角优化发展战略情况。

——重大项目建设顺利推进。全市202项重点项目完成投资597.6亿元，完成年度投资计划113.6%；72项省重点项目完成投资362.8亿元，完成年度投资计划133.8%。惠大高速、汕湛高速惠州段、大广高速惠州段、惠深高速扩建工程等建成通车，莞惠城轨惠州段即将建成通车；中海油惠州炼化二期、信利一期等项目进展顺利；广东太平岭核电、中科院“两所两装置”、惠州LNG接收站、赣深铁路、广汕铁路等重大项目前期工作扎实推进。2013年以来新立项亿元以上项目762个，73个项目建成，491个项目动工建设，累计完成投资1 266.2亿元。

——创新能力不断增强，产业结构持续优化。出台实施创新驱动发展战略“1+6+N”系列文件。全社会研发经费支出占地区生产总值比重达2.4%。全市新增72家高新技术企业，高新技术企业总数达255家。荣获中国产学研合作促进奖。全年专利申请量21 408件，专利授权量9 797件，成功创建国家知识产权示范市。电子信息、石化和汽车三大产业占规模以上工业增加值比重达58.1%。新引进华润银行、民生银行2家银行。胜宏科技（惠州）股份有限公司成功上市。成功举办第六届（惠州）东坡文化节暨第八届惠州旅游节，全市接待旅游总人数4 381万人次，旅游总收入321.3亿元，分别增长10.4%、17.6%。成功举办第四届惠州农博会。

——区域经济发展加快，城乡统筹协调推进。两大平台建设加快推进，环大亚湾新区三个起步区10宗项目建成投产，潼湖生态智慧区总体规划基本编制完成。县区经济特色发展，惠东县山海统筹示范发展，经济增速居全市前列。博罗县连续八年跻身全国县域经济基本竞争力百强县。龙门县人均地区生产总值首次超过全国平均水平。大亚湾开发区被列入国家重点发展的七大石化产业基地。仲恺高新区入选珠三角国家自主创新示范区。

——节能减排持续强化，生态环境保持良好。深入实施电机能效提升工程，完成企业电机能效改造提升24.5万千瓦。新增淘汰黄标车20 385辆，推广应用新能源汽车2 141辆。严格环境准入，年内共否决不符合环保要求项目149个，否决率10.3%。东江干流惠州段水质符合国家Ⅱ类水质标准，城市饮用水源水质达标率100%。连续8年在全省环保责任考核中获评优秀等次。全市森林覆盖率达到62.34%，城市人均公园绿地面积达17.5平方米。第四次入选“中国十佳宜居城市”，第三次入选“中国最美丽城市”，成功创建国家级海洋生态文明示范区。

——各项改革深入推进，体制机制不断健全。率先探索以权责清单（行政许可）、服务清单、负面清单为主的“系列清单”管理制度。建成“横向覆盖部门，纵向延伸镇街村居”的网上办事服务平台，网上可办理率达到97%。全面建成市、县、镇三级统一的公共资源交易平台，公共资源交易平台建设获全国行政服务大厅典型案例“十佳”称号。成立全省首家“中介超市”，累计进驻中介机构超过1 000家。公共信用信息库在库信息超过4亿条，社会信用体系建设考核连续3年被评为全省第一。成为全省第一批行使地方立法权的设区的市，建立地方立法项目库。国家新型城镇化综合试点、全国水生态文明城市建设试点、互联网交通安全综合服务平台试点、基本公共文化服务标准化省级试点等74项国家和省试点工作扎实推进。新增国家科技创新服务体系建设、仲恺高新区义务教育教师队伍“县管校聘”管理改革2项全国试点，以及法治化营商环境试点等7项省级试点。

——社会事业全面发展，民生质量全面提升。实施民生财政，坚持市级新增财力的75%、县级新增财力的60%以上投入民生，民生支出占一般公共预算支出的比重达70%。连续6年获“中国最具幸福感城市”称号。高水平夺取全国文明城市“三连冠”。成功创建“广东省推进教育现代化先进市”。公共卫生服务经费标准提高到每人每年47.25元。新增城镇就业7.5万人，城镇登记失业率为2.37%。城乡最低生活保障标准从每人每月482元提高到550元。城乡居民养老保险基础养老金标准由每人每月105元提高至125元。

3. 推进深莞惠（3+2）经济圈建设情况。

——加快交通基础设施建设，交通互联互通进一步完善。共同印发实施《深莞惠交通运输一体化规划》，惠州机场顺利通航，惠州迈入“航空时代”，开通北京、上海等6条对开航线，全年客流量超37万人次。莞惠城轨惠州段2015年年底全面建成并试运营，惠州进入“城轨时代”。广惠高速东延线、惠大高速、汕湛高速博罗段、大广高速龙门段建成通车，惠深高速惠州段改扩建全线完工，全年新增高速公路里程94.5公里，全市高速公路总通车里程达587公里。与深莞两市共同建设的21项对接道路已完成11项，其余10项正按计划推进。深莞惠三市已开通17条公交一体化班线，其中惠深两市开通

14 条，惠莞两市开通 3 条。

——推进优势产业深度合作，产业融合发展进一步强化。成功举办“2015 中国手机创新周”活动、第四届“云博会”，吸引了来自深圳、东莞等地的广大企业参展。承接、共享兄弟市研发和制造优势资源，发布“世界手机之都”规划，推动手机产业规模扩大、实力增强。全年手机产量 2.07 亿部，其中 TCL 手机销量 8 354.6 万部，增长 13.7%，稳居国产手机海外销量第一，出货量排名全球第五。亿纬锂能与深圳五洲龙合作生产新能源客车，惠州湘联、金日科技、德赛西威成为深圳比亚迪、长安标致雪铁龙的配套企业。深惠两市合作推广应用新能源汽车，深圳比亚迪电动汽车在惠州推广，惠东京兰新能源汽车与深圳达成试运行协议。广东太平岭核电项目顺利启动。

——共建深莞惠创新圈，区域创新发展进一步提速。共同拟订区域创新体系合作协议，健全协同创新机制。打造潼湖生态智慧区、仲恺高新区和环大亚湾新区“一基地、双平台”创新体系，主动承接深圳东莞技术、人才等创新资源。环大亚湾新区三大起步区实施重点项目 53 宗，计划投资 850 亿元。潼湖生态智慧区列入省创新平台，基本完成总体规划编制，新签约企业总部、研发基地、创新孵化等项目 15 个，总投资 225 亿元。仲恺高新区纳入珠三角国家自主创新示范区。深圳万泽集团与韩国美浦森公司合作在仲恺高新区创办研发生产基地。深圳时代伯乐股权投资公司与大亚湾开发区携手创建海创股权投资基金。

——推动旅游市场联合开发，旅游合作水平进一步提升。牵头组织召开 2015 年深莞惠旅游联盟“3 + 2”第一次联席会议，联合开展深莞惠“3 + 2”万人互游系列活动，推广五市旅游精品线路。深莞惠三市联手开展旅游宣传推广，联合参加 2015 年广东国际旅游博览会，合力打造区域旅游品牌。深圳知名旅行品牌新景界在惠州设立分支机构。通过一系列深化合作，深莞惠旅游联盟更加紧密，“缤纷深莞惠”旅游品牌效益初步突显。

——推进环保协同联动，环境联防联治成果进一步巩固。联合召开深莞惠经济圈（3 + 2）环保合作会议，全面落实《界河及跨界河综合治理计划》，持续深入开展“两河”流域污染整治，清理养殖场 400 家，关闭重污染企业 13

家；淡水河、潼湖流域新建污水收集管网60公里，惠阳城区等5座污水处理厂提标改造升级加快推进；修订镇级污水处理设施运营补助办法，投入补助资金8 000万元，提高“两河”流域污水处理设施处理能力。与深莞两市建立重大环境影响项目通报制度、跨界污染协调机制及黄标车数据库共享机制。

——推进基本公共服务一体化，公共服务质量进一步提高。深化五市现代警务全面合作，跨市警务协作更加高效顺畅。签署五市文化合作框架协议，推动五市图书馆资源、演出资源、广电资源和基层文化服务共享，文化市场执法联动深入开展。依托深圳“文博会”、东莞“动漫博览会”、惠州“云博会”等平台，区域文化交流更加密切。医疗保险异地联网结算更加完善，与深莞两市4家医院合作新设市外社保定点，河源、汕尾在惠州2家医院新设市外社保定点，全部实现异地联网结算。共同建立跨区域的120急救体系，筹备五市突发事件联合医疗救援演练。莞惠住房公积金实现互认互贷。组织召开“3+2”区域信用合作第一次联席会议，通过区域信用合作宣言，五市建立信用体系紧密合作机制。

4. 县域经济发展情况。

惠州市辖惠东、博罗、龙门三县，惠城、惠阳两个区，设有大亚湾经济技术开发区和仲恺高新技术产业开发区两个国家级开发区，有53个镇（乡）、16个街道办事处。惠东、博罗、龙门三个县总土地面积8 649平方公里，占全市的76.2%，常住人口231.5万人，占全市的48.7%。2015年，全市县域地区生产总值1 226.04亿元，占全市的39.0%。

表12　2015年惠州市县域经济发展情况

地区	地区生产总值（亿元）	固定资产投资（亿元）	社会消费品零售总额（亿元）	一般公共预算收入（亿元）	三次产业结构
惠东县	520.29	292.38	214.33	34.71	8.4∶46.8∶44.8
博罗县	547.12	285.29	149.31	37.36	8.4∶54.1∶37.5
龙门县	158.63	169.27	51.39	10.98	12.5∶46.9∶40.6

——惠东县。2015年，惠东县地区生产总值520.3亿元，增长14.5%，人均地区生产总值突破55 957元，增长14.1%。一般公共预算收入34.7亿元，增长14.8%。固定资产投资292.38亿元，增长31.7%。社会消费品零售总额214.3亿元，增长13.7%。规模以上工业增加值171.6亿元，增长26%。惠东产业转移园加快建设，累计投入基础设施建设资金21.5亿元；规模以上工业增加值70.4亿元，增长39.6%。"宝溪口茶"和"横坑茶"分别荣获"广东十大名茶"和"广东省茶叶十大品牌"。巽寮湾跻身广东"十大最美海岸"，"回龟自然"智慧旅游系列产品荣获2015中国旅游商品大赛铜奖。新组建2个技术研究中心，新增6家国家高新技术企业，累计达11家；8家企业纳入国家高新技术企业培育库。推进国家知识产权试点县建设，共申请专利数量1 714件，增长13.1%。累计创建成国家级生态镇1个、省级生态镇10个和市级生态村152个。

——博罗县。连续八年跻身全国县域经济基本竞争力百强县。2015年，全县地区生产总值547.12亿元，增长14.1%；人均地区生产总值51 365元，增长13.5%。第三产业比重比上年提高0.7百分点。一般公共财政预算收入37.36亿元，增长10.1%。城乡居民人均可支配收入20 021元，增长10.5%。民营经济增加值263.86亿元，增长14.2%；民营企业上缴税收33亿元，增长6.9%；新增民营企业1 819家。有国家级高新技术企业22家、省级技术创新专业镇2个、省级工程中心9个。规模以上工业增加值298.53亿元，增长23.2%。积极发展"互联网+旅游"，扎实推进环罗浮山旅游经济带开发建设，再次入围广东省旅游综合竞争力十强县。"一带一路"重点项目中俄物流园项目落户石湾。新增县级以上农业龙头企业10家、县级以上示范性家庭农场14家、农民专业合作社97家。成功举办中国·广东（惠州）澳大利亚产品展览会，外贸进出口总额32.96亿美元，增长5%。推进横河、长宁、公庄等特色旅游小镇建设。成功创建省推进教育现代化先进县。

——龙门县。2015年，龙门县地区生产总值158.63亿元，增长15.0%，人均地区生产总值首次超过全国平均水平，达50 144元，增长14.7%。规模以上工业总产值190.96亿元，增长18.7%。固定资产投资169.27亿元，增长29.4%。社会消费品零售总额51.39亿元，增长12.7%。一般公共预算收入10.98亿元，增长9.7%。全体居民人均可支配收入14 901元，增长13.6%。成功申报国家高新技术企业2家，实现零突破；5家企业申报高新技术入库企业并得到认定；龙潭镇竹木加工行业被认定省级技术创新专业镇。龙门县纳入全国“千县万村”计划惠州首个试点县。荣获“中国文化生态旅游名县”称号，南昆山成功创建国家生态旅游示范区。全年接待游客816.92万人次，实现旅游业总收入36.7亿元，分别增长了10.1%、15.0%。成功创建“广东省生态县”、广东省推进教育现代化先进县。

5. 惠州环大亚湾新区建设情况。

——项目建设持续推进。三个起步区共有投产项目10宗、在建项目16宗、筹建项目27宗。在建项目和筹建项目计划总投资849.6亿元。中海油惠炼二期项目进展顺利，巽寮滨海旅游度假区创建国家级旅游度假区已通过省级初评。积极推进28宗重点交通、能源、水利项目建设，计划总投资350.7亿元，惠州机场已于2015年2月通航。惠州港水陆联运功能日益完善，惠大高速公路已于12月建成通车。广惠高速东延线及龙海二路等一批干线路网建成通车。稔平半岛供水工程于11月正式动工。

——着重突出生态建设。以水环境治理和绿地生态网络建设为核心，切实加强污染防治。淡澳分洪河整治工程已基本完工，推进惠阳淡水河二期等的综合整治。推进考洲洋生态修复，累计恢复自然海域13.7平方公里，占整个海域的48%，海水质量明显改善。扎实推进考州洋（二期）污水处理厂等项目建设。建立跨界河涌共同监测和信息发布机制以及入海河流、近岸海域生态环境监测监控体系。完成了中海壳牌入海排污口在线监测系统建设，实现了对石化区第一条排污管线24小时连续监测。继续推进林业重点工程建设，新区范围内共建成生态景观林带、碳汇林和沿海防护林6.87万亩，完成封山育林5.23万亩。新区联合三个县（区），共同推进亚公顶森林公园、大亚湾森林公园等两个跨界森林公园建设。

——对接合作继续深化。继续发挥三县（区）的特色与优势，深入推进一体化发展。在跨界河涌综合治理、城市建筑废弃物资源化再利用、共同加强风田水库饮用水源地保护、交界地区卫生保洁、跨行政区域的国有资产处置、重点生态项目建设等方面，谋划和推进一批共同推进的重点工作项目。着力推进三县（区）之间的9条跨界连接路建设。新开通4条跨界公交线路。推进产业和招商合作，充分发挥大亚湾石化产业带动作用，推动惠阳鸿海精细化工基地与大亚湾石化区的产业对接；共建大亚湾—巽寮湾海上观光通道；联合搭建网上招商平台，建立招商信息共享机制和项目相互推荐机制。

（七）东莞市

1. 概况。

2015年，东莞市地区生产总值6 275.07亿元，增长8.0%；人均生产总值75 616元，增长8.4%。实现社会消费品零售总额2 184.70亿元，增长12.5%。完成固定资产投资1 446.52亿元，增长1.4%。三次产业结构为0.3∶46.6∶53.1。完成规模以上工业增加值2 611.96亿元，增长5.3%；先进制造业增加值1 208.60亿元，增长8.5%；现代服务业增加值2 005.02亿元，增长12.7%。出口1 036.1亿美元，增长6.7%。地方一般公共预算收入517.97亿元，增长13.8%。城市和农村居民可支配收入分别增长8.2%和8.5%。

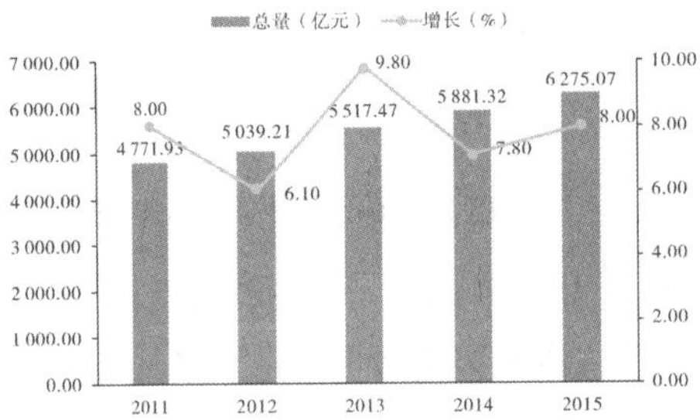

1　地区生产总值总量及增长

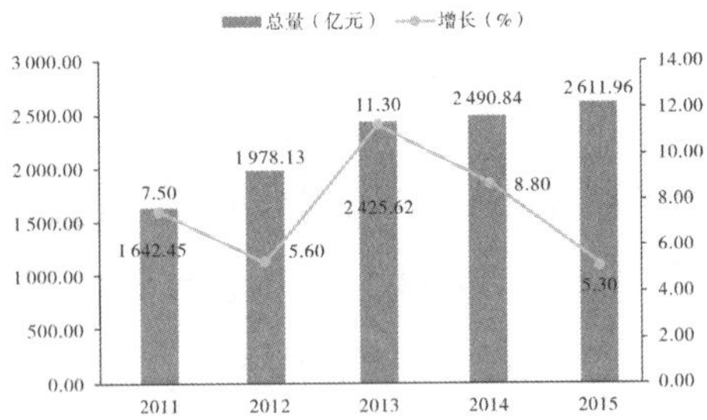

2　规模以上工业增加值及增长

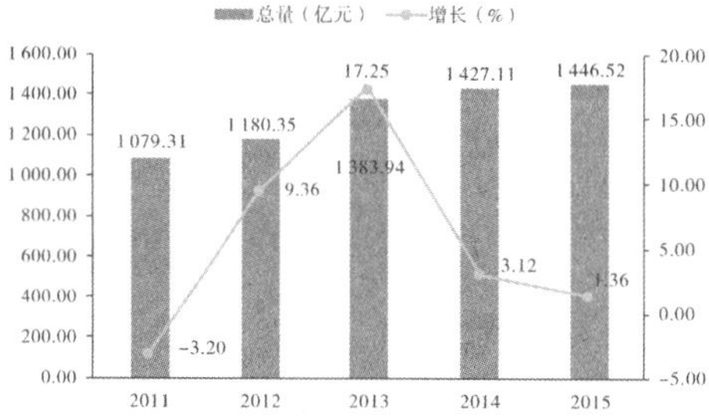

3　固定资产投资总量及增长

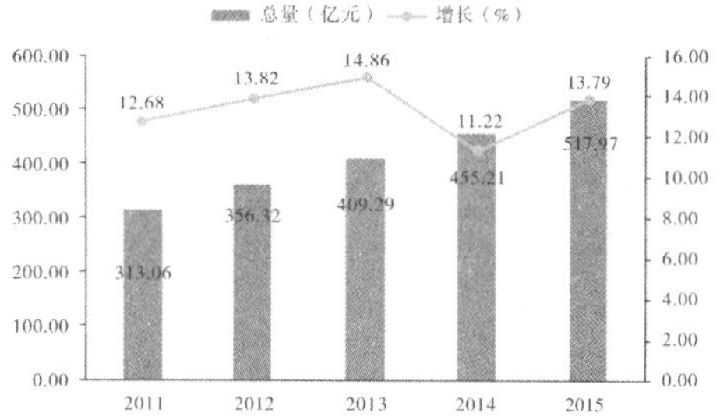

4　一般公共预算收入总量及增长

图6　东莞市“十二五”时期主要经济指标统计图

2. 实施珠三角优化发展战略情况。

——各项改革扎实推进，政策红利持续释放。开展国家新型城镇化综合试点。继续深化行政审批制度改革，调整27个部门行政职权共794项。深化商事制度改革，全市实有市场主体71.3万户，增长13.3%。启动内外贸一体化改革，成功引入广东目标平行汽车展贸中心。创新投融资机制，成功以政府购买服务模式启动水生态文明一期项目建设。探索项目投资建设“直接落地”改革，落实40个试点项目。实施污水处理、公立医院医疗服务等民生价费改革。率先启动“三互”大通关模式，缩短企业通关时间和费用一半以上。

——重大项目持续发力，实体经济巩固提升。2015年共安排重大建设项目191项，完成投资397.5亿元，轨道交通2号线试运行，红珊瑚药业、益海嘉里等项目建成投产。“机器换人”计划深入推进，申报项目达831个，总投资66.9亿元，其中，莞产设备占34.7%。成功举办“智博会”，省智能机器人研究院落户东莞，培育智能装备制造企业400多家。率先启动3C产业智能制造示范工程，加快推动智能制造示范车间建设，全年智能手机出货量达2.6亿台。开展“122大型骨干企业培育计划”，实施“686”民营企业上市梯度培育工程，上市企业增至32家，上市后备企业达144家。建立民营企业梯度培育机制，实施成长型中小企业培育计划，认定首期成长型中小企业300家；开展小微企业上规模行动，242家小微上规模企业获奖励。

——创新驱动深入实施，科技动力显著增强。出台创新驱动“1 + N”扶持政策，全年高新技术企业总量达986家。着力打造区域创新体系，新型研发机构总数达27家；建设东莞市横沥模具产业协同创新中心等3个专业镇创新服务平台。实施科技企业孵化器“筑巢引凤”计划，共有各类科技企业孵化载体36家。积极组织企业与高校院所、科研机构对接，组建10个省部产学研创新联盟，引进587名高校院所科技特派员进驻市内企业。省级创新科研团队总数达26个，市级科技创新科研团队总数增至18个。全年发明专利授权量2 795件，增长72.1%。R&D支出占GDP的比重达2.3%，实现连续5年快速提升。

——“一带一路”扎实推进，对外开放不断扩大。积极融入国家“一带一路”战略，全年对“一带一路”国家出口167.3亿美元。成功举办2015“海博会”，达成签约项目680个，签约资金2 018亿元。石龙中俄贸易产业园正式签约，成功推动国家批准设立石龙铁路国际物流中心对外开放。虎门港稳居亿吨大港地位，位居全省第三。先后建设广州、深圳机场东莞货站，打造对接香港机场的“中国超级干线”。成功入选国家服务外包示范城市，引进软通动力、香港志鸿科技、深圳联合金融等一批优质服务外包企业。全年服务外包执行金额2.2亿美元，增长243.8%。

——节能减排强力推进，生态文明成效显著。稳步推进国家节能减排财政政策综合示范城市工作，全年单位GDP能耗下降7.9%；实现化学需氧量减排0.54万吨、氨氮减排0.21万吨、二氧化硫减排2.14万吨、氮氧化合物减排2.79万吨，分别下降4.38%、11.12%、19.78%、17.45%。淘汰落后产能取得重大进展，完成101家“两高一低”企业整治和退出。累计完成电机能效提升总功率207万千瓦，实现注塑机伺服节能改造（或汰旧更新）9 423标准台。污水处理设施建设加速推进，基本完成截污主干管网建设。实施臭氧污染防治三年行动计划，空气质量达标天数上升14.4百分点。出台新能源汽车和分布式光伏发电补贴政策，全市共投放新能源汽车2 600余辆，光伏发电备案87兆瓦，其中并网发电54兆瓦。

——民生福祉持续改善，公共服务水平提升。深入开展社会治安综合治理，全年刑事案件同比下降8.7%，破案率同比上升3.3%。开展安全生产大检查和专项整治行动20多项，整治各类隐患1.8万处。加大油气输送管道安全隐患整治工作。城乡低保标准提高到610元/人·月，居家养老服务扩面到32个镇街、511个村（社区），“诊疗一卡通”系统实现市内所有定点医疗机构全覆盖。建成28个教育信息化应用系统。在公立医院全面实施取消药品加成政策，为群众减轻医药费用负担约7 600万元。成功入选成为全国5个数字文化馆地级市试点城市之一。

3. 推进深莞惠（3+2）经济圈建设情况。

——推动规划衔接取得新进展。加强与周边城市的规划衔接，推进总体规划、交通、旅游等6项规划编制。在编制“十三五”规划纲要、城市总体规划（2016—2030年）、东莞粤海银瓶合作创新区发展总体规划工作中，切实加强与深圳、惠州的对接，特别在重要交通基础设施与产业合作方面加强研究、协调和对接，加快推进一体化发展。

——推动交通对接取得新进展。主动加强与深圳、惠州两市交通基础设施的互联互通。加快实施“轨道加速”工程，与深圳签订轨道建设战略合作框架协议，明确两市未来将有5条轨道对接。2015年，穗莞深城际轨道东莞段全年完成投资21.42亿元，累计完成投资95.12亿元，占总投资的50.7%。莞惠城际轨道东莞段全年完成投资14.24亿元，累计完成投资169.50亿元，占总投资的78.3%，常平东至惠州段已试运行。加快实施“公路畅通”工程，涉及东莞的24个对接路网项目已全部启动，其中莞惠高速东莞段等11个项目已完工，从莞深高速东莞段等6个项目正加快建设，河惠莞高速东莞段等7个项目正在开展前期工作。加快实施“公交跨市”工程，涉及东莞的5条跨市公交线路已开通4条，共投入运力48辆。

——推动产业合作取得新进展。产业转移方面，主动接受深圳产业辐射，一批总部在深圳的企业选择在东莞扩张产能，既有效推进了莞深产业互补，也维护了深圳的总部地位、特区的核心地位。引进招商局集团共同合作开发东莞长安新区。支持东莞产业优先向惠州、河源、汕尾转移，共同促进深莞惠经济圈产业优化升级。金融合作方面，与深交所签署战略合作协议，深化企业上市、债务融资等方面合作，截至2015年在前海股权交易中心挂牌的东莞企业有288家。旅游合作方面，联合召开深莞惠“3+2”旅游合作联席会议，组团参加中国（广东）国际旅游产业博览会，联合深莞开展一系列旅游推介活动。展会合作方面，主动邀请四市企业到东莞参加第三届中国（广东）国际印刷技术展览会、第七届中国国际影视动漫版权保护和贸易博览会，积极组织名优莞企参加深圳第十一届文博会、惠州第四届农博会等展会。农业合作方面，积极推进生猪产销合作，在惠州、河源认定供莞生猪定点基地168家，年供应量258.2万头。

——推动环保共治取得新进展。牵头举办深莞惠经济圈（3+2）环保合作会议，审议通过危险废物及严控废物监管处置等8个议题，与深圳签署加大茅洲河流域环保检查力度框架协议。参加深圳市珠三角城市群绿色低碳发展论坛。加强跨界河流水污染防治，茅洲河流域长安新区污水处理厂及配套管网工程完成总工程量11%，人民涌综合整治工程已动工建设，塘下涌综合整治实施方案及任务分工已经明确。着力解决跨界垃圾污染问题，桥头镇大东洲垃圾填埋场覆土工作已全部完成，大东洲垃圾渗滤液处理示范项目加快建设。

——推动社会协管取得新进展。强化与四市合作，共同破除行政区划壁垒，促进公共服务均衡发展。推动深圳、惠州、汕尾、河源四市院校与莞企合作，有力促进了区域人力资源开发。在深圳、惠州确定6家医保定点医院和2家定点零售药店。联合举办深莞惠区域信用合作联席会议，推动深莞惠三市公共信用信息互查互认。建立深莞惠社会组织合作机制，推动三市社会组织评估结果互认。联合举办五市出土文物精品展，组织开展五市文化志愿流动大舞台巡回展演，牵头举办2015年五市文化合作联席会议，共同签署2016年五市文化合作框架协议。牵头举办五市警务协作联席会议，共同签署五市公安局警务协作框架协议，联合侦破一批大要案，摧毁一批流窜盗车、入室盗窃等犯罪团伙，有效打击了跨区域违法犯罪。联合开展食品安全监管、文化市场监管、假冒伪劣整治、道路运输市场整治等行动。

4. 重大区域发展平台建设情况。

——东莞水乡特色发展经济区。一是经济发展平稳增长。经济区实现地区生产总值985亿元，增长7%；人均地区生产总值6.2万元，增长6%；可支配财政收入81亿元，增长15.5%；固定资产投资、规模以上工业增加值、社会消费品零售总额分别为262亿元、493亿元、259亿元，分别增长4%、4.5%、9.6%。第三产业实现增加值435亿元，增长11.3%。二是生态环境持续改善。投入17.1亿元引导101家污染企业全面退出，纳入退出计划的54家造纸企业已有53家关停，47家非造纸企业已有35家关闭或取消污染工序。认真落实“河长制”和“涌长制”，全面完成截污主干管网建设，加快建设截污次支管网，不断完善污水处理设施，有序推进生活垃圾和土壤环境综合治理，先后启动“联合国人居奖”申报和水乡生态环境立法工作。接连创建了华阳湖“国家湿地公园”、2个国家级生态文明建设示范镇、3个省级生态文明建设示范镇等一批示范项目，主要河流水质和空气质量明显改善。三是产业结构加快调整。重点引进了京东、菜鸟、云南城投、中纺粮油、巨正源等一大批优质产业项目，初步形成了电商、都市农业、休闲旅游、文化创意、高技术、现代物流等多个产业集群。2015年，46个产业项目纳入市重大建设项目，总投资637亿元，全年完成投资67.7亿元，占全年投资计划的110%。四是基础设施加快升级。统筹推进一大批重要基础设施和示范项目建设，20个先期启动项目、10大示范片区以及各类基础设施项目形成点线面结合的立体推进态势。随着连通珠三角核心区的城际轨道、连通港区的疏港大道和连通市区的水乡大道等交通主干线逐步建起，以及麻涌华阳湖、沙田穗丰年水道、万江龙湾湿地公园等项目顺利建成，发展条件大大改善。五是文化事业加快发展。出台文化发展规划，大力打造文化发展平台，以“起于水乡，不限于水乡，重点在水乡”为原则，推动东莞市政府、南方报业传媒集团、省作家协会三方战略合作。成功举办“水乡男子汉”摄影展等系列活动和南方草莓音乐节。鼓励和引导发展特色村落游和农耕体验游，一大批都市观光农业项目加快布局水乡。

——东莞粤海银瓶合作创新区。一是新区规划工作取得成效。开展了创新区的水系规划调整、环境保护规划、土地利用规划中期评估、控规调整等工作。二是基础设施建设加快推进。加快探索基础设施PPP项目建设，参考学习国内外成功的PPP模式案例，同步开展29号路等8个项目立项备案、规划设计、环评水保等前期工作。三是招商引资工作取得突破。以先进装备制造业为主导，强化招商引资工作，重点集聚智能装备、汽车零配件制造、机械设备等产业，成功引进了普洛斯电商物流园、粤普工业园、大连机床智能制造基地、大连机床创业孵化基地等多个重大项目，投资总额达100亿元。四是产业项目建设加快推进。普洛斯电商物流园项目完成了办公楼建筑桩基础施工和验桩，正在建设主体工程。粤海工业智造产业中心项目完成了项目立项备案。大连机床孵化基地项目完成了一期厂房改造，正在加紧装修改造二期厂房。泰诚塑料项目主体工程施工完成95%，力争2016年内竣工投产。华能热电联产项目完成了公司工商注册登记。

——松山湖台湾高科技产业园建设情况。一是全力抓好招商选资。全年累计引进24个项目，其中生物技术项目18个，高端电子信息（集成电路）项目6个，协议投资总额42.88亿元。二是全力推进项目建设。育成中心二期和产业化中心一期项目完工，完善台科花园配套。东阳光药业总部、红珊瑚药业总部、赛保尔生物医药、菲鹏生物总部等用地项目加快建设，该批项目投产后预计将实现工业产值约150亿元，税收总额9亿元。三是完善创新创业环境。台湾高科技园获国台办授予“海峡两岸青年创业基地”，为莞台两地青年人才创新创业创造了更有利的条件和环境。设立“台湾青年人才创新创业计划”专项资金，对落户创业基地的人才给予创业启动资金、办公场地补贴、专项引导基金、创业指导等一系列支持。四是推进公共服务平台建设。全力推进生物技术产业四大公共平台建设，优化产业发展环境。建成运行联捷全检测中心，推动生物医药全分析平台、保健品分析平台建设。省医疗器械检验检测中心东莞分中心获省食药监部门批准，市食品药品检测中心加快建设。积极谋划升级松山湖集成电路设计服务中心，打造松山湖集成电路产业基地。

（八）中山市

1. 概况。

2015年，中山市生产总值3 010.03亿元，增长8.4%；全市人均生产总值达94 030元，增长7.8%。三次产业结构为2.2∶54.3∶43.5；工业增加值1 566.16亿元，增长7.5%，规模以上工业增加值1 281.05亿元，增长7.5%；高技术制造业增加值225.46亿元，增长5.3%，占规模以上工业增加值比重为17.7%；先进制造业增加值472.54亿元，增长9.8%，占规模以上工业增加值比重为39.1%，其中装备制造业增加值412.97亿元，增长14.3%；现代服务业增加值779.06亿元，增长12.2%，占第三产业增加值比重为59.5%。民营经济增加值1 562.89亿元，增长7.1%。社会消费品零售总额1 086.74亿元，增长10.0%。固定资产投资1 055.41亿元，增长16.8%。地方一般公共预算收入287.51亿元，增长14.2%。居民人均可支配收入35 712.2元，增长8.6%。

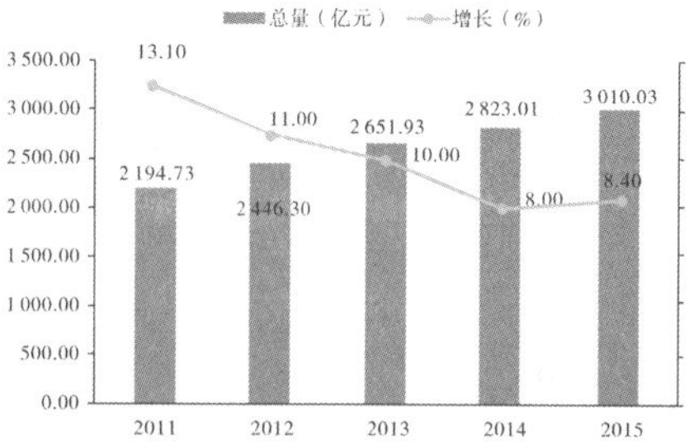

1　地区生产总值总量及增长

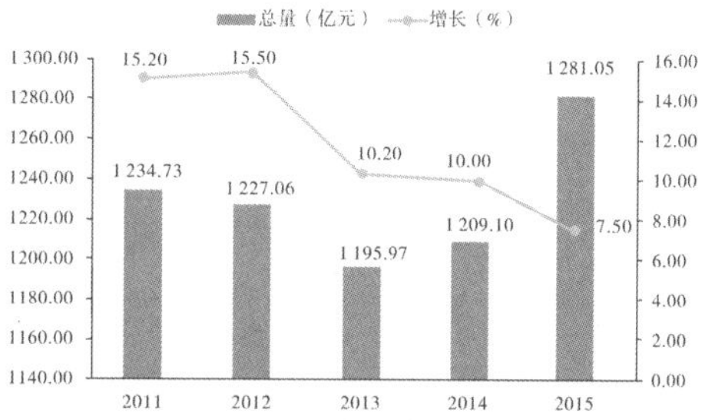

2　规模以上工业增加值及增长

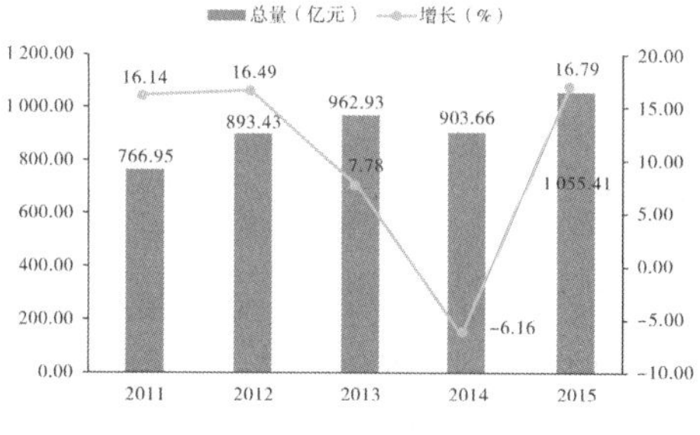

3　固定资产投资总量及增长

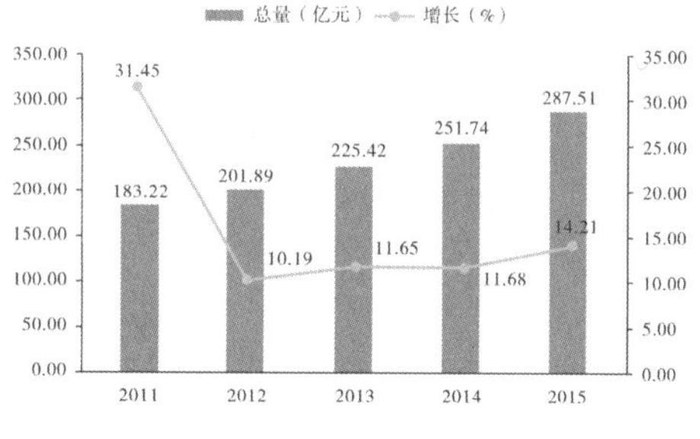

4　一般公共预算收入总量及增长

图7　中山市“十二五”时期主要经济指标统计图

2. 实施珠三角优化发展战略情况。

——全力推动创新发展。构建完善“1+4+N”创新驱动发展政策体系，新增高新技术企业208家，总量达427家，增速94.98%，位居全省第一。新增省级新型研发机构6家、市级新型研发机构24家，新增省级科技企业孵化器3家、市级23家，全年发明专利申请量4 867件、授权量992件。出台实施“助保贷”扶持政策等18项金融创新举措，帮助小微企业解决融资难题，火炬开发区和翠亨新区被评为省金融科技产业融合创新试验区。建成创新创业金融街、配套建成“中山创客·众创空间”，推动创新资源、金融资源和人才资源深度融合，努力打造“众创+金融”模式。安排15亿元专项资金，设立转贷资金池，帮助中小微企业解决转贷难题。

——狠抓关键领域改革攻坚。在全省率先开展企业投资项目清单管理改革，编制准入负面清单、行政审批清单和监管清单“三张清单”。市行政服务中心正式投入运营，实现审批职能整合、审批事项进驻、审批人员充分授权、主要事项网厅办理“四个100%”，群众满意率近100%，“三集中、一分开”改革经验获全省推广。在全省首批实行商事登记制度“三证合一”“一照一码”改革。新增市场主体5.8万户，注册资本546亿元，增长63.2%。连续出台多项惠企惠民政策，累计清费减负超5亿元。“三规合一”规划编制取得重大阶段性成果。被国土资源部评为“全国国土资源管理系统推进依法行政先进单位”。

——加快转型升级步伐。坚持存量提质与引进培育高端增量两手抓，在加快推进传统产业成为优势传统产业的同时，大力发展先进装备制造等高新技术产业，“工作母机”骨干企业数量和产值分别占全省1/5和1/4以上。引导企业强化以智能制造为核心的技术改造，全市工业技改投资增长近70%。入选“电商百佳城市”第5位。

——坚持绿色发展底线。以五桂山作为领导干部自然资源资产离任审计试点，探索建立自然资源资产核算制度，成为全省首个实施统筹型生态补偿政策城市。城市人均公园绿地面积提高18.6平方米，是成功创建全国首个“国家生态市”的地级市。全面开展环保专项排查整治，PM2.5平均浓度同比下降13.2%，空气质量优良天数为90%以上，稳居全省乃至全国前列。主要污染物总量减排、大气污染防治工作考核在全省名列前茅。加强水环境综合整治，中心城区主干线雨污分流工程基本完工，镇区雨污分流工程已完成近八成。

——务实深化区域合作。珠中江区域合作不断深化扩大。把握自贸区机遇，加快区域交通建设，推进区域产业布局一体化，积极参与珠江西岸先进装备制造业建设，推动珠江西岸娱乐、文化、科技旅游产业带建设，共同打造“珠中江+阳江”融合发展新格局。召开加速打通中山至珠海“断头路”现场推进会。主动对接广州、深圳、佛山等周边城市。与佛山市签署了《共同推进区域协调发展战略合作框架协议》，进一步深化和加快两地同城化进程。积极推动深圳、中山两市签署推进深中协同发展战略合作框架协议，加强珠江口两岸合作提前谋划布局。积极与广州南沙对接解决交通建设问题。与港澳区域合作更加紧密。翠亨新区被批准为首批13个粤港澳服务贸易自由化省级示范基地之一，首家港资医疗机构获批准引入中山，澳门科技大学香山创智研究院已完成投资主体的资产交接和项目整体规划设计方案；联合香港理工大学设计学院开展中山产业调研及中山产业创新交流会。

——推动镇区协同均衡发展。健全行政区经济向经济区经济发展体制。发挥经济区发展管理机构的统筹协调作用，强化资源要素市级统筹和镇区协同，创新项目引进机制。创新经济区发展模式。推行主城区组团发展模式、专业镇产业带发展模式和创新驱动一区多园发展模式，编制经济区全域规划，建设若干个特色突出、优势互补的市级经济区。推进沙溪、大涌协同转型升级试点，加快构建两镇交通同建、环境同治、旅游同线、品牌同享、市场同创、税收同则等六大协同机制，加速实现片区红木家具和纺织服装两大产业转型升级。

——积极发展民生事业。民生财政支出占财政支出比重超过67%。社会保险覆盖面扩大，医疗卫生事业加快发展。深入推进大众创业、万众创新，户籍人口中平均每7个劳动人口就有1名创业者。通过统筹全市高中教育资源，本科与重点本科录取率跻身全省前列，成功实现万人上本科、

3 000人上重点本科的历史性跨越，本科与重点本科录取率均高居全省第一，率先创建成为全国义务教育发展基本均衡市。连续四次荣膺“全国文明城市”称号。

3. 中山翠亨新区建设情况。

中山翠亨新区设立以来，在体制机制创新、重大项目招引落地、基础设施建设及投融资等方面不断开拓创新，平台定位逐渐清晰明确，平台知名度快速提高，集聚创新资源要素能力不断增强。到2015年12月，新区起步区已投产项目25个，在建项目24个，签约待建项目26个，75个项目总投资额合计约680亿元；规模以上企业实现工业总产值165亿元，增长28.5%；固定资产投资38.5亿元；完成财政收入34 973.36万元，增长44.35%。

——落实“三个中心”发展定位，实施“规划减负”。按照新定位，制定新区“十三五”规划，做好起步区的产业规划和控规调整，将产业用地比例占用地规模升至2/3，商业（商住）用地比例占用比例规模下降至1/3，启动基础设施和科技创新专项规划，明确未来五年新区重点发展目标。整理在谈尚未落地项目，将起步区非产业项目用地向产业用地项目倾斜。科学、全面评估土地出让盈亏点，严格控制商住用地出让进度和价格。

——实施体制机制创新，提升行政效率。一是率先在全市探索成立参照法定机构模式管理的行政（人才）服务中心。按照“下得来、接得住、用得好、效率高”的要求，理顺与16个市属部门的职能衔接及与火炬区的职责分工，为113项下放事权全部编制审批流程手册。二是成立挂靠行政服务中心的土地办证部。年内累计办理15个产业项目公开挂牌出让手续，办理15宗道路基础设施项目用地预审、3条干线公路等用地农转用资料报批、2个项目闲置用地收回等审批工作。三是成立新区管委会主要领导任总指挥的基建工作指挥部，统筹编制近期基建工作重点项目及各项目工作进度表。

——围绕重点区域重点项目，加快基建项目建设。一是把握工作节奏倒排工期。制订基建项目实施方案和项目库节点安排，提高前期工作开展的预见性和有效性。按照“开工一批、计划一批、储备一批”的要求，做好新区基础设施建设三年规划。二是围绕重点区域、重点工程加快四类基础设施建设，包括建设起步区道路桥梁等基础设施、学校医院等生活配套设施、新中山港客运码头联检大楼、湿地公园等起步区公园水系工程。三是探索创新招标建设模式。制订实施方案，探索采取 PPP 模式推进环岛路、翠城道综合管廊及道路改造、翠海道综合管廊及道路改造、全区水利水系景观工程等四个项目。采用 EPC（设计、施工、采购总承包）方式推进科技金融新城（一期）招标工作。

——依托产业平台招引优质项目，力促亿元以上非房地产项目落地动工。一是制定实施一批招商政策，两区协同招商。面向瑞士、德国等欧盟地区和深圳等国内先进地区、国内行业 20 强高科技企业，制定实施《中山翠亨新区起步区产业准入目录（2015 年版）》等一批产业政策，开展项目招引和产业链招商。二是培育建设产业平台和招商载体。建设中瑞工业园，赴瑞士等欧洲地区开展中瑞工业园招商推介，截至 2015 年 11 月，累计引进外资项目 4 个，已投产项目 2 个，另有罗氏制药等在谈项目 14 个；加快推进深中科技创新孵化器、中兴智慧城市产业园、深圳医疗器械产业园等建设，开展孵化器项目招商；建设珠西岸先进装备制造产业带核心区，成功招引一家上市企业入园。三是推动已签约的优质项目、尤其是亿元以上非房地产项目的动工投产。起步区 75 个入园项目总投资额合计约 680 亿元。其中已投产项目 25 个，合同投资总额 338.2 亿元；在建项目 19 个，合同投资总额约 175 亿元。

——强化财政支持，加强金融创新保障资金需求。一是想方设法强化财政支持。落实 1 亿元市财政补贴资金和 1 062 万元两区土地出让市级留成部分注入翠亨投资公司资本金。发挥财政对产业发展的引导作用，逐年加大新区财政资金对高新技术产业的投入。二是积极拓展投融资渠道保障基建资金需求。累计与 30 多家金融机构洽谈融资方案，新增授信 84 亿元，已提款约 40 亿元。三是建立公有资产监管机制。成立新区公有资产管理办公室，规范基本建设资金、财政出借资金、基建项目审核管理，建立“区公资办—翠投公司—临海公司、围垦公司”的公有资产监管体系。四是成立 PPP 项目工作领导小组，明确项目实施机构和政府方出资代表。提高现有土地抵押物估价，增强与各类金融机构融资洽谈能力。五是按照有关方案，以翠亨新区和火炬区为重点，启动金融科技产业融合创新试验区创建工作。

（九）江门市

1. 概况。

2015 年，江门市地区生产总值 2 240.02 亿元，增长 8.4%；人均地区生产总值 49 608 元，增长 8.1%；规模以上工业增加值 965.74 亿元，增长 8.0%；固定资产投资 1 307.87 亿元，增长 17.7%；社会消费品零售总额 1 034.3 亿元，增长 12.0%；外贸进出口总额 198.31 亿美元，下降 2.7%，其中出口 153.72 亿美元，增长 1.9%；全年居民消费价格指数上涨 1.8%。地方一般公共预算收入 199.01 亿元，增长 12.3%。成功举办“双引双创”推介会，签约合作项目 209 个，投资总额达 1 475 亿元，规模为江门历史之最。全市 278 项重点项目完成投资 548.5 亿元，为年度投资计划的 111.4%。

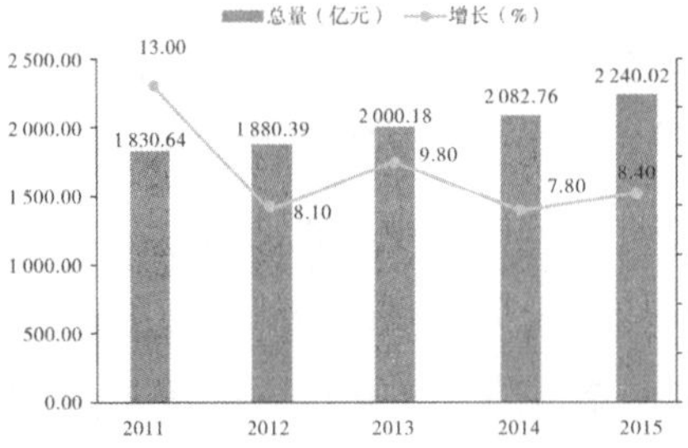

1 地区生产总值总量及增长

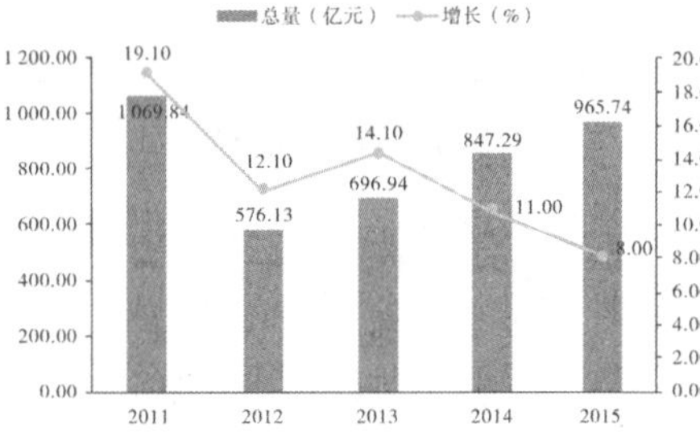

2 规模以上工业增加值及增长

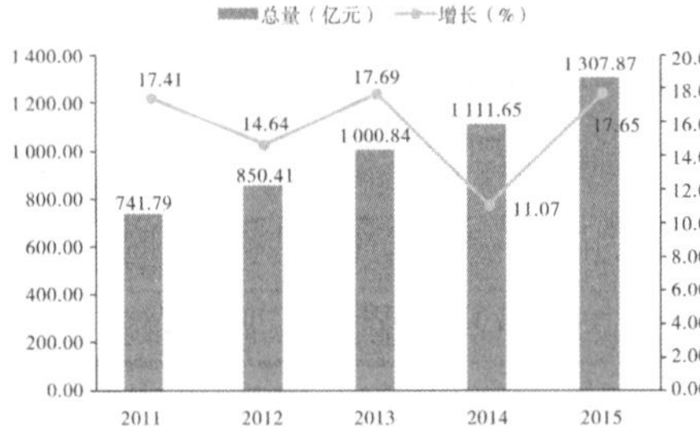

3 固定资产投资总量及增长

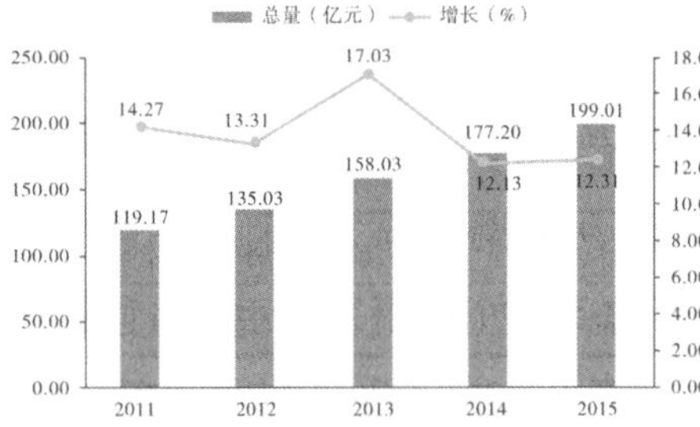

4 一般公共预算收入总量及增长

图 8 江门市“十二五”时期主要经济指标统计图

2. 实施珠三角优化发展战略情况。

——构建对外“东联西拓”、对内“东提西进”的区域发展格局。东联广佛都市圈、深港澳经济圈两大龙头，重点推动“江佛一家”“深江合作”，向西传递省战略西拓的辐射能量，做好“传”“接”的“中卫”角色。按照“东部一体、西部协同”区域错位发展的原则，以东西板块统筹制定发展政策，分别成立了东部三区一市（蓬江、江海、新会、鹤山）建设发展协调领导小组和西部台开恩（台山、开平、恩平）协调发展联席会议制度。实施滨江新城管理体制改革，推动蓬江、江海镇街合并和新会、台山、开平、鹤山等实现园镇融合发展。率先推动东部一体以“文”融城，围绕“江门水道”，打造蓬江“33 墟街”、江海“南岸印迹”、新会“学宫文心”，研究推动鹤山“鹤武天下”规划建设。

——确立珠西枢纽门户地位。推进“交通大会战”。2015 年完成重大交通基础设施项目投资 105 亿元。初步完成珠西（江门）综合交通枢纽规划，将依托江门大道、广珠铁路、广珠城轨、深茂铁路、广佛江珠城轨中开高速等铁路、高快速路网，打造“珠西枢纽”，成为全市主要铁路客站、珠中江都市圈的地区性铁路综合交通枢纽、珠三角西翼与粤西联系的交通门户、珠三角地区大型高铁客站。江门大道北线主体完工，江顺大桥、新台高速南延线建成通车，深茂铁路、广中江、江罗、中开、高恩高速以及台开快速路等项目顺利推进。

——江港澳区域及与珠三角周边城市合作迈上新台阶。珠中江阳经济圈已联合召开 10 次区域紧密合作党政联席会议，签署合作协议 67 项，各领域合作不断深化。与中山市政府签订共同推进交通一体化框架合作协议，对接深中通道，共同加快推进广中江高速公路、中开高速公路、深茂铁路深圳至江门段、南沙疏港铁路建设等，推进交通一体化。在江门市举办了六届珠中江进出口商品展销会，树立“珠西第一展”品牌。2015 年粤澳合作联席会议在江门举行，与澳门签署 2 份合作协议，将加快推进大广海湾等重点合作平台建设；举行主题为“珠西策源地江港共发展”的第 14 届香港珠三角工商界合作交流会，进一步促进两地经贸合作交流。

3. 县域经济发展情况。

2015 年，全市 4 个县级市全部跨入百亿行列，其中，鹤山市地区生产总值为 260.72 亿元，增长 9.0%；台山市地区生产总值为 328.72 亿元，增长 6.5%；开平市地区生产总值为 287.92 亿元，增长 8.2%；恩平市地区生产总值为 150.53 亿元，增长 4.8%。

表 13　2015 年江门市县域经济发展情况

	地区生产总值（亿元）	固定资产投资（亿元）	社会消费品零售总额（亿元）	一般公共预算收入（亿元）	三次产业结构
台山市	328.72	200.10	184.94	24.76	17.1：52.8：30.1
开平市	287.92	203.20	157.22	21.54	9.8：49.7：40.5
鹤山市	260.72	153.66	146.20	24.25	7.6：53.9：38.5
恩平市	150.53	102.63	80.54	9.89	13.3：34.3：52.4

——工业成为推动县域经济发展的主动力。各县市深入贯彻“珠西行动计划”，聚焦重点园区、重点项目、重大平台，为制造业强市建设贡献力量。台山市致力做大做强电能源产业，核电一期工程累计完成投资约 691.6 亿元，1 号机组将于 2016 年内投产；国华台电 6、7 号机组建成投产，总装机容量达到 500 万千瓦；汽车零部件、医药制造、金属制品等支柱产业稳步发展；规划建设 138 平方公里的工业新城，三年多来累计投入基建资金 16.58 亿元，引进项目 69 个，总投资额超 260 亿元。广海湾工业园区初步完成园区总体规划等规划编制。开平市翠山湖园区累计完成基建投资 24 亿元，“科技新城、城市新区”规模显现；共引进优质项目 132 个，投资总额 264 亿元；已投（试）产企业 47 家，在建项目 13 个；普利司通、联新、海鸿电气、科仕特等世界 500 强和行业龙头企业已顺利运营，园区被评为广东省工业园五星级服务园区；水口、月山、沙塘、苍城四个工业集中区，基本形成水暖卫浴、五金化工、生物医药、胶粘涂料等特色产业群。鹤山

市工业城获批先后引进富华工业园、东鹏环保家居、得润电子等超10亿元项目。恩平市累计投入14.06亿元完善产业转移工业园基础设施，引进机械装备制造项目42个，总投资49.1亿元，建成试投产14个，连续4年被省考评为优秀；落实增资扩产项目343个，总投资68.2亿元；技改项目273个，总投资56.8亿元。

——农业生产持续稳定发展。通过实施农业强市战略，重点推动县域农业经济发展，着力培育区域特色支柱产业和品牌农产品，发展专业合作组织，开展农村综合改革探索。2015年，县市第一产业增加值达122.43亿元，占全市70%。台山、开平和恩平被评为全国粮食生产先进单位（县）。全市建成各级农业园区17个，园区面积达17.6万亩。开平市国家现代农业示范区累计投入资金超过10亿元，承担实施各级农业、科技项目30多个、资金5 000多万元；广东省粤台（江门）农业合作试验区引进台资农业企业215家，投资总额超过3.2亿美元。恩平马铃薯、开平马冈鹅等特色农产品形成基地化、规模化、区域化发展布局。

——特色旅游业发展较快。随着旅游强市和文旅兴市战略的有效推进，给县域经济注入了新的活力。江门成为广东省旅游综合改革示范市，2015年实现旅游总收入336亿元，增长21.2%。各县市争先加快推进特色旅游业发展，台山市、开平市连续5年，恩平市连续3年被评为“广东省县域旅游竞争力十强县（市）”。台山“全域旅游”破题起步，编制完成台山市旅游发展总体规划，建成307公里步行径，全面推行“川山群岛旅游一票通”，启动全省首个中国农业公园规划建设工作。开平围绕“碉楼、古镇、生态”三大核心特色资源，全力打响“广东旅游看碉楼”金字招牌；赤坎古镇华侨文化展示旅游项目前期工作稳步有序开展，相继引进战略投资者合作开发碉楼文化游、塘口乡村游以及大沙生态游。鹤山积极打造“岭南鹤武”文化品牌，大力培育乡村生态游，2015年鹤山市旅游人数和总收入比2010年增长59%和100.6%。恩平积极建设地热国家地质公园标识，恒大泉都、泉林黄金小镇、山泉湾等旅游项目建设顺利。田野农家乐等5家乡村旅游单位入选中国乡村旅游金牌农家乐。荣登“2015旅游业最美中国榜”。

4. 江门大广海湾经济区建设情况。

——进一步统一思路，开拓发展新格局。明确了将银洲湖作为大广海湾先导区、广海湾作为发展区、镇海湾作为生态区的发展格局，确立将银洲湖作为近期大广海开发建设主战场的部署。创新大广海湾管理体制和机制，成立以市政府主要领导为主任的大广海湾管委会，赋予银洲湖管委会部分市级经济管理权限，进一步增强先导区的发展活力。

——聚焦重点园区、重点项目、重大平台，谋划发展新路径。东轨道交通产业园等重点园区建设取得突破，累计完成投资47亿元，广东南车获全省唯一的动车组制造许可证，组建了轨道交通装备工程技术研究开发中心。通过“敲门”招商、大广海湾专场推介会，成功引进西门子、克诺尔、德奥车辆、蔚海云资源中心等一批重大项目。积极寻找大广海湾发展与国家和省重大战略的契合点，力争成为承担国家和省重大改革发展任务的重要平台。大广海湾的规划建设取得较大突破，国务院印发的《关于深化泛珠三角区域合作的指导意见》中，明确提出“支持广东与澳门共建江门大广海湾经济区”，大广海湾也被列入了省的“十三五”规划以及广东参与“一带一路”建设的实施方案。

——立足“珠西枢纽”，推进对外对内的重大通道建设。结合“交通大会战”的实施，加快一批大型通道、港口码头、航道建设，江顺大桥、江门大道北、新台高速南延线已建成，江门大道新会段主道及辅道工程、中开高速江门段加快推进，镇海湾航道整治工程完成立项，启动恩平港升级改造。江门市专门成立了市轨道办，强化轨道交通网络谋划，全力推进深茂铁路、珠西综合交通枢纽江门站等项目建设。

——统筹大广海湾文化、旅游、农业、生态资源，塑造城市品牌。新会围绕“珠西枢纽、美丽湖湾”，开展圭峰山及周边地段概念规划、新会城河建设方案、小鸟天堂湿地公园概念规划、“学宫文心”策划方案的编制。台山整合都斛、斗山、赤溪、广海、端芬5镇的资源，初步明确中国农业公园的建设思路，策划“川岛游归”和滨海旅游项目，王府洲入选广东省“十大美丽海岸”，建成下川“潮人径”，启动了中国农业公园以及“海丝走廊”等特色旅游项目的规划建设。镇海湾积极策划打造滨海生态旅游区。

——主动对接深港澳经济圈，深化江港澳交流合作。大广海湾成为广东首批粤港澳服务贸易自由化重点示范基地之一。多次组织江澳两地的金融机构、企业进行对接，开展了跨境人民币业务和江澳金融同业间合作。截至2015年年底，江澳两地发生跨境人民币结算78.99亿元，增长69.91%；人民币跨境信贷融资余额21.6亿元，比年初增长22.03%。完善旅游合作交流渠道，与澳门江门青年会合作成立旅游信息推广中心。开展旅游营销、人才培养和咨询互动合作。“一程多站”旅游效果明显，共同拓展欧洲旅游市场。成功举办两岸六地“金牌导游聚江门”活动。共同推动江澳深度合作研究，与澳门联合开展专题研究，形成了《粤澳合作新机遇：澳门与广东大广海湾经济区合作》的研究成果，为粤澳共建大广海湾经济区提供理论支撑。

（十）肇庆市

1. 概况。

2015年，肇庆市地区生产总值1 970.01亿元，增长8.2%；人均生产总值达48 670元，增长7.7%。社会消费品零售总额648.36亿元，增长15.8%；规模以上工业增加值961.07亿元，增长7.6%；固定资产投资1 330.03亿元，增长16.8%；外贸进出口总额增长4.8%。地方一般公共预算收入143.36亿元，增长3.0%。三次产业结构为14.6：50.3：35.1。高新技术制造业增加值67.71亿元，增长6.7%；先进制造业增加值404.52亿元，增长6.8%；现代服务业增加值321.90亿元，增长9.3%。

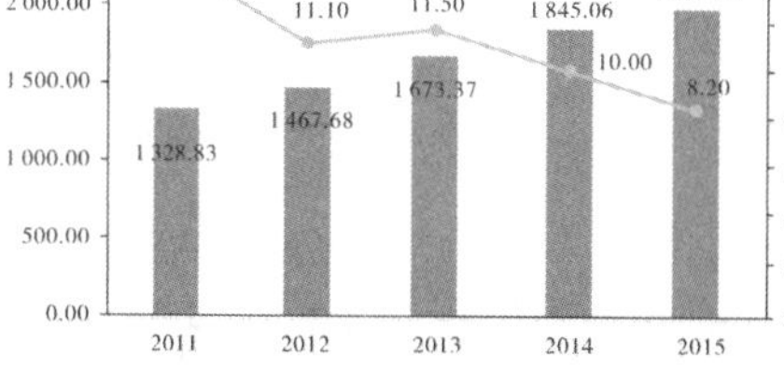

1　地区生产总值总量及增长

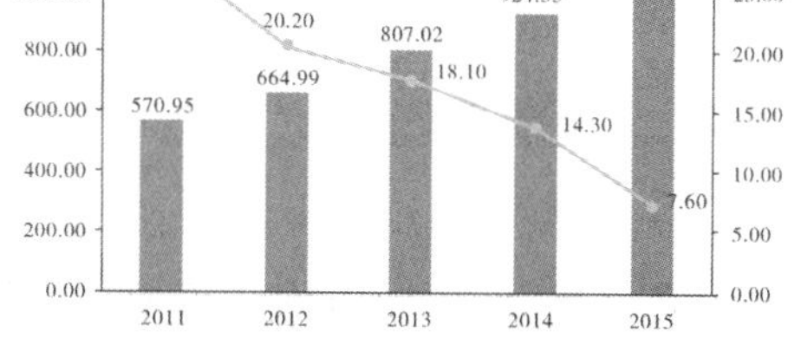

2　规模以上工业增加值及增长

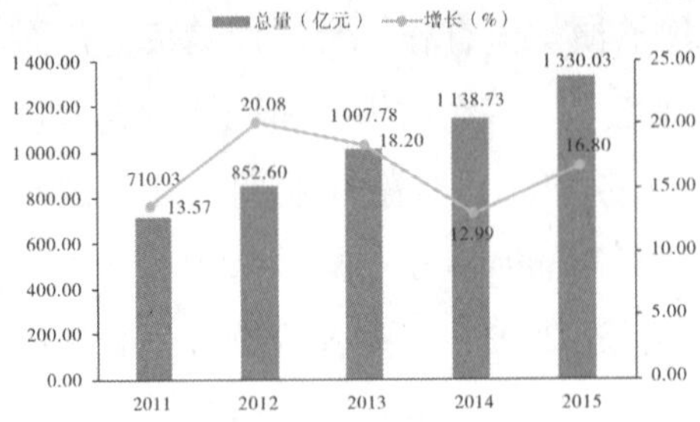

3　固定资产投资总量及增长

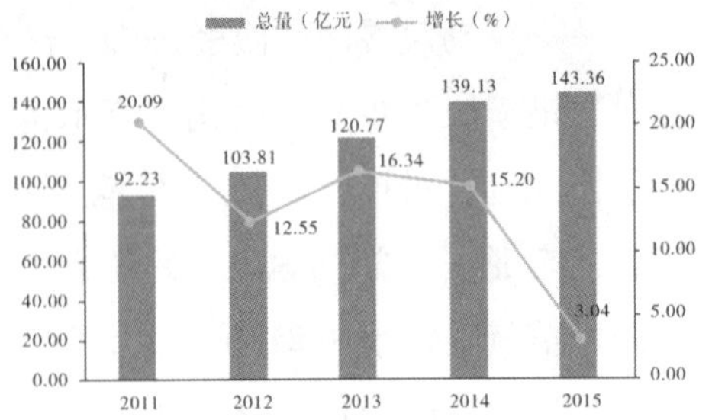

4　一般公共预算收入总量及增长

图9　肇庆市“十二五”时期主要经济指标统计图

2. 实施珠三角优化发展战略情况。

——全力实施创新驱动发展战略。2015 年，全市 R&D 支出占 GDP 比重为 1.1%，高新技术企业 139 家，比上年增加 22 家，高新技术产品产值占规模以上工业总产值比重为 29%，发明专利申请量为 105 件/百万人，发明专利拥有量为 1.6 件/万人。2015 年新认定企业国家级重点实验室 1 家，国家级科技企业孵化器培育单位 2 家，省级新型研发机构 1 家，省级工程技术研究中心 18 家，市级工程技术研究中心 13 家。

——加大力度推进产业结构转型升级。一是推动传统工业转型升级。全年工业技改投资达到 70.68 亿元，比上年增长 41.6%，装备制造业投资增长 45.3%；继续推动建筑陶瓷产业转型升级，陶瓷企业生产线实施天然气改造；推广清洁生产，加快淘汰落后产能工作，实施智能制造、两化融合和机器人替代。二是积极提升现代服务业发展水平。2015 年肇庆市被列为国家物流标准化城市，端州三榕工业园被评为国家电子商务示范基地，限额以上批零企业通过网络实现商品零售额增长 53.2 倍。三是着力推动产业园区扩能增效。肇庆大旺、德庆、怀集 3 个省级产业园扩能增效取得新的进展。积极推进肇庆高新区、肇庆新区、广佛肇（怀集）经济合作区、粤桂合作特别试验区四大产业发展平台以及肇庆大旺智能制造示范基地、肇庆（高要）汽车零部件产业园、四会江谷精细化工基地、三榕电子商务产业园等一批产业集聚基地建设。

——持续深化改革扩大开放。建立健全改革工作推进机制，制订实施肇庆市“三规合一”工作方案，成立“三规合一”工作领导小组。调整行政审批事项55项，其中，取消7项、下放5项、转移4项、调整职权类别39项，全面编制完成市政府部门权责清单。市直机关单位公车改革基本完成。行政审批事项网上全流程办理率为80%，行政审批事项网上办结率达60%。在企业融资服务创新上逐步向纵深推进，成功发行高要区国资公司企业和四会市国有资产经营总公司企业2只债券，总融资规模达20亿元。

——加快建设信息化先导区。一是加快信息化基础设施建设，截至2015年年底全市互联网普及率达64.7%，光纤入户率达30%。二是加快信息产业集聚区建设，市内基本形成了华南智慧城、中巴软件园2个物联网产业集聚园区和维龙云服务产业园区、中巴软件园2个云计算产业园区。三是推动信息技术应用，推动新一代信息技术在工业领域的应用，提升企业自动化、智能化和管理现代化水平。

——大力推进绿色低碳发展。一是节能减排工作扎实推进。积极推广新能源汽车，按计划淘汰黄标车，全市单位GDP能耗下降2.1%以上，共推动213个减排项目，化学需氧量、氨氮、二氧化硫和氮氧化物4项指标排放量分别下降3%、3.1%、4%和1.9%。二是加大力度进行环境综合整治。全年空气质量综合指数为4.32，下降20%；空气质量优良率为86%，同比上升13.1百分点；PM2.5、PM10阶段均值浓度分别下降25%、24.3%。建立环保警察工作机制，成为全省第二个成立“环保警察”的地级市。三是建设宜居生态环境。森林覆盖率70.3%，绿道建设达1 351公里，碳汇造林5.86万亩、封山育林3.08万亩；建设生态景观林带158公里，面积10.73万亩。

——积极提升城市建设。一是交通建设进一步提速。广佛肇城轨于2015年年底建成；广佛肇高速大旺到封开江口段总投资累计完成77.4%，力争2016年年底建成通车；加大力度谋划对接广州、佛山的道路，即将开建11个交通对接项目。二是城镇扩容提质加快推进。启动肇庆中心城区“三规合一”工作，编制完成城市总体规划纲要，中心城区规划面积拓展至563平方公里，高要撤市设区，“一江两岸”超百万人口城市框架初步构建。

——切实保障和改善民生。2015年，居民人均可支配收入达18 991.4元，增长9.6%，其中城镇和农村常住居民人均可支配收入分别达到23 746元和13 982元，增长9.3%和10.6%。全市共运用市、县级资金1 113.64万元发放低收入群体临时价格补贴，惠及低收入群众14.36万人次。十件民生实事推进顺利，全年全市公共财政民生支出191.4亿元，增长12.3%，占预算支出的71.5%。全市城镇职工基本养老保险、城乡居民基本养老保险、城乡基本医疗保险的参保人数分别为76.35万人、151.49万人、413.16万人，分别增长2.6%、3.0%、1.1%。

——“广佛肇+清云韶”经济圈建设加速发展。2015年度广佛肇经济圈市长联席会议审议通过了广佛肇经济圈年度工作计划等重要事项，确定了肇庆市与广佛两市在规划衔接、基础设施、产业协作、生态环保、社会民生等方面共20个合作事项。参加广佛肇清云韶经济圈市长联席会议，推动清远、云浮、韶关融入广佛肇经济圈建设。设立广佛肇（怀集）经济合作区管理委员会，进一步完善了合作区的管理架构。《广佛肇（怀集）经济合作区建设方案》按照省政府的审批意见，由广州、佛山、肇庆三市共同商定、完善并组织实施。

3. 县域经济发展情况。

肇庆市经济版图分为东南板块和山区板块，县域包括四会市和四个山区县，其中四会市总面积1 166平方公里，常住人口49万人，山区板块包含广宁县、德庆县、封开县、怀集县，是肇庆市县域经济发展聚焦点。山区板块地势主要以山地丘陵为主，面积约占全市72%，林业用地约占74.5%，常住人口约占50%。2015年，全市县域地区生产总值达到1 148.26亿元，占全市的58.3%；固定资产完成投资743.72亿元，占全市的55.92%；地方一般公共预算收入53.82亿元，占全市的37.54%；社会消费品零售总额305.52亿元，占全市的47.12%。四会市的经济指标较为突出，体现了其龙头领先地位。

表 14　2015 年肇庆市县域经济发展状况

	地区生产总值（亿元）	固定资产投资（亿元）	社会消费品零售总额（亿元）	一般公共预算收入（亿元）	三次产业结构
四会市	543. 73	434. 74	128. 69	22. 87	8. 4 : 63. 6 : 28. 0
广宁县	130. 74	63. 69	42. 69	7. 76	23. 6 : 35. 6 : 40. 8
德庆县	120. 75	93. 85	40. 12	8. 76	22. 5 : 37. 8 : 39. 7
封开县	134. 48	79. 26	32. 68	6. 99	28. 2 : 33. 9 : 37. 9
怀集县	218. 56	72. 18	61. 34	7. 44	30. 5 : 29. 2 : 40. 3

——四会市。肇庆高新区四会产业园区被列入省“1 +7”、肇庆市“1 + 4”模式，并申报国家自主创新示范区，江谷精细化工基地获批享受省级产业转移园政策，龙甫循环经济金属产业基地成为肇庆市外贸进出口总额最大的园区。高新技术、精细化工、循环经济三大特色优势产业集群基本形成。2015 年荣获“广东省县域经济综合发展力第一”“全国最具投资潜力中小城市百强县市”“中国中小城市综合实力百强县市（全国科学发展百强县市）”等称号。

——广宁县。林浆纸一体化、再生资源、新型铝材和环保建材四大支柱产业发展壮大，钢铁冶炼、铝型材设备、陶瓷等产业加快转型升级，镁合金深加工、先进装备制造等新兴产业孕育突破，工业园区集聚带动效应开始显现。广宁县获国家级循环经济示范县称号，华南塑料再生资源园、环保建材园、高新园等工业园区初具规模，已吸引 63 家企业进驻，全年园区工业总产值突破 100 亿元。

——德庆县。先后荣获“全国科技进步考核先进县”“全国林业专业合作社示范县”“中国最美生态文化旅游名县”等称号，成为第二批全国农村集体“三资”管理示范县、全国农村商务信息服务试点县、广东省水利建设示范县、首批省级新农村示范片建设县、省级基层公共服务综合平台建设试点县。县财政支出管理绩效综合评价首次进入全国 200 强，为全市唯一。

——封开县。水泥制造、林产化工、木材加工、石材加工、水力发电五大支柱产业产值占规模以上工业40%以上。商贸物流、金融服务、休闲旅游、房地产等服务业快速发展，成为经济的重要增长点。杏花鸡、封开油栗、麒麟李等特色农业稳步发展。

——怀集县。粮食生产实现“八连增”，荣获“全国粮食生产先进县”“全国绿化模范县”称号。广佛肇经济合作区落户怀集，上升为省级发展战略。园区累计引进项目75个，总投资107.16亿元。全县新增规模以上工业企业15家，汽配公司成为肇庆市山区板块首家上市企业和首家获市政府质量奖的企业。全县新增限额以上零售企业8家，建设和改造镇村级综合服务社178家，列为国家级“农家店”123家，建设“农超对接”示范点3个。

4. 区域发展平台规划建设情况。

——广佛肇（怀集）经济合作区。合作区起步区规划面积15 000亩。成功争取市农发行首期1.24亿元政策性贷款，实施合作区1 648亩农村土地整治项目。起步区累计投入资金约11亿元用于路网、土地平整、给排水综合管网、市政绿化亮化等“三通一平”基础设施建设。110千伏闸岗输变电工程已基本建成并即将投入运营，A区污水处理厂工程已开始安装设备，天然气管道铺设工程已基本完成，移动通讯已覆盖园区，水、电已接至项目施工现场，主干道和各支线道路路网基本形成并完成了市政配套设施建设，可满足入园项目动工建设要求。围绕发展食品加工为主导产业，机械制造、生物医药为辅导产业的产业布局思路，积极开展招商引资和承接产业转移，2015年新引进项目11个，合同投资额18.412亿元，在谈项目24个。依丽莎食品、美适地毯、新奥燃气等5个项目建成投产。起步区累计入园项目达到75个，总投资107.16亿元；已建成投产项目18个，在建项目15个。2015年，合作区实现工业总产值52.14亿元，增长26.82%；创税2.16亿元，增长31.6%。

——粤桂合作特别试验区。肇庆市召开了肇梧战略合作第五次市长联席会议，审议通过《2015年肇梧战略合作重点工作计划》等，确定了试验区建设、前期项目、党建合作、社会管理等方面共41个合作事项。试验区联合管委会正式挂牌。《粤桂合作特别试验区总体发展规划》获粤桂两省区政府批复，试验区被列入国家《珠江—西江经济带发展规划》，上升到国家战略层面。试验区已签约项目 7 宗，总投资金额达 167.4 亿元；新引进项目 10 个，完成投资 2.3 亿元。积极推进试验区金融叠加优惠政策落地，“两广金融改革创新综合试验区”挂牌成立。启动开设国库试验区（肇庆）支库工作，积极推进农发行 2.5 亿元土地收储项目融资、农发行 5 亿元基础设施建设项目融资等。坚持生态优先，加强环保预防监控。粤桂环保联防共治监测预警中心入选省环保厅 2015 年环保专项资金支持项目。2015 年 2 月两市印发了《梧肇环境联防联控工作方案》，初步建立了两市跨界环境问题联防联控长效机制。编制完成《控制性详细规划环境影响评价》，严禁不符合环保要求的项目进驻试验区。

——肇庆高新区。肇庆高新区以建设创新企业的承载基地和创新成果的转化基地为主攻方向，突出高新技术企业、研发机构、孵化器三大抓手，不断强化科技创新体系、科技服务体系和产业孵化体系建设。国务院《关于同意珠三角国家高新区建设国家自主创新示范区的批复》将肇庆高新区正式纳入“1 +7”珠三角国家自主创新示范区范围。2015 年以来，评审通过入园项目 44 个，总投资 156 亿元，智能制造产业园、纳米超级电容电池项目、唯品会二期、维龙汽配物流等 6 个投资额超 10 亿元项目正式签约落户。积极实施“520”创新计划，2015 年新增省级工程中心 6 家，市级工程中心 4 家；新增高新技术企业 7 家，省高新技术企业培育库入库企业 20 家。积极争取省级政策支持，22 个项目获立项支持共争取资金 3 220 万元；鼓励企业加大研发投入并申报省财政补贴，第一批有 8 家企业获得企业研究开发省级财政补助资金 356.14 万元。

——肇庆新区。以加快推动起步区建设为中心，着力抓好项目建设、招商引资、土地收储和融资四大重点工作，2015 年地区生产总值 45.6 亿元，增长 10.5%；固定资产投资累计完成 43.7 亿元，增长 22%；地方一般公共预算收入完成 0.54 亿元，增长 20%。13 个省市重点项目总投资 315.17 亿元，2015 年完成投资 45.5 亿元，完成年度投资计划的 100.8%。以重点项目为引擎，强力推动起步区建设。新区在建重点道路及公共配套项目 12 个，产业项目6个，已完工投入使用项目4个。着力打造“名学校”“名医院”、文化中心和体育中心，北京师范大学肇庆附属学校全面竣工；中山大学附属肇庆医院项目顺利动工。高铁肇庆东站站房已投入使用，周边配套设施基本完善，日均运送客流6 000人次；轻轨站部分已进行施工。开通重大项目服务“绿色通道”，优化项目落地服务，加强重大项目储备。成功举办“珠三角—东盟·大西南经贸合作交流会”“肇庆金秋”等一系列经贸活动。2015年在“肇庆金秋”上签约项目1个，动工项目8个，总投资额约151.6亿元。截至2015年年底，累计获批融资规模77.98亿元，实际到位53.96亿元，其中本年新增批准融资规模34.33亿元，新增到位18.8亿元。

（十一）顺德区

1. 概况。

2015年，顺德区地区生产总值2 586.69亿元，增长8.5%。人均地区生产总值102 538元，增长7.6%。固定资产投资643.09亿元，增长16.8%；社会消费品零售总额876.82亿元，增长13.0%；出口总值206.90亿美元，增长0.24%；地方一般公共预算收入187.47亿元，增长7.6%。三次产业结构为1.6：58.4：40.0。工业增加值1 461.17亿元，增长7.8%。其中，规模以上工业增加值1 357.02亿元，增长8.0%。

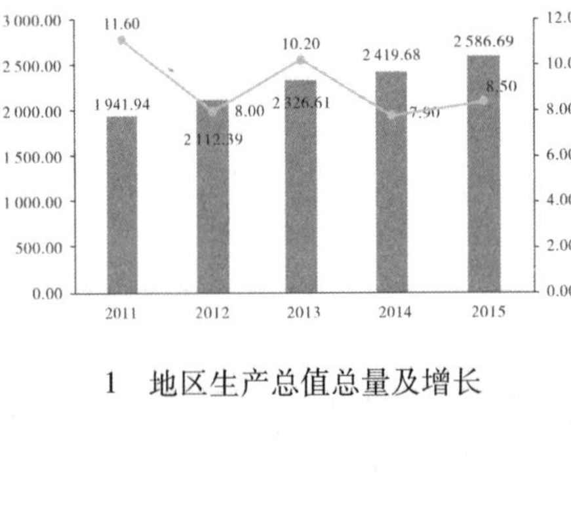

1　地区生产总值总量及增长

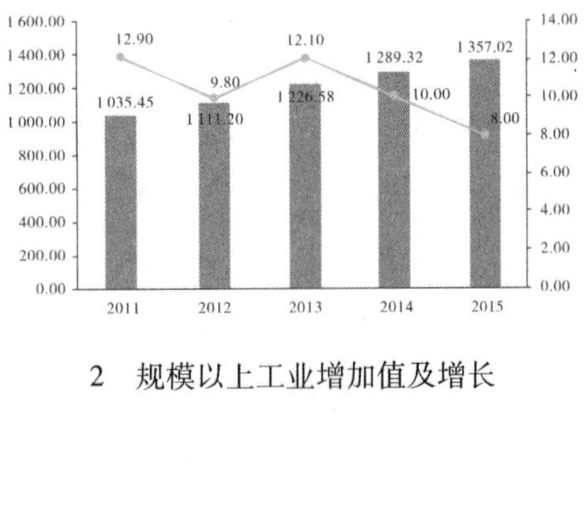

2　规模以上工业增加值及增长

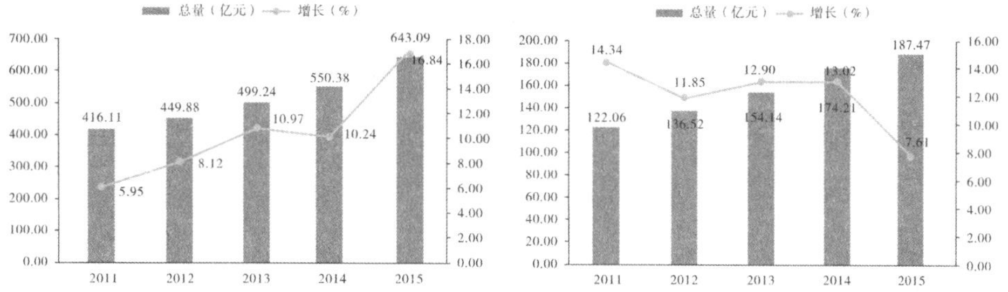

3　固定资产投资总量及增长　　　　4　一般公共预算收入总量及增长

图10　顺德区“十二五”时期主要经济指标统计图

2. 实施珠三角优化发展战略情况。

——坚持开放带动，着力抓好规划布局和设施建设。发布北部、东部片区一体化概念规划。广州地铁7号线西延顺德段成功获批，启动广东（潭洲）国际会展中心建设，北部片区九大工程全部进入实操阶段。推动与广州、中山、江门等地对接。联合10个城市共同发起组建“中德工业城市联盟”，启动省区共建广东国际合作区。佛山新城荣获首届中欧绿色和智慧城市评选最高奖，成功举办中欧城市可持续发展论坛。佛山地铁2、3号线顺利推进，广明高速顺德段等交通工程通车。多项重点水利设施建成，110千伏苏岗输变电工程投运，光纤入户率达52.5%。人居环境不断优化。新增数字城管运营面积12.3平方公里。获评“广东省生态区”，主干河涌水质达标率保持全市前列。顺控环投热电项目开工建设。设立“环保巡回法庭”。潭洲水道北滘段绿化工程完工，华侨城桂畔湿地花海向市民开放；中心城区人均公园绿地面积19.4平方米。杏坛逢简水乡被授予2015中国最美村镇评选“榜样奖”。

——坚持创新驱动，着力抓好结构调整和产业升级。一是自主创新深入实施。华南智能机器人创新研究院落户顺德，国家级家电维权中心投入运作。与工信部信息中心签订战略合作备忘录，试点打造全国首个“创客大学”。成立区内首家科技信贷专营机构。出台人才新政“30条”，全区博士后工作站总量占佛山市一半以上。举办“百所高校创新人才看顺德”等系列活动。二是智能制造引领转型。工业技改投资增长29.1%，装备制造业投资增长97.1%。成为全省首个机器人产业发展示范区，全球工业机器人“四大家族”齐聚顺德。“工作母机”3类制造业产值约占全区规模以上装备制造业产值的1/3。工业设计“顺德模式”成为全省典范。获评全省首个电子商务创新区。成功举办首届中国（广东）国际“互联网+”博览会。获评国家级现代农业示范区。三是载体建设进展顺利。中德工业服务区与中科院生物物理研究院共建中国生命健康创新孵化中心，启动广东省创新转化生物产业园建设。顺德高新区首次采用政府与社会资本合作模式。广东顺德清远（英德）经济合作区建设顺利推进，成功引进一批重大项目。

——坚持共建共享，着力抓好基础保障和公共服务。一是基础保障日益完善。职工医保平均报销比例超过70%。建立完全被征地农民老年生活津贴动态调整机制，津贴提升至275元/人·月。调整社会救助保障标准，低保标准提高至590元/人·月；特困人员标准提高至1 432元/人·月，高于省标准10%。建成7个镇街长者综合服务中心。二是公共事业协调发展。成为教育部在广东唯一的教育管办评分离改革试点单位，成功创办中德工业学院。社区卫生服务覆盖率达96.6%。顺德美食节、欢乐龙舟文化节等群众文体活动蓬勃开展，数字农家书屋建成率达100%，引进华语传媒文学、音乐大奖等知名品牌。粤曲、“龙眼点睛”和“关帝侯王出游”获评省级非遗项目，古村落活化取得实效。

——坚持深化改革，着力抓好职能转变和自身建设。出台区级审批事项目录以及重大行政决策程序规定。调整中德工业服务区管理体制，落实公务员职务职级并行改革。完成审批标准化工作。部署“一门式”改革，个人综合受理窗口对外运营。商事制度改革全面步入“强监管”阶段。初步形成以备案为主的企业投资管理体制。公共决策咨询制度获评年度“中国政府创新最佳实践”。大力推进社会组织建设和社工人才培育，成功承办中国基层社会创新联盟成立大会。推动农村集体资产阳光交易，资产交易平均溢价超过30%。着力化解“两地”问题，农村大局保持稳定。加强政府债务管理，积极探索国有资本与社会资本合作新模式，堵疏结合防范地方财政金融风险。

3. 区域发展和合作特点。

——以构建开放融合的国际化格局培育新的竞争优势。一是以三片区联动发展助推区域融合发展。确定三大片区联动发展的战略思路，将形成北部片区、东部片区、西南片区资源集中、功能互补、协调统一的发展局面。继续深入实施城市升级和开放引领，密切与禅城、番禺、南沙、中山、江门等地进行战略合作，培育开放的市场发展环境，促进资源要素高效配置。二是以中德工业城市联盟牵起国际合作热潮。依托中国（广东）国际“互联网+”博览会主平台，举办中国制造2025对话德国工业4.0大会、中德工业城市联盟发起大会等活动，从经贸对接、技术交流、城市交往等层面，全方位深化了与德国（欧洲）的合作。三是以“顺德制造全球行”促使投资贸易走出去。继续推动外贸企业到美国、德国等参展；组团到巴西、非洲新兴国家参展考察。在美国芝加哥国际家庭用品博览会和俄罗斯中国品牌电子电器展览会进行整体宣传“顺德家电”；在2015中国品牌商品非洲展上首次以包馆形式，打造“顺德品牌馆”，集中展示顺德家电、照明、涂料、建材、家具等优势产品。四是以公共服务平台体系力促外贸转型。顺德区已成为家电、家具、五金三大广东省外贸转型升级专业示范基地。“顺德家电出口国家级质量安全示范区”和国家、省、区三级共建的“中国WTO/TBT-SPS国家通报咨询中心家电产品技术性贸易措施研究评议基地”正式落户顺德。顺德区进出口商会正式成立。以美的集团为载体建立企业公平贸易工作站。

——积极开拓对外线路，加强区域联动。开通2条顺德至广州南站公交快线，实现了顺德十镇街全面对接广州南，开通中心城区至城轨顺德站公交快线，进一步完善中心城区与广珠轻轨对接。全区已有32条接驳广珠城轨站和广州南站的公交线路。签署《广州市番禺区与佛山市顺德区公共交通战略协作框架协议》，并试运行北滘至番禺地铁站的2条公交线。至此，全区已有42条线路延伸至广州、禅城、南海、中山等周边地区。

——加强社会事业合作。加强区内31所中小学校与英国北伦敦郡学校的交流，双方通过师生互访、课程共建等方式深入交流。通过邀请香港姊妹学校到顺德区交流、组织顺港青少年夏令营活动，深化 17 所中小学校与香港姊妹学校的教育交流。拓展教育国际化途径，从教育交流向合作办学迈进，顺德职院、中德工业学院、中专学校等多所职业院校与韩国、德国、新加坡等国家的教育机构合作办学，培养具有国际视野的人才。

4. 顺德清远（英德）经济合作区建设情况。

——规划引领更加科学到位。深入开展总体规划修编，对合作区总体规划优化调整，结合实际发展及重点产业、项目功能定位进行科学调整。做好中南产业片区发展规划，启动 5 000 亩新产业载体建设及发展规划编制，推进片区项目规划和招商策划。结合英德路网（西环快速路网）、广乐高速、昆汕高速规划进行对接，高标准规划污水处理厂及花点热电联产项目。加快道路与竖向、道路综合管线规划修编，以专项规划指导园区建设。

——企业项目落地更加提速。合作区首家入园企业——红岛实业项目于 2015 年 7 月正式投产，实现园区企业投产“零突破”。合作区 24 个项目中有 21 个项目进场施工，其中 14 个项目实现首期主体厂房封顶，正陆续开展生产设备安装调试工作。结合用地政策和审批程序，加强沟通协调。落实“项目经理”制度，实行“一对一”跟踪服务，协助企业解决问题。

——招商引资更加创新进步。充分发挥“顺德服务、清远成本、政策叠加”优势，建立政府、园区、行业协会三结合的招商工作机制，制定合作区投资建设服务手册，优化合作区行政审批服务体系，提升工作效率和服务质量。与顺德传统优势产业对接，承接家电、机械制造、锻造行业等产业转移；对接广州招商，抓住珠三角产业转型机遇，吸引有实力的优势产业。将招商重点放在成长性较好、拥有自主知识产权的新材料及绿色产业项目，重点引进汽车配件的产业链和新型建材的产业链。长鹿国际产业示范基地（中国清远）项目进驻合作区。与专业产品检验认证服务机构合作，在合作区设立 CTC 清远工作站，满足合作区相关材料企业的认证服务需求，给园区新型材料、设备的招商工作带来较好的示范效应。

——基础配套更加完善合理。积极推进园区及周边路网建设，开通园区与广乐高速接驳的德盛路。德民路高铁至奥园项目段实现通车；顺英大道

（广东高速出口至奥园项目段）单边半幅路达到通车条件。污水处理厂项目加紧建设，首期工程已完成工程量1 000万元。防洪治涝、供水厂以及河道治理工程正紧密推进PPP可研。启动区市政工程建设接近尾声，中南产业片区市政工程（一期）已进场施工，天然气管网工程与中油中泰公司正式签约。员工村项目首期综合楼封顶。

——社会事务更加细致深入。定期与英德市政府举行联席会议，协调沟通存在的社会事务问题，双方领导现场办公解决问题。加强与英德市市政部门等属地单位的沟通协调，开展疑难问题会商，并就相关社会事务管理事项进行移交。关注园区群众民生问题，做好劳动保障、就业培训、扶贫慰问等工作。对劳资纠纷等不稳定因素进行排查。组织8期培训班，帮助园区群众提升劳动技能。加强企业安全生产监管，定期对入驻企业和施工单位进行安全生产排查。

——园区管理更加规范健全。以机构改革为契机，撤销经济发展局，设立规划国土城建局、招商与经济发展局，提高机构运作效率，科学调整部门职能。推行国库集中支付改革，实施财政资金绩效管理，优化财政资金统筹方式，加快落实防洪治涝、供水厂、河道治理工程PPP项目建设，保障重大税源入库，缓解合作区建设资金压力。推进廉洁高效园区建设，强化“严实”作风，以审计监督、招投标管理再监督、财务监督为抓手，实施审批事项电子监察。全面升级园区宣传媒介平台，加强自媒体建设，开通微信公众号，提升发布水平。

二、粤东地区

（一）发展概述

2015年，粤东地区生产总值5 430.21亿元，增长8.2%，与全省平均水平基本持平；人均地区生产总值 31 426 元，增长 7.9%；社会消费品零售总额 3 155.52 亿元，增长 12.4%；地方一般公共预算收入 284.69 亿元，下降 3.2%。

——产业结构进一步优化。2015 年，粤东地区三次产业结构为 8.2∶53.8∶38.0，第三产业比重比上年提高了 1.6 百分点。规模以上工业增加值 2 346.69亿元，增长 7.3%。汕头、潮州、揭阳和汕尾四市规模以上工业增加值分别为 694.62 亿元、352.08 亿元、1 054.89亿元和 245.10 亿元，增速分别为 7.5%、7.8%、7.2% 和 7.4%。汕头市电子商务、金融服务等现代服务业快速发展，新增“淘宝村”34 个，累计 44 个；新增上市公司 4 家，累计 25 家，总数居全省第 3 位，“新三板”挂牌企业 19 家，累计 25 家。潮州市大力实施创新驱动发展战略，全市共有市级以上工程技术研究中心 79 家，工业投资 161.4 亿元，增长 24.5%。揭阳市规模以上工业企业实现利润总额 253.57 亿元，增长 15.7%；石化、纺织服装、医药、金属、食品五大产业实现增加值 745.03 亿元，增长 8.5%。汕尾市实体经济发展进一步加快，文教、工美、体育和娱乐用品制造业增长 17.7%，电力、热力生产和供应业增长 26.5%，化学原料和化学制品制造业增长 40.7%。

——“三大抓手”全面推进。一是交通基础设施建设方面。汕头市加快推进潮惠、揭惠、汕湛高速公路汕头段建设，潮汕环线高速开工建设；G324 线梅花至新庆路段、G206 线大学路等路面改造工程建成通车。潮州市全年交通基础设施建设完成投资 32.31 亿元，增长 55.3%。揭阳市全年完成交通基础设施建设投资 59.68 亿元，汕湛高速揭博段建成通车，改造国道、省道 143 公里，新（改）建地方公路 402 公里。汕尾市全年完成交通建设投资 44.6 亿元，增长 38.5%，G324 线、S242 线、S241 线、S335 线和 S338 线等国道、省道改扩建工程加快施工。二是产业园区扩能增效方面。汕头市天际智能烹饪家电、西北航空飞机零部件等一批新兴产业项目竣工投产，一批现代商业综合体建成投入运营；谋划推动中以（汕头）科技创新合作区建设。潮州市形成中山—潮州产业转移工业园“一园六区”格局，2015 年动工项目 52 个，全年完成固定资产投资 68.23 亿元。揭阳市重点产业园区完成年度投资

174.36 亿元；实现工业增加值 212.26 亿元，增长 16.1%，其中，中德金属生态城累计完成投资 50 多亿元。汕尾市 5 个产业园区共投入开发建设资金 11.07 亿元，新开工项目 77 个，新投产工业项目 5 个，工业固定资产完成投资 37.49 亿元，实现规上工业增加值 82.5 亿元、全口径税收 8.87 亿元。三是中心城区扩容提质方面。汕头市东海岸新城围填海及水利主体工程全面完成，新津河大桥、外砂河大桥合龙贯通。潮州市潮州新区核心区韩东新城已动工重点项目 20 个，累计投资 59.03 亿元。揭阳市空港新城、揭东新城、玉都新城建设全面推进，争取国家政策性融资 15 亿元改造市区棚户区。汕尾新区起步区产业类项目完成投资 110 亿元，新开工项目 7 个，新引进签约项目 8 个，计划投资额 110 亿元。

——对外经济总体稳定。2015 年，粤东地区全年出口总额 178.02 亿美元，增长 6.4%，总量和增幅在四个区域中均排名第二。粤东四市中，出口增速最快的是揭阳市，达 31.9%，总量最大的是汕头市，达 67.55 亿美元，占整个粤东的 37.9%。粤东地区全年进口总额 48.70 亿美元，下降 13.9%。粤东地区实际利用外商直接投资 3.77 亿美元，下降 45.3%。粤东四市中，实际利用外商直接投资总量最大的是汕头市，达 2.18 亿美元。

——固定资产投资持续增长。2015 年，粤东地区固定资产投资总额 3 613.56亿元，增长 24.2%，增速高于珠三角、粤西、粤北地区。汕头、潮州、揭阳和汕尾四市分别完成固定资产投资 1 274.32 亿元、391.95 亿元、1 362.10亿元和 585.20 亿元，分别增长 27.1%、25.2%、24.5%和 16.8%。省重点项目年度计划投资 422.8 亿元，全年完成投资 485.8 亿元，为年度计划投资的 114.9%，占全省完成投资的 8.2%。新开工汕尾陆丰甲湖湾电厂等工程，建成华润汕尾海丰“上大压小”等工程。

——民生保障水平稳步提高。2015 年，汕头、潮州、揭阳和汕尾四市全体常住居民人均可支配收入分别为 18 996 元、16 815 元、16 308 元和 16 474 元；城镇常住居民人均可支配收入分别为 23 260 元、20 457 元、21 344 元和 20 616 元；农村常住居民人均可支配收入分别为 12 455 元、11 459 元、11 333元和 11 290 元。汕头市民生支出 210.45 亿元，占一般公共预算支出的比重为75.3%；全市新增健身广场132个，中心城区新增建成5个社区体育公园。潮州市实现基层公共文化设施全覆盖，实现城乡居民医疗保险一体化。揭阳市办好民生实事，为百岁老人、本科以上贫困大学生、乡镇卫生院全日制本科学历以上医生发放津贴补助，免除公立幼儿园在园低保户儿童保教费。汕尾市投入民生事业148.17亿元，占一般公共预算支出69.6%，高中阶段毛入学率达到87.7%。

表15　2015年广东省粤东四市主要经济指标

	地区生产总值		人均地区生产总值		第三产业增加值		地方一般公共预算收入	
	绝对数（亿元）	增长（%）	绝对数（元）	增长（%）	绝对数（亿元）	增长（%）	绝对数（亿元）	增长（%）
粤东	5 430.21	8.2	31 426	7.9	2 062.32	10.9	284.69	-3.2
汕头	1 868.03	8.4	33 732	7.7	809.62	10.5	131.26	5.9
潮州	910.11	8.3	33 954	9.8	361.56	11.5	47.20	14.4
揭阳	1 890.01	8.0	31 255	7.5	595.82	11.3	77.40	5.0
汕尾	762.06	8.1	25 283	7.4	295.33	10.8	28.83	-41.4

（二）汕头市

1. 概况。

2015年，汕头市地区生产总值1 868.03亿元，增长8.4%；人均地区生产总值33 732元，增长7.7%。固定资产投资1 274.32亿元，增长27.09%；社会消费品零售总额1 349.34亿元，比上年增长13.8%。地方一般公共预算收入131.26亿元，增长5.9%。三次产业结构5.2∶51.5∶43.3。规模以上工业增加值为694.62亿元，增长7.5%；先进制造业和高新技术制造业增加值分别为95.92亿元和36.04亿元，增长8.9%与6.6%。现代服务业增加值317.88亿元，增长 12. 6%。民营经济增加值 1 304. 44 亿元，增长 9. 1%。外贸进出口总额 92. 85 亿美元，下降 2. 9%；一般贸易进口和出口实现正增长，占进出口总值八成；实际吸收外商直接投资 2. 18 亿美元，增长 22. 2%。

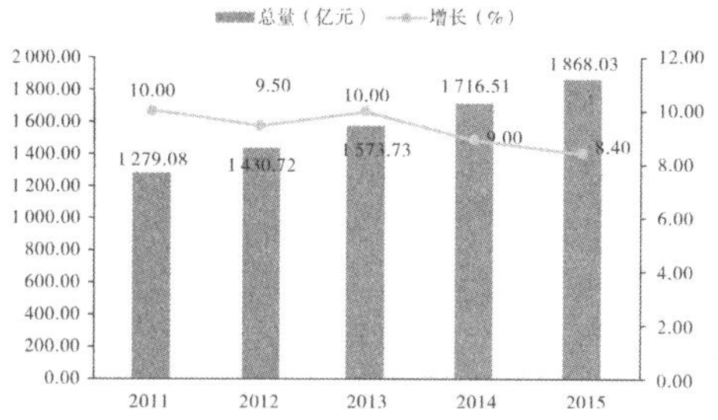

1　地区生产总值总量及增长

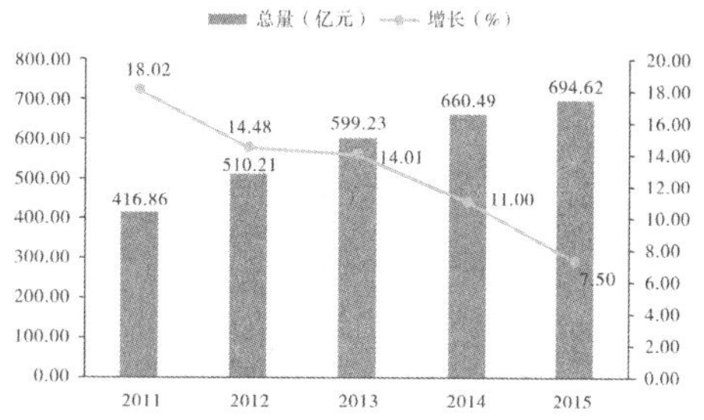

2　规模以上工业增加值及增长

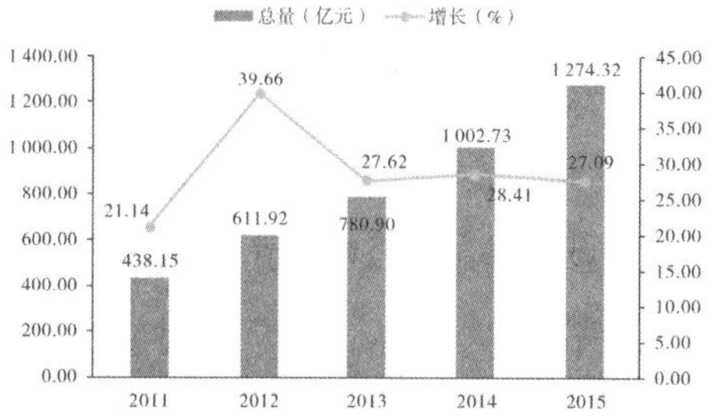

3　固定资产投资总量及增长

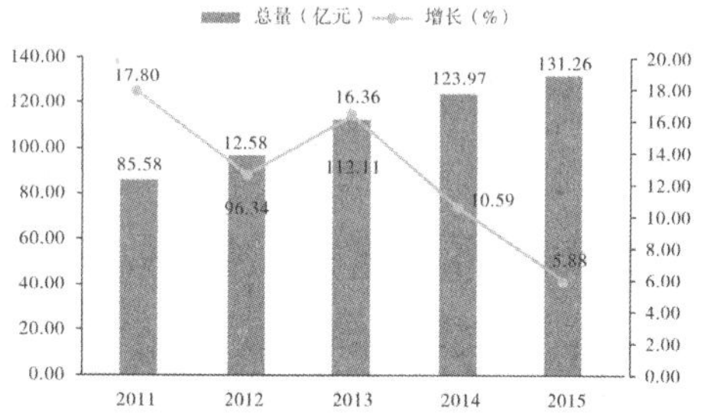

4　一般公共预算收入总量及增长

图 11　汕头市“十二五”时期主要经济指标统计图

2. 实施粤东西北振兴发展战略情况。

——以规划编制推动振兴发展目标落实。把粤东西北振兴发展战略贯穿到“十三五”规划编制过程之中，通过规划进一步推动振兴发展各项目标任务贯彻落实。从“三大抓手、两条底线”入手，谋划了 663 个重大项目，总投资为 8 426 亿元，“十三五”期间计划投资 4 431 亿元；在“十三五”规划纲要中，融入建设现代化立体交通网络，打造区域交通航运中心，推动产业园区扩能增效，打造产业升级版，优化“一核两轴四组团”布局，加快城区扩容提质等振兴发展各项重点任务。

——以交通大会战为主抓手推进重点项目建设。2015 年，全市 31 个省重点建设项目完成投资 122 亿元，完成年度计划 125.3%；149 个市重点建设项目完成投资 231 亿元，完成年度计划 110%。港口建设取得进展，广澳港区二期工程两个 10 万吨级集装箱码头和一个 2 万吨级石化码头开工建设，广澳防波堤工程建设进展顺利；广梅汕铁路龙湖南至汕头段增建二线及厦深联络线已完成征地拆迁工作，进入全面施工，潮惠、揭惠、汕湛高速公路汕头段加快推进，潮汕环线高速开工建设；G324 线梅花至新庆路段、G206 线大学路等路面改造工程建成通车。

——围绕产业转型升级推动产业园区扩能增效。一是谋划新一轮产业转型发展。总部园区建设取得进展，雅士利、太安堂、超声、联泰等总部大楼启动建设。产业扩能增效加快，天际智能烹饪家电、西北航空飞机零部件等一批新兴产业项目竣工投产，苏宁广场、卜蜂中心等一批现代商业综合体建成投入运营。二是谋划推动中以（汕头）科技创新合作区建设。成立汕头中以国际技术转移中心，打造汕头和以色列科技创新、产业金融深度融合的合作平台。三是积极配合省谋划建设汕潮揭临港空铁经济合作区，打造汕潮揭同城化发展平台。

——围绕建设海丝重要门户加速城区扩容提质。积极落实“一带一路”战略，倾力打造 21 世纪海上丝绸之路的重要门户。加快华侨经济文化合作试验区起步区建设，东海岸新城围填海及水利主体工程全面完成，新津河大桥、外砂河大桥合龙贯通，连接新津、新溪和塔岗围三个片区的 16 公里长滨海大道已经贯通。南滨新城潮汕历史文化博览中心主体工程基本完成，苏埃通道南岸围堰工程基本完成。

3. 推进汕潮揭同城化。

近年来，按照省委、省政府一系列推进汕潮揭同城化的工作总体部署，汕头与潮州、揭阳成立了党政主要领导联席会议、分管市领导工作协调推进机制、部门协调会议等多个层级的协调机制，推动三市资源优势互补、产业错位发展、设施共享和市场共建，有效提升区域整体竞争力。

——互联互通交通网络初见成效。广梅汕铁路龙湖南至汕头段增建二线及厦深联络线项目已累计完成投资 6.68 亿元，占总计划投资的 58.4%；粤东地区疏港铁路项目预可研报告通过审批。推动粤东港口群协调发展，省交通厅已完成《粤东港口群协调发展规划研究》项目成果验收，省发展改革委组织编制粤东港口群发展规划。汕揭高速公路全线建成，实现粤东地区高速公路贯通；潮惠高速公路、揭惠高速公路、汕湛高速公路加快推进；潮汕环线高速公路一期工程动工建设。

——基本公共服务同城化扎实推进。实现三市医保定点医院异地就医即时结算，三级医院医学检验和影像检查结果实现互认，建立三市医疗事故、医疗损害的异地专家鉴定及医患纠纷异地专家协调制度；建立三市大医院和基层医疗机构对口支援长效机制，加强120急救网络体系对接，实现急救信息共享利用和急救网络联通。组建汕潮揭人力资源市场，合作推进人力资源开发培养。举办三市潮剧潮乐系列活动；韩山师范学院与三市共建教师专业发展学校；联合举办潮汕冠军杯足球赛、潮汕骑行节等体育活动。共建“平安潮汕”，开展跨市追捕、调查取证和追逃追赃等方面的刑事案件协查、协作。三市缴存住房公积金职工实现跨市申请住房公积金贷款。采用“资费叠加包”方式实现通信同城化。

——生态环境建设合作得到加强。加强区域污染联防联治，建立汕潮揭环保联席会议制度，三市环保部门先后召开3次联席会议，在跨域河流整治、打击电子废物等问题上达成重要共识；构建三市联防联治执法机制，积极推进榕江、练江、枫江流域环境综合整治。加强海洋生态环境和海洋生态资源监测合作，共同保护海洋资源。加快水利基础设施建设，内洋南总干涝区排涝整治工程潮州段进入扫尾阶段，汕头段也已动工建设；韩江粤东灌区续建配套与节水改造工程安揭干渠首段初步设计基本完成。

——产业共赢发展有新载体。为贯彻落实省委胡春华书记在粤东调研时作出的推动汕头港、潮州高铁经济区和揭阳空港经济区融合发展重要指示，省发展改革委牵头汕潮揭三市规划建设汕潮揭临港空铁经济合作区，打造一个三市共同参与、共同建设、互惠互赢的同城化重大发展平台。同时，三市还通过联合参展、互相参展、共同办展等方式加强经贸交流；加强三市协会（商会）交流协作，推动三市产业对接和项目合作；联合建立旅游招商引资机制，共同培育和拓展新兴的旅游业态，共同推介潮汕旅游线路、文化品牌；加强三市金融信息互通，联合举办金融交流活动。

4. 县域经济发展情况。

2015 年，南澳县完成地区生产总值15.77 亿元，增长7.8%，其中，第一产业增加值3.98 亿元，增长3.5%；第二产业增加值5.58 亿元，增长9.1%；第三产业增加值6.55 亿元，增长9.6%；三次产业结构为25.3：35.4：39.3。全县工业增加值3.70 亿元，增长7.7%；一般公共预算收入2.14 亿元，首次突破2 亿元，增长13.5%；农业总产值16.33 亿元，增长4.5%；固定资产投资14.26 亿元；社会消费品零售总额20.02 亿元，增长14.0%；外贸出口总额360 万美元，增长48.8%。

（三）潮州市

1. 概况。

2015 年，潮州市全地区生产总值910.11 亿元，增长8.3%；人均地区生产总值达33 954 元，增长9.8%。固定资产投资391.95 亿元，增长25.2%。社会消费品零售总额444.15 亿元，增长12.2%。地方一般公共预算收入47.2 亿元，增长14.4%。三次产业结构7.1：53.2：39.7。规模以上工业实现增加值352.08 亿元，增长7.8%。

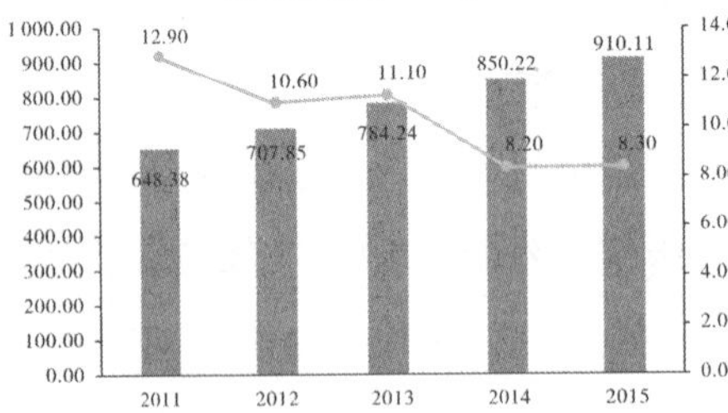

1 地区生产总值总量及增长

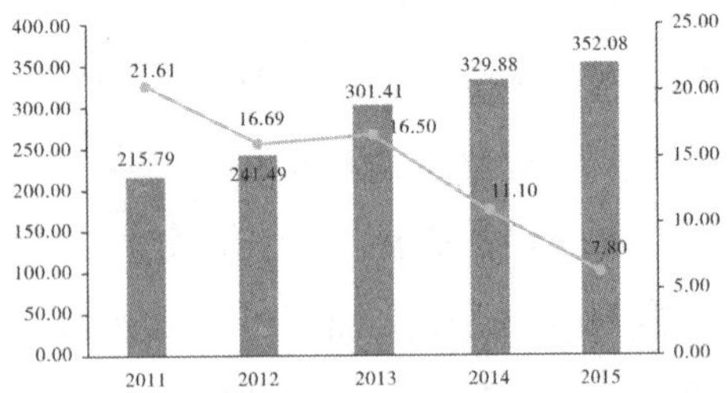

2 规模以上工业增加值及增长

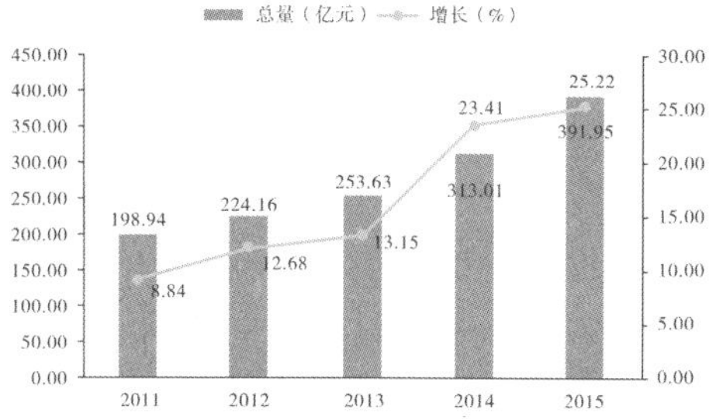

3　固定资产投资总量及增长

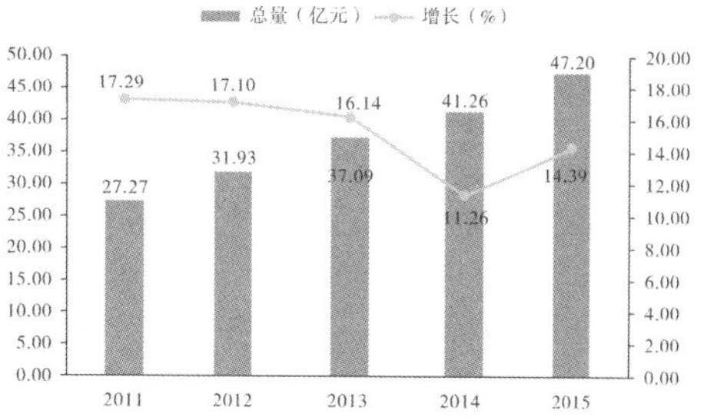

4　一般公共预算收入总量及增长

图12　潮州市“十二五”时期主要经济指标统计图

2. 实施粤东西北振兴发展战略情况。

——着力推动重大项目建设。潮州市委、市政府确立“以项目为王，动工为先”的工作理念，以产业园区“一园六区”、韩东新城作为推动项目建设的主战场，调动各种积极因素，整合各方资源，全年项目建设取得了突破性进展。全市列入2015年振兴发展重大项目（亿元以上）141个，计划总投资1 044. 71亿元，2015年实际投资133. 27亿元，累计投资338. 94亿元。建立项目促建管理机制，制定出台《潮州市重点项目管理办法》，进一步落实市领导联系督办重点项目制度。72个市重点项目计划总投资1 098. 7亿元，2015年实际投资110. 87亿元，占年度投资计划103. 23亿元的107. 4%，其中列入省24个重点项目完成投资56. 04亿元，占年度计划98. 1%。

——着力抓好交通扩网提速。紧紧抓住广东省加快推进交通扩网提速的大好机遇，重点推进潮惠、宁莞等高速公路项目，广梅汕铁路增建二线及厦深联络线、梅汕铁路客运专线等铁路项目，改造提升G324线、S222线、S233线和S335线等国道、省道项目，韩江东西溪大桥、潮州大桥等桥梁项目以及县乡公路和通村公路建设。抓好年度计划推进的25个交通重点项目建设。至2015年年底，已开工项目14个（完工2个、在建12个），推进前期工作6个，筹备5个，完成投资约28. 78亿元，占年度投资计划的61. 35%。全年交通设施建设完成投资32. 31亿元，占年度投资的67. 45%，增长55. 34%。高速公路、铁路、公路桥梁、港口及站场建设取得新发展。另外，新改建县乡公路32.12公里，占年度计划的128.34%；完成通村公路284公路，占年度计划的135.24%。潮州市交通网络的“省际联通、市际贯通、城际畅通”和粤东综合交通枢纽已初具雏形。

——着力抓好园区扩能增效。按照“一中心三片区”发展战略，结合对口帮扶的工作实际，多措并举，推进产业园区扩能增效。切实加强园区基础设施建设，积极争取省和中山市的园区基础设施建设资金超6亿元，运用BT合作等模式引进大型国企加快园区基础设施建设，并积极解决园区配套问题；简政放权，缩减项目审批环节，将67项市级审批权限下放给产业园区，从原来一个项目进驻园区需要1年左右的时间缩短到现在的1~2个月；将产业园作为对口帮扶主战场，千方百计抓好项目引进建设，力促入园项目早开工、早投产、早见效。至2015年年底，全市产业园区已办理入园的企业有150家，计划总投资额超过500亿元，2015年动工建设额项目有52个，全年完成固定资产投资68.23亿元。

——着力抓好城区扩容提质。设立潮州新区管理委员会，建立健全新区建设管理体制，完善新区发展规划，印发实施潮州新区四个专项规划，形成完善的规划体系。全力做好规划编制、土地征收、项目建设、招商融资等重点工作，力推新区开发建设。2015年，潮州新区核心区韩东新城51个项目中已动工的20个，总投资209.1亿元，2015年投资15.42亿元，累计完成投资59.03亿元，其中包括连通新老城区的潮州大桥、潮州东西溪大桥，韩东新城主干道潮州大道等重要基础设施项目。

——着力做实做好对口帮扶。完善中山、潮州两市党政领导定期联席会议制度，制定《中山市对口帮扶潮州市考核奖励暂行办法》，扎扎实实推动对口帮扶各项工作。按照“一园六区”开发格局，实施“项目入园保姆制”和定期督促检查工作机制，下放市级管理权限，争取省级支持和中山市投资，完善园区基础设施和配套建设，力促产业项目落地；落实创新驱动战略，进一步完善市、区、镇、企“四级创新联盟”，助推潮州传统产业升级，潮州—中山产业创新创意园已进驻并对外营运23个生产性服务项目，助推潮州成功创建全国首个“国家级出口陶瓷质量安全示范区”，获得工信部“国家新型城工业化产业示范基地”认定。整合

“四级创新联盟”及周边资源，为“互联网+产业”提供一站式技术支撑及配套服务，推动互联网+产业发展。两市专业镇遵循市场规律双向选择，22个结对专业镇合作项目成效初显，助推饶平县钱东镇被授予“中国盐焗鸡之乡”称号，成为国家唯一获此称号的乡镇；助推潮安县古巷镇获国家质检总局批准筹建“全国卫生陶瓷产业知名品牌示范区”。对口帮扶总指挥部还在潮州市各县区分别建立对口帮扶县域工作组，作为促进潮州县域经济发展的重要推手。

——深入融入海西经济区，规划建设闽粤经济合作区。搭建合作区（潮州）管理架构，成立闽粤经济合作区（潮州）管委会，与潮州港经济开发区管委会实行“两块牌子、一套人马”。出台了一系列理顺合作区（潮州）体制机制的文件，并下放44项行政审批和管理权限，充分授予管委会履行经济社会管理的权限。主动开展招商对接，签约6个项目，合同投资额300多亿元。同时，积极谋划对台合作，主动与台湾渔业理事会、广东省海峡两岸交流促进会农业委员会对接。扎实推进一批项目的建设，合作区（潮州）核心区范围内共有重点项目51项，总投资约515亿元。扎实推进园区基础设施建设，临港园区柘林文胜围南片（一期1 337亩）土地平整工程已完成项目立项各项前期工作。日处理3万吨的临港污水处理厂已完成前期工作。樟溪镇低碳工业园启动区“六通一平”工程累计已完成投资1.88亿元，一期基础设施工程接近尾声，已通水通电，能够满足企业入园需要。与厦门港集团合作共建的潮州港扩建货运码头项目已完成投资2.53亿元，配套建设的潮州港公用航道工程航道项目的施工、监理招标文件正在加紧编制中。计划投资4 500万元的潮州港口岸综合服务中心建设项目已完成项目立项、工程勘察设计招标等前期工作。

3. 县域经济发展情况。

2015年，饶平县地区生产总值226.13亿元，增长8.6%。地方一般公共预算收入完成7.62亿元，增长17.9%。规模以上工业产值270.63亿元，增长9.6%；规模以上工业增加值完成77.5亿元，增长7.1%。电力生产、陶瓷制品制造、食品制造加工、纺织服装、燃气生产和水族机电六大产业的产值为246.47亿元，增长2.5%，占全县规模以上工业产值的90.26%。农业总产值完成72.23亿元，增长5.9%，农业增加值40.21亿元，增长6.5%。全社会固定资产完成投资66.17亿元，增长30.1%，其中全县35个重点项目完成投资18.68亿元。交通基础设施建设总共投入28 971.05万元，已完成省道S222线饶平浮山荔林至黄冈上林路段改造工程等建设。新增就业岗位7 173个，落实城乡就业援助1 115人，农村劳动力转移就业2 074人。

4. 潮州新区建设情况。

潮州新区作为潮州市“城市东拓”和新时期产业集聚升级的重大发展平台，自设立以来集中力量抓好起步区建设，着力建设“以新区为引擎的首善之区”。2015年，新区实现生产总值216亿元，增长32.5%；固定资产投资62.55亿元，增长29.2%，其中市政基础设施12.91亿元，产业项目43.19亿元，房地产6.67亿元；实际利用外资516.63万美元；财政收入4.62亿元，增长3.09%；规模以上企业66家，规模以上工业增加值84.22亿元，增长7.4%；建成区面积62.17平方公里，常住人口达到79.05万人。

——新区规划编制全面开展。编制完成了产业发展、基础设施建设、区域建设用海、低碳生态四个专项规划，并印发实施。同时开展中心城区环境保护、综合交通、给排水、河湖水系、商业网点、医疗卫生和教育设施等18项专项规划工作，并将潮州新区核心区韩东新城纳入中心城区规划范围，进行统一规划。控规全覆盖工作扎实推进，潮州新区起步区（总面积约18平方公里）控制性详细规划已批准实施。

——城市扩容提质有序铺开。坚持“拓东先拓中、重点在南部、北部自然成”的韩东新城建设总体思路，明确主攻方向和开发顺序，重点推进韩东新城各片区的项目落实。根据韩东新城开发建设的实际，围绕中、南、北片区的不同功能定位布局51个韩东新城重点建设项目，内容涵盖交通能源工程、市政设施工程、宜居环境工程、地方特色产业、社会事业五大类。通过重点加快推进潮州大桥、潮州东大道、潮州东西溪大桥等重点基础设施建设，打通跨江通道，疏浚老城区人口和产业；以恒大城、韩东片区旧城改造、潮州中心医院新院址等宜居便民大项目为重点，打造设施均衡配置、民生保障健全的公共服务体系；大力发展商务办公、教育医疗、文体娱乐、高品质居住等公共服务功能，优化潮州主城区功能布局，构建新旧城联动的韩东新城发展格局，促进潮州市中心城区公共服务能力和城市形象的跨越式提升。

（四）揭阳市

1. 概况。

2015 年，揭阳市地区生产总值 1 890.01 亿元，增长 8.0%。人均生产总值 31 255 元，增长 7.5%。三次产业结构为 8.9：59.6：31.5。规模以上工业增加值 1 054.89 亿元，增长 7.2%。民营经济增加值 1 493.96 亿元，增长 7.9%。固定资产投资 1 362.1 亿元，增长 24.5%。社会消费品零售总额 872.42 亿元，增长 14.9%。外贸进出口总额 70.44 亿美元，增长 29.0%。地方一般公共预算收入 77.40 亿元，增长 5.0%。城镇居民人均可支配收入21 343.5元，增长 8.7%；农村居民人均可支配收入 11 332.6 元，增长 11.7%。

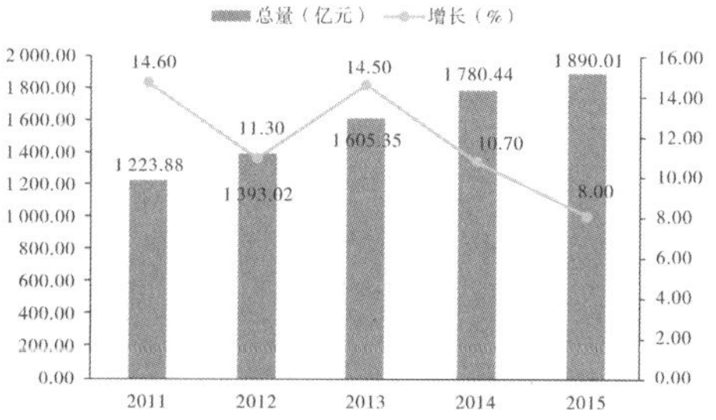

1　地区生产总值总量及增长

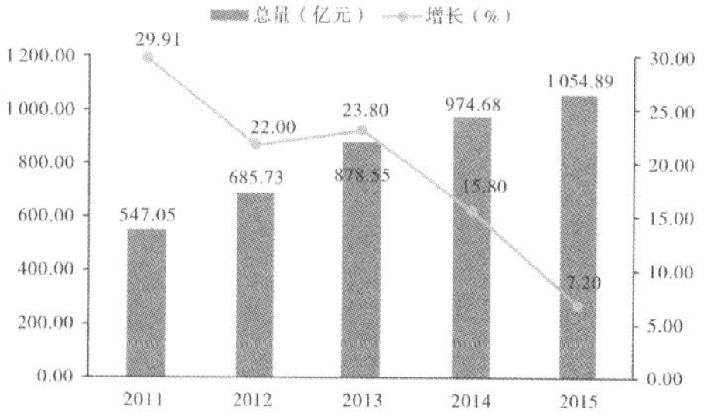

2　规模以上工业增加值及增长

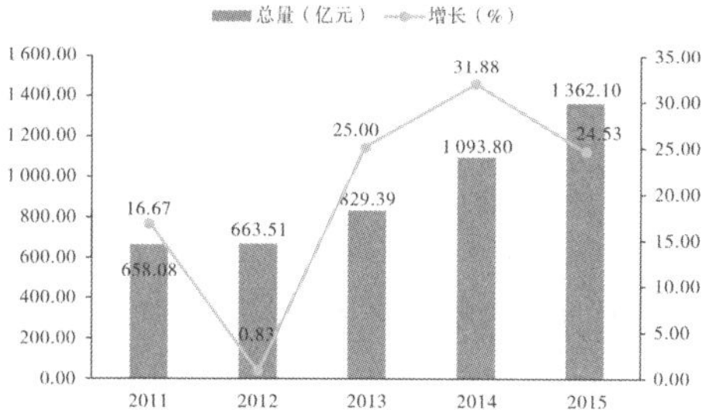

3　固定资产投资总量及增长

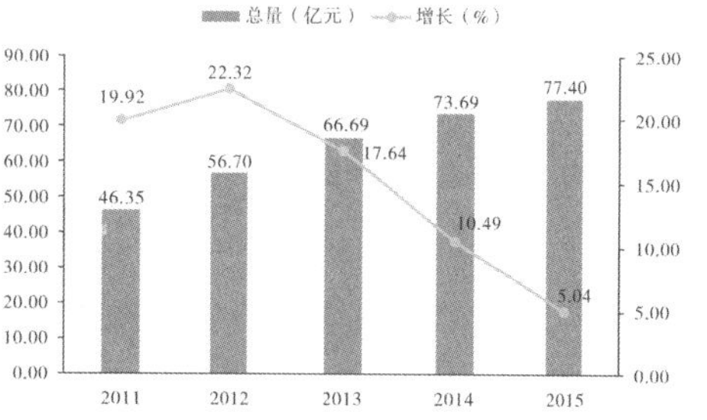

4　一般公共预算收入总量及增长

图 13　揭阳市“十二五”时期主要经济指标统计图

2. 实施粤东西北振兴发展战略情况。

——“三大抓手”扎实推进。全年累计完成交通基础设施建设投资59.68亿元，梅汕客专揭阳段正式开工，汕湛高速揭博段建成通车，普洛斯空港物流项目落地建设，海港公共码头启动规划，改造国道、省道143公里，新（改）建地方公路402公里，新能源公交线开通营运。全市20个重点产业园区完成年度投资174.36亿元；实现工业增加值212.26亿元，增长16.1%，其中，中德金属生态城累计完成投资50多亿元，“零排放”金属表面处理中心、“四大中心”、保库智能管网建成投运，艾萨智能医疗器械等项目投产；空港经济区等主题产业平台规划建设扎实推进，省级以上工业平台累计达到6个。空港新城、揭东新城、玉都新城建设全面推进，争取国家政策性融资15亿元改造市区棚户区。

——产业建设形成热潮。深入实施“6166计划”和产业引进、产业登高工程，“一县一主题”产业发展格局加快形成。年度财政统筹投入产业发展资金7.8亿元，安排50%以上土地指标用于工业项目，完成工业技术改造投资211.04亿元，增长88.9%；石化、纺织服装、医药、金属、食品五大产业实现增加值745.03亿元，增长8.5%。设立金融科技产业融合风险准备金，新引进金融机构5家，新增上市公司和新三板挂牌企业各1家，新发行公司债24亿元；新增国家级质检中心1个、院士工作站2个，建成科技企业孵化器5家。

——国际合作纵深拓展。深入推进与以德国为重点的国际合作，实施引进型创新。成为全国2个中德中小企业合作区之一，欧绿保等26个中德合作项目成功落户或达成协议，德国先进技术推广中心、电镀“零排放”合作项目在两国总理见证下签约。创办“4个100”的中德中小企业合作交流会。组建德（欧）合作“百人团”，在德国、奥地利、西班牙建立8个驻外办事处，与德国工商大会等9大协会和弗劳恩霍夫研究所等20多家科教机构建立合作联盟，引入德国阿德勒斯霍夫科技园管理体系。

——“互联网+”先行先试。建成全国闻名的军埔电商村，入选首批国家工业电子商务区域试点城市和中国电商百佳城市。2015年全市快递业务量比上年增长197.6%，增速蝉联全省第1位。实施十万电商人才大培训，累计培训电商人才12万多人。举办全国电商培训邀请赛。启动电商下乡工程，建成县级淘宝服务中心3个、村级淘宝服务站414个。

3. 推进汕潮揭同城化情况。

——协力推动交通网络互联互通。一是推动粤东港口群规划建设。揭阳市中海油粤东液化天然气项目（一期）码头工程建成，中委广东石化2 000万吨/年重油加工工程配套码头工程等在建重大项目扎实推进，揭阳港大南海公共物流码头项目的规划建设加快。二是推进重要轨道交通建设。梅汕客专梅州至潮汕段先行工程已动工建设，揭阳段工作推进顺利。粤东地区疏港铁路已完成项目不同接轨点及分期实施方案的比选论证，完善项目预可研报告。三是提升公路畅通水平。潮惠高速公路揭阳段48.66公里已建成通车。揭惠高速公路揭阳段累计完成投资达13.67亿元。汕湛高速公路汕头至揭西段积极引进大型国有央企参与投资建设；揭西至博罗段揭阳境23.75公里已建成通车。四是推动同城化交通服务升级。至2015年年底，揭阳市共开行新能源公交示范线路3条，投入纯电动新能源公交车120辆运营；计划至2016年年底，新开行至潮州跨市公交线路2条，并拟改造汕头、潮州等2条新能源公交接驳线，投入纯电动新能源公交车200辆。

——推进公共服务同城共享。一是合作推进人力资源开发培养。组建汕潮揭人力资源市场，形成三市人社部门联合举办的大型招聘活动互动局面和常态化工作机制。成功举办以“大众创业潮货走天下”为主题的首届汕潮揭三市跨境电商创业大赛。实行汕潮揭户籍劳动力参加三市任意定点机构技能晋升培训享受当地同样补贴政策。推进劳动人事争议交流协作。二是不断拓展卫生医疗合作。推进三市三级医疗机构全部纳入医保异地联网结算。加强重大传染病与突发公共卫生事件信息互通，协同处置H7N9疫情1宗、登革热疫情2宗。推动建立三市医疗事故、医疗损害的异地专家鉴定及医患纠纷异地专家协调制度，三市大医院和基层医疗机构对口支援长效机制，加强120急救网络体系对接。三是密切三市文化体育教育交流。举办了“潮剧大观园·周五有戏·三市齐看”“潮剧好声音·三市共享”“潮汕三市潮剧票友交流演唱活动·三市同乐”系列活动。联合举办2015年第三节潮汕冠军杯（五人制）足球赛；举办“绿色出行我行动”2015年第二届潮汕骑行节活动。四是加大共建“平安潮汕”力度。利用公安情报系统相互开通信息查询权限，加强日常警情动态及敏感案件信息情况交流。

——推进生态环境保护合作。一是加快水利基础设施建设。韩江粤东灌区续建配套与节水改造工程安揭干渠首段初步设计基本完成，工程投资约2.17亿元，完成粤东灌区续建配套与节水改造工程勘察设计招标。二是加强跨界河流保护和整治。从2015年3月起，汕头、揭阳两市环保部门每季度开展练江流域污染整治联合执法检查。潮州、揭阳两市开展枫江流域环境专项整治。三是开展跨区域污染防治执法检查。建立了长效工作机制，三市环保局共同制订了跨界区域联合执法检查工作方案。实施贵屿环境污染联防联治，严防电子废物污染向贵屿周边地区扩散蔓延。积极开展联合执法，汕头市、揭阳市环保局对潮阳区与普宁市交界处焚烧垃圾影响问题进行联合执法。

4. 县域经济发展情况。

2015年，揭阳市县域面积4 209平方公里，占全市80.3%。户籍人口492.37万人、常住人口410.33万人，分别占全市70.2%、67.7%。全市县域实现生产总值1 056.58亿元，占全市生产总值比重55.9%。地方一般公共预算收入31.87亿元，增长2.5%。固定资产投资704.42亿元，增长19.2%。一是积极推进县域产业发展。普宁大健康产业园（英歌山工业园）、揭西电线电缆生态产业园、惠来临港开发区纳入省产业集聚地管理。出台产业“登高”的15条政策措施以及39条具体工作举措，支持县域特色产业发展。普宁以纺织服装、医药生产为主；揭西以生态旅游、电线电缆、生物制药、特色农业为主；惠来以电力能源、服装、水产品为主。县域旅游业快速发展，大北山生态旅游产业园纳入省高端旅游项目，京明温泉度假村被认定为省中医药文化养生旅游示范基地，惠来东方夏威夷国际旅游度假项目入选国家优选旅游项目名录。二是基础设施建设扎实推进。大力推进县域快速交通外通内联，汕湛高速揭博段建成通车，实现“县县通高速”目标。县城规划建设加快，普宁市启动新一轮城市总体规划修编工作，东部新城概念性总体规划已完成，启动起步区（核心区）控制性详细规划编制工作。揭西县完成县城东部新区控制性详细规划和7个高速公路出入口辐射专区控制性详细规划，启动县城总体规划系列控制性详细规划修编工作。惠来县全力构筑南区“五横六纵”快速便捷的市政路网，带动7.6平方公里的北区建设。三是公共服务保障水平有所提升。2015年，普宁市、揭西县、惠来县高中阶段教育毛入学率分别为91%、89.8%、86.5%。全市基层基本医疗服务质量稳步提高，积极加强与名院名校合作，提升医疗技术水平和服务能力，2015年63家乡镇卫生院达到建设标准。

表16　2015年揭阳市县域经济发展情况

	地区生产总值（亿元）	固定资产投资（亿元）	社会消费品零售总额（亿元）	一般公共预算收入（亿元）	三次产业结构
普宁市	596.48	380.79	293.35	20.32	6.2：65.4：28.4
揭西县	215.00	98.04	112.19	5.15	15.0：54.9：30.1
惠来县	245.10	225.59	106.11	6.41	20.9：56.3：22.8

——普宁市。2015年，普宁市实现生产总值596.48亿元，增长8.6%。人均生产总值28 226元，增长8.0%。规模以上工业增加值406.72亿元，增长8.3%。固定资产投资380.79亿元，增长28%。社会消费品零售总额293.35亿元，增长15.2%。外贸进出口总额88 981万美元，下降14.6%。地方一般公共预算收入20.32亿元，增长0.6%。城镇化率47.6%，较上年提高0.4百分点。

——揭西县。2015年，揭西县生产总值215.00亿元，增长8.1%。人均生产总值25 301元，增长7.4%。规模以上工业增加值54.03亿元，增长7.2%。固定资产投资98.04亿元，增长28%。社会消费品零售总额112.19亿元，增长14.0%。外贸进出口总额13 249万美元，增长67.2%。地方一般公共预算收入5.15亿元，增长9.4%。城镇化率32.6%，较上年提高0.3百分点。

——惠来县。2015年，惠来县生产总值245.10亿元，增长7.1%。人均生产总值21 641元，增长6.6%。规模以上工业增加值126.79亿元，增长5.2%。固定资产投资225.59亿元，增长4.8%。社会消费品零售总额106.11亿元，增长14.7%。外贸进出口总额18 091万美元，下降16.0%。地方一般公共预算收入6.41亿元，增长5.6%。城镇化率42.6%，较上年提高0.3百分点。

5. 揭阳新区规划建设情况。

——基础设施建设全面推进。全力推进起步区“一环两纵四横”骨干路网建设，空港大道已投入资金1.5亿元，已完成道路软基处理、排污排水管网铺设工程量的90%，水泥混凝土路面铺设工程量的93%；发展大道南段已完成可行性研究报告及批复、地形测量、地质勘查、设计方案等前期各项准备工作；其他4条主干道征地拆迁全面提速。新城大桥的设计方案已完成，项目申请报告已完成初步编制成果；厦深铁路潮汕站连接线揭阳段工程已全部完工，于2015年7月底实现通车；潮惠高速公路空港段征地1 214.63亩和拆迁7.07万平方米的任务全面完成；揭阳空地换乘中心项目的概念性规划已完成中间成果。

——中央商务区建设稳步推进。南方传媒文化产权交易所粤东总部已进入地面工程施工阶段；广东吉荣已完成综合楼桩基建设；博大金融、良康医药、达华节水、上海回力粤东总部、中诚集团5个总部项目已顺利完成土地招拍挂，将陆续进入施工建设；冠盛广场、美康股份等总部项目将陆续进入土地招拍挂程序；中海油粤东总部、南方航空粤东总部等项目已确定落户。

（五）汕尾市

1. 概况。

2015年，汕尾市生产总值762.06亿元，增长8.1%，全市人均地区生产总值达到 25 283 元，增长 7.4%；第一产业增加值 118.04 亿元，增长 4.4%；第二产业增加值 348.70 亿元，增长 7.2%；第三产业增加值 295.33 亿元，增长 10.8%。三次产业结构为 15.5∶45.8∶38.7。全年完成农林牧渔业总产值 197.62 亿元，增长 4.3%；规模以上工业增加值 245.10 亿元，增长 7.4%；固定资产投资 585.2 亿元，增长 16.8%；社会消费品零售总额 489.61 亿元，增长 11.3%；一般公共预算收入 28.83 亿元，下降 41.4%；实际利用外商直接投资 9 958 万美元，下降 38.8%；居民人均可支配收入16 473.5元，增长 8.3%。

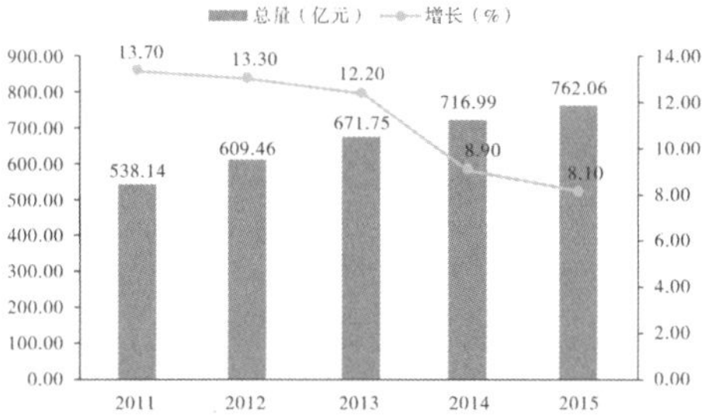

1　地区生产总值总量及增长

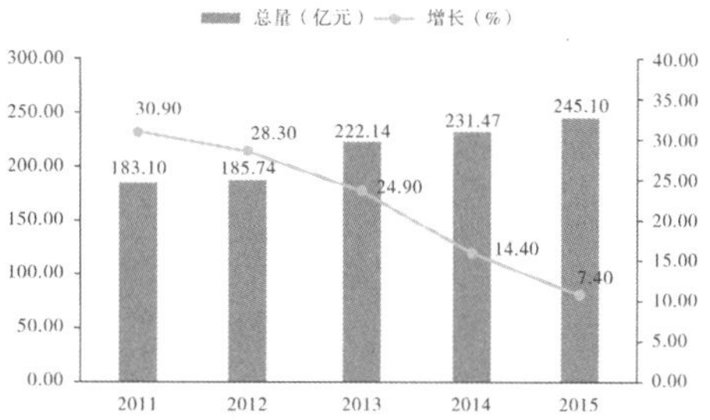

2　规模以上工业增加值及增长

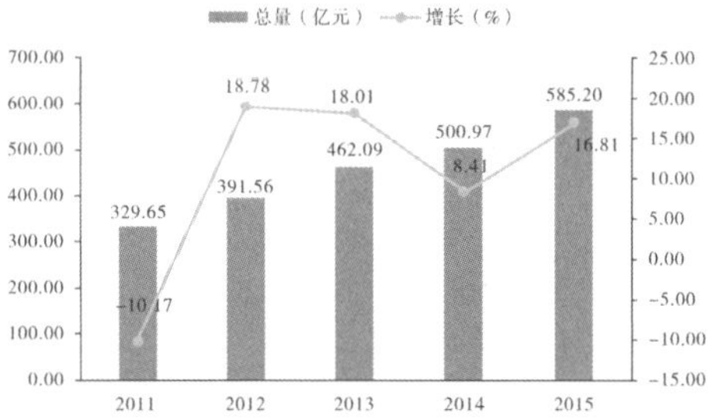

3　固定资产投资总量及增长

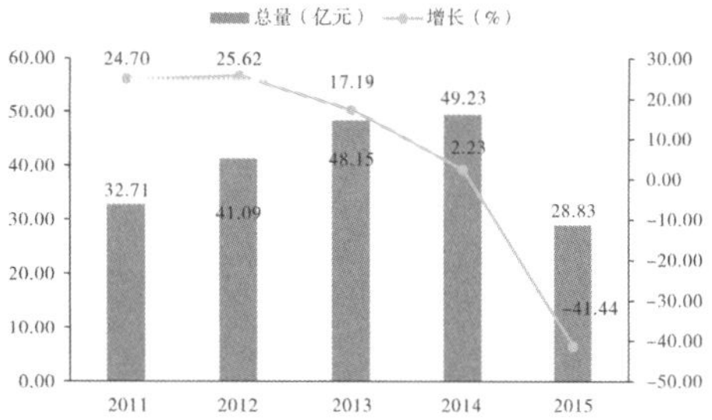

4　一般公共预算收入总量及增长

图 14　汕尾市“十二五”时期主要经济指标统计图

2. 实施粤东西北振兴发展战略情况。

——重大项目建设推进顺利。2015 年，全市 18 个省重点项目和 62 个市重点建设项目分别完成投资 115 亿元和 140 亿元，其中省重点项目超额完成年度投资计划。

——产业园区扩能增效全面提速。全市5个产业园区共投入开发建设资金11.07亿元，征收土地面积1.6万亩，新开工项目77个，新投产工业项目5个，工业固定资产完成投资37.49亿元，实现规模以上工业增加值82.5亿元、全口径税收8.87亿元。深汕合作区实行省直管财政体制。海丰产业园获认定为省级产业转移园，红草和陆河新河工业园获认定为依托深汕产业转移园发展产业集聚地。陆丰产业园区加快建设路网及配套设施。

——交通基础设施建设全面推进。全市交通建设完成投资44.6亿元，增长38.5%。S20线潮惠高速公路一期工程陆河“县县通”路段已于2015年年底建成通车；深汕高速长沙湾互通立交（汕头方向）扩建工程建成投入使用；S19线兴宁至汕尾高速公路完成各项专项评估并开工建设；河惠汕高速公路、珠东快速汕尾至海丰和陆丰段、深汕高速公路潭西互通立交（深圳方向）等高快速路建设项目加快筹建。广汕铁路建设项目前期工作进展顺利；龙川至汕尾铁路规划建设前期各项工作扎实推进。国省道及地方公路升级改造工程全面铺开。全年建设路基359公里、路面397公里，投入资金4.45亿元。G324线、S242线、S241线、S335线和S338线等国道、省道改扩建工程加快施工。广东陆丰核电一期工程重件码头完成施工图设计，陆丰甲湖湾电厂10万吨级煤码头动工建设。海丰华润电厂码头顺利实现生产性试运行。汕尾港口岸红海湾港区口岸综合查验中心加快建设，主体工程已完工。

——新区建设和城区扩容提质加快推进。中央商务区、金町湾滨海旅游区、红草高新区三个起步区产业类项目完成投资110亿元，新开工项目7个，新引进签约项目8个，计划投资额110亿元。振兴发展股权基金已到位7.79亿元，汕尾火车站片区、品清湖片区、南部居住片区等基金投资项目加快建设。项目引进建设步伐加快，保利旅游地产、广物汽车城、广晟南储、宝民汽车用品、恒美珠宝等项目相继落户新区并加快建设。中央商务区火车站站前广场主体工程顺利竣工。金町湾滨海旅游区保利项目加快建设，希尔顿五星级酒店集团正式入驻金町湾滨海旅游度假区。红草高新区道路等市政基础设施加快建设，信利第5代TFT显示屏生产项目签约落户。市生活垃圾无害化处理中心首期工程建成投入运营，全市城镇生活垃圾无害化处理率提高到87.18%，市区垃圾处理率达到100%。建成投入运行的污水处理设施达到5座，全市城市污水处理率达到60%，提高了7百分点。投入350多万元加强交通信号控制和标识系统信息化建设，率先在市区投放450辆纯电动公交车，公共交通服务水平明显提升。

3. 融入深莞惠经济圈（3+2）情况。

——一体化交通网络加快对接。广汕铁路建设前期工作加快推进。汕尾到深圳的水上客运交通、深汕高速扩建、珠东快速、深圳和汕尾鲘门之间的城际线、汕尾机场、汕尾港等正在抓紧筹划。潮惠高速汕尾段已实现无障碍施工，预计2016年年底可建成通车。联合河源市开展了“3+2”经济圈交通运输一体化衔接规划研究工作，河源至汕尾高速公路走向基本确定。

——产业合作不断深化。汕尾与各兄弟市的产业合作日益密切，特别是在园区建设和招商引资方面成效显著。汕尾与深圳市建立了联合招商工作机制，两市先后联合举办了6场招商推介活动，共引进项目265个，计划投资总额达到3 150亿元，其中超过60%的企业来自广州、深圳、东莞、惠州4市。深汕共建产业园区加速推进，有223个产业项目相继落地汕尾，101个项目动工建设。联合惠州市开展莲花山生态风景保护和旅游开发规划研究。编制完成《深莞惠汕区域海洋产业协调合作发展研究报告》，并获省批复同意启动创建深莞惠汕海洋产业经济协作示范区的研究工作。

——深汕同城化步伐加快。由深圳主导开发、面积达468平方公里的深汕特别合作区建设如火如荼，同城化迈出了坚实步伐。2015年1月，省政府进一步明确合作区地区生产总值和税收共享办法及合作区财政由省直管，并出台了《广东深汕特别合作区管理服务规定》，从法规层面确定了合作区各项管理权限和利益共享机制。深圳市将部分城市功能和部分产业的生产环节加快向合作区疏解与转移，城际交通等基础设施建设和教育、医疗等公共服务资源配置有序推进。

——社会民生建设协同推进。就业、社保、文化、人才等方面加快对接。

深圳市人才网汕尾分网顺利开通，企业用工信息与深圳人力资源市场实现实时对接、动态更新，高校毕业生就业管理和服务逐步实现互通。与深莞惠3市养老保险实现无障碍转移，推动与深莞惠3市定点医疗机构实现异地即时结算。5市签署《珠三角深莞惠一体化+河源汕尾5市文化合作联动备忘录》，加快推动区域文化资源共享、共同发展。深汕教育“人才驿站”正式挂牌，深汕两市建立了常态化的师资交流机制。环保共治扎实推进，警务协作不断深化。

4. 县域经济发展情况。

2015年，汕尾县域完成地区生产总值543.79亿元，占全市地区生产总值的71.36%；农业生产总值为161.83亿元，占全市的81.89%；规模以上工业增加值为155.9亿元，占全市的48.7%；固定资产投资462.46亿元，占全市79.03%；社会消费品零售总额为386.44亿元，占全市的78.93%；地方一般公共预算收入16.43亿元，占全市的57%。

表17　2015年汕尾市县域经济发展状况

	地区生产总值（亿元）	固定资产投资（亿元）	社会消费品零售总额（亿元）	一般公共预算收入（亿元）	三次产业结构
海丰县	263.76	281.61	192.11	7.90	13.6∶46.0∶40.4
陆丰市	231.72	164.14	162.15	5.89	21.2∶45.3∶33.5
陆河县	48.31	16.72	32.18	2.64	21.6∶18.5∶59.9

——海丰县。可塘珠宝、梅陇金银首饰等传统特色产业巩固发展、转型升级。先后获得“中国彩色宝石之都”和“中国珠宝玉石首饰特色产业基地”两大称号。加快建设省级现代粮食示范区。依托珠宝特色产业，扶持与新建荔埔广场、彩宝广场、明辉珠宝市场等专业商贸市场；电子商务发展态势强劲，阿里巴巴农村淘宝县级服务中心及首批28个村级服务站建成运营。海丰革命烈士暨革命斗争史纪念馆对外开放，陈炯明都督府基本完成修缮工程；海城莲花山片区被省确定为2015年省级新农村示范片；大湖镇荣获“广

东省生态镇”称号、列入省新型城镇化“2511”专项试点“美丽小镇”项目；海丰鸟类省级自然保护区获得“广东省十大最美湿地”称号。

——陆丰市。做大做强特色农业，打造“十大特色农产品基地”“十大菜篮子基地”“十大优质粮食生产基地”。重点建设罗非鱼、对虾、牡蛎、鲍鱼、海马等海产品养殖基地以及抗水抗风浪网箱养殖基地。重点依托资源优势和产业基地，改造提升珠宝首饰、圣诞礼品、五金家具、汽车配件、纺织服装、海产品加工等优势传统产业。高标准推进碣石玄武山——金厢滩省级风景名胜区、田尾山风景旅游区、十二湖度假旅游区、海马洲度假旅游区、河西清云山宗教旅游区和河东后坎温泉国际新城度假区建设。碣石镇以圣诞商品专业镇为发展定位，打造圣诞商品专业强镇；甲子镇以五金塑料家具配件专业镇为发展定位；南塘镇明确了以三鸟专业镇发展定位。

——陆河县。依托“中国建筑装饰之乡”牌子，以新河工业园为核心平台，做大做强工业经济。以深圳比亚迪新能源汽车制造基地落户陆河园区为契机，打造集汽车产业、文化、旅游及新能源推广应用等功能于一体的集聚区。积极创建“全国有机产品认证示范县”，陆河县凤凰青梅种植合作社首期试产有机青梅获得成功。加快绿色生态旅游区建设，打造县内“花海观光”和“绿色长廊”旅游线路。乡村旅游产业发展迅猛，共接待游客59.3万人次，实现旅游总收入1.74亿元，比2014年分别增长21%和18%。在新河工业园建设快递物流园区，重点发展以建筑装饰材料、特色农产品为主的物流服务业。加强与阿里巴巴集团合作，推动农村电商试点县工作。

5. 汕尾新区规划建设情况。

——规划编制工作。汕尾新区依据新区发展总体规划编制专项规划，新区产业发展、基础设施建设、低碳生态发展三大专项规划已通过市政府审批；中央商务区起步区的修建性详细规划进一步完善中，汕尾高新区红草园区控规结合实际发展需求进行修编，金町湾二三期控制性详细规划和品清湖区域空间发展规划也在顺利推进中。

——重点项目建设。2015年，汕尾新区起步区重点项目完成投资12.11亿元。其中，保利金町湾项目已全面开工建设，全年完成投资8亿元；汕尾火车站站前广场及周边配套道路等市政基础设施项目完成投资2.12亿元，现已完成主体施工；汕尾高新区红草园区全年完成投资1.78亿元；广物汽车城一期已于11月13日正式对外营业，二期项目也将开始建设；深圳宝民汽车电子项目现已完成桩基工作，正在进行基础开挖；广晟南储项目现已完成施工招标；香港珠盈珠宝项目、海珍食品、金泰丰食品都已完成报建工作。

——招商引资工作。按照“大招商、招大商”的要求，充分发挥深圳市商会的优势，开展定向招商、精准招商。2015年5月，举办了汕尾新区项目推进工作现场会，会议签约项目11个，揭牌项目2个，动工项目6个，总投资额逾150亿元。6月，承办了深圳—汕尾2015年招商推介会。11月，汕尾市与比亚迪股份有限公司签署合作框架协议，将在汕尾高新区红草园区投资30亿元建设新能源汽车零部件及消费电子产品生产基地，产值达100亿元。信利集团拟投资40亿元建设年产值100亿元的TFT 5代线项目，肯迪文英国品牌服装项目、海崇食品加工研发中心、香港珍珠商会珍珠设计展销中心项目、上海莱仕集团血浆制品项目、台湾富元科技G3.5电子电容屏项目等一批项目已初步达成投资协议。红草园区储备项目6个，投资规模约200亿元，用地面积约2 100亩。

三、粤西地区

（一）发展概述

2015年，粤西地区生产总值6 075.66亿元，增长8.3%，占全省生产总值的7.7%；人均地区生产总值38 461元，增长7.7%；社会消费品零售总额3 107.79亿元，增长10.9%；地方一般公共预算收入303.71亿元，增长6.3%。

——产业结构逐步优化。2015年，粤西地区三次产业结构17.2∶40.7∶

42.1。规模以上工业增加值1 930.57亿元，增长9.9%，占全省规模以上工业增加值的6.6%。湛江、茂名和阳江市规模以上工业增加值分别为721.26亿元、757.29亿元和452.02亿元，增速分别为9.9%、8.2%和13.2%。湛江市共112个工业项目投产，35个项目完成技术改造，新增规模以上工业企业60家，湛江钢铁基地1号高炉正式点火投产。茂名市德国巴斯夫项目建成投产；依托农业大市的资源优势，全面打造产业升级版。阳江市建成阳江五金刀剪生产研发基地和产业技术研究院；全市接待旅客1 658.6万人次，实现旅游总收入181.3亿元，分别增长10.7%和18.0%。

——“三大抓手”成效明显。一是交通基础设施建设方面。湛江市东海岛疏港一级公路、海东快线北段、雷湖快线和广湛高速官渡出入口立交建成通车；港口吞吐量2.2亿吨，增幅居全国沿海港口第三；湛江机场实现航空客流量“三年翻番”。茂名市全年交通建设投资增长55.6%，包茂高速茂名段建成通车；汕湛高速茂名段全面开工；G207、G325改造工程基本完工，高长线建成通车。阳江市完成交通固定资产投资33.9亿元，占年度计划的113%，增长64.6%。二是产业园区扩能增效方面。湛江市产业园区规模以上工业总产值突破1 000亿元，湛江开发区进入“中国产业园区持续发展100强”。茂名市工业园新增入园项目72家，投资总额112.6亿元，比上年翻一番。阳江市4个省级产业园区实现规模以上工业总产值1 001.7亿元，增长21.9%，占全市的50%。三是中心城区扩容提质方面。湛江市成功创建国家卫生城市，获得全国文明城市提名资格，进入中国智慧城市百强榜。茂名市全面启动东北五小区、油城十路片区、站南片区和西城片区开发。阳江市开展创建国家卫生城市和国家环保模范城市活动，一批市政道路相继完成改扩建，一批教育、医疗、文体项目相继建成投入使用。

——外向型经济稳步发展。2015年，粤西地区出口总额63.1亿美元，增长1.1%；进口总额33.26亿美元，下降19.6%，是四个区域中增速最低的。粤西三市中，出口总额最大的是湛江市，达到28.07亿美元；增速最快的是茂名市，达到12.6%。粤西地区实际外商直接投资4.14亿美元，下降2.2%。

——重点项目建设成效明显。2015年，粤西地区固定资产投资总额

3 120.31亿元，增长23.2%。全年省重点项目完成投资727.5亿元，占全省完成投资的12.2%，为年度计划投资的112%；新开工建设湛江京信东海电厂、鹏尊能源等项目，建成投产中海油重交沥青等项目。

——民生保障水平进一步提高。2015年，湛江、茂名、阳江市全体常住居民人均可支配收入分别为16 631.7元、16 847.3元、17 777.3元；城镇常住居民人均可支配收入分别为23 129.4元、21 396.8元、23 087.7元；农村常住居民人均可支配收入分别为12 405.4元、13 224.0元、12 543.2元。湛江市全年11项民生支出336.3亿元，增长61.2%，占一般公共预算支出的80.4%，在全省率先开展创建农村基本公共服务均等化示范村试点工作。茂名市民生支出达275.6亿元，增长27.8%，占一般公共预算支出的81.1%，基本完成基层公共文化设施全覆盖，全市文化馆、图书馆、博物馆全部向公众免费开放。阳江市民生支出88.03亿元，增长23.1%，建成10个基层文化站示范中心和10个流动图书馆。

表18　2015年广东省粤西三市主要经济指标

	地区生产总值		人均地区生产总值		第三产业增加值		地方一般公共预算收入	
	绝对数（亿元）	增长（%）	绝对数（元）	增长（%）	绝对数（亿元）	增长（%）	绝对数（亿元）	增长（%）
粤西	6 075.66	8.3	38 461	7.7	2 555.96	8.7	303.71	6.3
湛江	2 380.02	8.5	32 933	8.0	1 017.29	9.2	121.86	6.5
茂名	2 445.63	8.0	40 324	7.4	1 058.08	8.7	113.92	13.5
阳江	1 250.01	8.5	49 894	7.8	480.59	7.4	67.93	7.9

（二）湛江市

1. 概况。

2015年，湛江市地区生产总值2 380.02亿元，增长8.5%。人均地区生产总值达到32 933元，增长8.0%。三次产业结构由上年的19.8：39.7：

40.5 调整为 19.1 ：38.2 ：42.7。规模以上工业增加值 721.26 亿元，增长 9.9%；固定资产投资 1 313.69 亿元，增长 28.7%。社会消费品零售总额 1 308.95亿元，增长 12.6%。地方一般公共预算收入 121.86 亿元，增长 6.5%。居民人均可支配收入 16 631.7 元，增长 8.7%。

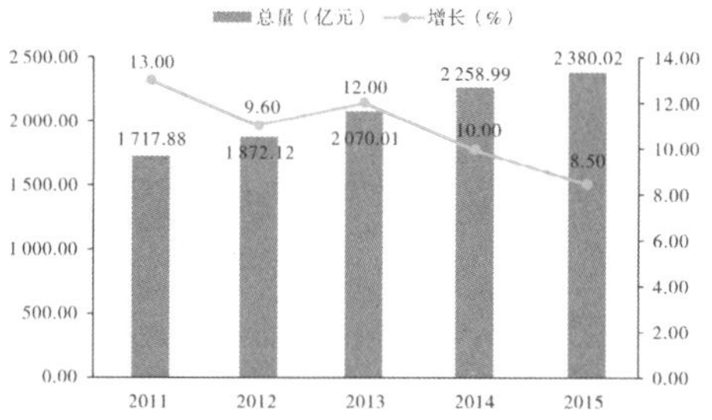

1　地区生产总值总量及增长

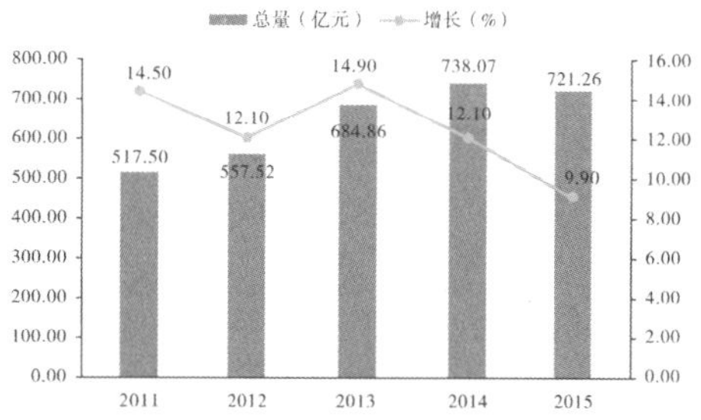

2　规模以上工业增加值及增长

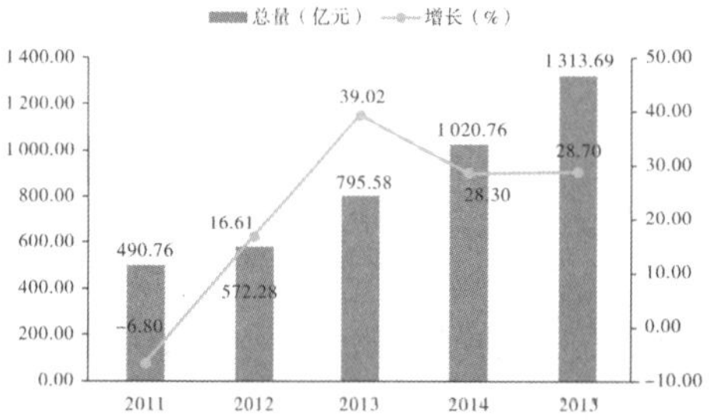

3　固定资产投资总量及增长

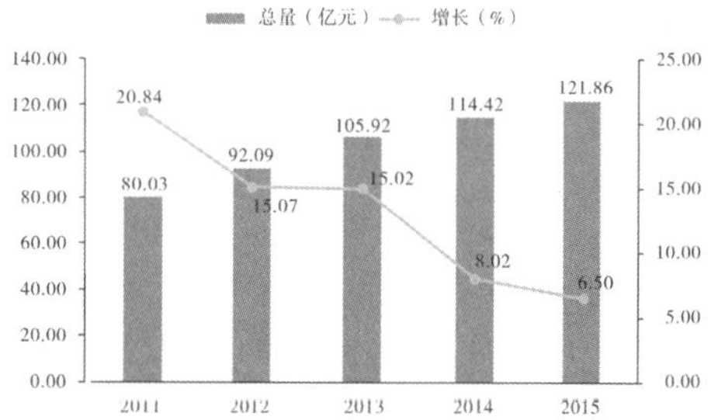

4　一般公共预算收入总量及增长

图 15　湛江市“十二五”时期主要经济指标统计图

2. 实施粤东西北振兴发展战略情况。

——重大项目建设和产业园区扩能增效方面。2015 年，湛江市共 112 个工业项目投产，35 个项目完成技术改造，新增规模以上企业 60 家。2015 年 9 月，湛江钢铁基地 1 号高炉正式点火投产，湛江钢铁基地已累计完成投资 400 亿元。湛江晨鸣浆纸三期投产、四期动工，2015 年实现工业产值 125 亿元，增长 31.6%。中海油重交沥青、华德力电气等一批项目建成投产，京信东海电厂、鹏尊能源等项目动工建设。全市产业园区完成投资 342.8 亿元，增长 13.6%，新开工项目 44 个，建成投产 30 个，园区规模以上工业总产值突破 1 000 亿元。湛江开发区进入“中国产业园区持续发展 100 强”，钢铁产业园区新上钢铁配套项目 78 个。奋勇高新区成为全省唯一的国家级军民结合产业示范基地和面向东盟的产业园区，2015 年有 11 个项目建成投产。廉江产业园连续四年获评省考核优秀等次，霞山临港工业园、徐闻经济开发区成功申报省级产业转移工业园；廉江丰诚水泥、遂溪国投生物能源等县域重点产业项目建成投产，雷州大唐火电项目开工建设。

——交通建设方面。湛江市完成交通建设投资 122.9 亿元，增长 80%，市区成环、湾区成环、半岛成环，市外通高铁、县县通高速、镇村通快速、村村通公路的“三环四通”大交通项目全面推进。公路方面，全长 27.4 公里的东海岛疏港一级公路、17 公里的海东快线北段、55 公里的雷湖快线和广湛高速官渡出入口立交建成通车，云湛高速、东雷高速和湛徐高速徐闻港支线等项目加快建设，玉湛高速、环城高速南三岛大桥、调顺跨海大桥、湛江西城快线等项目加快推进。改造国省道 550 公里、县乡道 290 公里，硬化村道 840 公里。铁路方面，全长 57.3 公里的东海岛铁路进入架梁阶段，2.5 万平方米的湛江高铁西站加快建设。航空方面，湛江机场客运量 120 万人次，增长 20%，实现航空客流量“三年翻番”；湛江国际机场迁建列入国家、省“十三五”及民航发展专项规划。港口方面，完成湛江港 30 万吨级航道维护，霞山港区 30 万吨级散货码头、湛江钢铁基地 30 万吨级配套码头投入试运行，湛江港 40 万吨级航道工程进入工可阶段，新增集装箱班轮航线 7 条，港口吞吐量 2.2 亿吨，增长 8.9%，增幅居全国沿海港口第三。

——在城市扩容提质方面。湛江中心城区面积现已突破 150 平方公里。坚持“开发一片、建成一片、成功一片”。聚力加快海东新区开发，创造了新区开发建设的“湛江速度”，先后建成项目 24 个；广东医学院附属医院海东分院、南粤银行金融大厦等项目加快推进。按照“车行要畅顺、慢行要宜人、水行要生态、风行要流通、物行要循环”的要求，加快脚印城市、海绵城市和循环城市“三个城市”建设，推进主城区强芯提质，推动城市转型发展。先后建成新湖大道等 7 条市政道路，启用交警智能指挥中心，建成市数字化城市管理中心，加快推进中央商务区、城市原点广场、渔人码头、万达广场等项目。开展中心城区 TOD、慢行系统、公共交通体系等规划修编；新辟公交专用道 20 多公里，新增及更新公交车 390 辆；建成公共自行车租赁点 472 个，投放自行车 1 万辆，日均租车超过 2.6 万人次。出台海绵城市建设方案，实施主城区治水十年规划和三年计划，完成 8 条河涌清淤截污和 6 个“水浸街”黑点整治。成功创建国家卫生城市，获得全国文明城市提名资格，进入中国智慧城市百强榜，初选入围联合国 SUC 可持续发展先锋城市，成功申报建设国家循环经济示范城市。

3. 与北部湾经济区合作情况。

——积极推进湛江—北海粤桂北部湾经济合作区建设。2015 年，湛江市按照“产业转移、创新发展、先行先试”方向，统筹规划经济合作区的基础设施、产业布局、城镇建设等，争取享受两省区叠加优惠政策，实现在财税、金融、投资等方面的利益共享，将经济合作区打造成为我国东西部区域合作的典范、环北部湾粤桂战略合作的先导区以及经济发展新的增长极。2015 年 5 月，签订《湛江—北海粤桂北部湾经济合作区框架协议》。编制的《湛江—北海粤桂北部湾经济合作区发展规划》及环评篇章，已经由湛江市政府、北海市政府联名上报广东省人民政府、广西壮族自治区人民政府审批。

——多形式多途径积极融入北部湾经济区。参加北部湾经济合作组织第 13 届广播电视交流与合作会议暨联络员工作会议。2015 年 12 月，北部湾经济合作组织联合各成员电视台在湛江举办第二届“走进北部湾—魅力湛江行”联合采访活动，更好地“塑造湛江、宣传湛江、推介湛江”，扩大湛江在环北部湾城市群中的影响力。继续办好《今日北部湾》杂志，至 2015 年年底该杂志一共出版了 8 期，起到宣传北部湾、推介北部湾的重要作用。

4. 县域经济发展情况。

2015 年，湛江市县域生产总值 1 299.5 亿元，占全市生产总值的 54.6%。五县（市）生产总值全部高于 140 亿元，县域规模以上工业增加值、固定资产投资、社会消费品零售总额、公共财政收入、外贸进出口总额等指标完成情况良好，分别增长 15.7%、41.3%、11.9%、10.3%、9.0%。一是充分利用资源优势发展县域优势产业。雷州市制糖、水产品加工、水果加工、木材加工、机械制造、制药等较为发达，被誉为“南方水果之乡”“中国南珠之乡”等。廉江市打造家电、家具、木材加工建材等优势产业，被评为“中国电饭锅之乡”“中国红橙之乡”。吴川市羽绒、鞋业、再生资源产业、食品制造等渐成规模，被评为“中国塑料鞋之乡”“中国羽绒之乡”和“中国月饼之乡”。遂溪县基本形成以制糖、新能源新材料、林木综合利用、食品加工、农产品加工等支柱产业，被誉为“中国第一甜县”。徐闻县形成以农海产品深加工、清洁能源、旅游业等为主产业格局，被评为“中国菠萝之乡”“中国香蕉之乡”。二是发展壮大专业镇。全市拥有家用电器、羽绒制品、塑料鞋、饲料、水果种植与加工、珍珠养殖与加工、甘蔗种植与加工、外运菜、花卉等43个省市专业镇，其中省级专业镇17个，市级专业镇26个。2015年全市专业镇特色产业产值超过422亿元。43个省市专业镇共有高新技术企业15家，规模以上企业99家，民营科技企业80家，市级以上农业龙头企业10家，各类科技机构70家。被中国绿色食品发展中心认定为A级绿色食品共6个，认定为国家名牌产品1个，被认定为国家免检产品3个，获省级名牌产品称号3个，获国家原产地域保护产品称号4个。

表19　2015年湛江市县域经济发展状况

	地区生产总值（亿元）	固定资产投资（亿元）	社会消费品零售总额（亿元）	一般公共预算收入（亿元）	三次产业结构
雷州市	254.39	61.41	130.43	5.87	37.4：15.0：47.6
廉江市	416.36	304.29	152.74	11.07	22.8：43.2：34.0
吴川市	220.93	162.22	99.57	6.90	12.7：43.2：44.1
遂溪县	263.07	142.98	93.36	6.95	37.5：29.4：33.1
徐闻县	144.73	31.34	77.07	4.47	46.8：9.6：43.6

——雷州市。2015年，雷州市地区生产总值254.39亿元，增长7.7%。三次产业结构37.4：15.0：47.6。地方一般公共预算收入5.87亿元，增长6.1%。全社会固定资产投资61.41亿元，增长30.3%。社会消费品零售总额

130.43 亿元，增长 13.4%。居民人均可支配收入 12 246.4 元，增长 11.7%。

——廉江市。2015 年，廉江市地区生产总值 416.36 亿元，增长 13.1%；人均生产总值 27 976 元，增长 12.6%。地方一般公共预算收入 11.07 亿元，增长 16.8%。固定资产投资 304.29 亿元，增长 47.7%。社会消费品零售总额 152.74 亿元，增长 12.5%。外贸出口总额 8.47 亿美元，增长 10.2%。实际利用外资 443 万美元，增长 2.5%。

——吴川市。2015 年，吴川市地区生产总值 220.93 亿元，增长 8.4%。固定资产投资 162.22 亿元，增长 44.5%。社会消费品零售总额 99.57 亿元，增长 11.5%。地方一般公共预算收入 6.90 亿元，增长 14.9%。金融机构存款余额 213.6 亿元，贷款余额 75.2 亿元，分别增长 10.8% 和 11.5%。居民人均可支配收入 16 924.8 元，增长 8.7%。

——遂溪县。2015 年，遂溪县地区生产总值 263.07 亿元，增长 7.1%。财政总收入 49.3 亿元，增长 43.9%；其中地方一般公共预算收入 6.95 亿元，增长 13.2%。社会固定资产投资 142.98 亿元，增长 32.1%。社会消费品零售总额 93.36 亿元，增长 10.5%。年末金融机构存款余额 194.6 亿元，增长 13.0%；年末金融机构贷款余额 72.9 亿元，增长 10.4%。农村居民人均可支配收入 1.28 万元，增长 7.6%。

——徐闻县。2015 年，徐闻县地区生产总值 144.73 亿元，增长 6.5%；人均生产总值 20 104 元，增长 6.1%；固定资产投资 31.34 亿元，增长 18.2%；地方一般公共预算收入 4.47 亿元，增长 10.7%；农村居民人均可支配收入 12 408 元，增长 7.6%。

5. 海东新区规划建设情况。

——新区项目建设有序推进。一是交通基础设施加快建设。已建成柏西路等 10 条道路，总长 33.655 公里，总投资 21.5 亿元。二是公共配套服务设施加快建设。奥体中心一场三馆已建成交付使用；海东高级中学、海东一小、海东九年一贯制学校，广东医学院附属医院海东分院、深圳爱维艾夫医院等前期工作基本完成；污水处理厂、垃圾中转站、加油加气站、综合管廊等项目正在开展前期工作。三是总部经济项目建设持续加温。南粤银行金融大厦、湛江中心大厦、中国移动通信调度中心、渤海商品交易中心正在开展前期工作，珠影湛江动漫文化创意园项目正在密切洽谈中。四是村场改造项目如期推进。完成三柏西、力竹兜、那面村整村拆迁，全面启动黄伍村搬迁；投资2.57亿元的三柏西村农民公寓和投资5 500万元的力竹兜村农民公寓已封顶。

——推进产业园区扩能增效。积极推进官渡园区提质增效和加快龙头园区开发建设，“一园两区”发展格局基本形成。区科技产业园成功申报省级产业转移工业园，累计投产工业项目57个，已建成官渡园区一、二期2 500亩，龙头园区已完成2 360亩土地平整。官渡园区污水处理厂建成试运行，龙头园区路网、污水处理厂和排水排污主管等基础设施启动建设。万里汽车生产资质成功盘活，获得国家工信部批准，为湛江汽车产业重新注入新机。民大华威饼业项目建成试产，年产2 000万个包装盒项目加快推进。2015年完成工业总产值67.29亿元。

——招商引资取得新突破。成立区招商服务中心，共接访客商365批2 800多人次，达成意向项目90个；成立湛江海东新区投资发展有限公司，成功争取省振兴粤东西北地区发展股权式基金9.3亿元，到位7.79亿元，获得各大银行融资授信达100亿元；成立区土地储备分中心，被列入国家土地储备机构名录，开展土地及资本运作，土地储备融资总额9.6亿元。

——加强新区与老城区联动。一是积极推进医院、学校等民生基础设施落户海东新区。生殖医学专科医院、湛江市实验小学、湛江市海东第一中学、湛江市海东第二中学开展前期工作。借助海东新区开阔的地域和便利的交通，扩增了市区的分布格局，平衡新老城区公共资源，打造新的城市中心。二是大力开发新区文体旅游资源。海东新区积极开发文体旅游资源，加强新老城区人流互动。奥体中心一场三馆已完工并逐渐实现全面开放，与老城区夜晚的灯火遥相呼应，为湛江市民提供了开展体育健身活动的新空间；南海明珠俱乐部项目第一期工程完工，该俱乐部游艇码头被列入湛江市“五岛一湾”旅游线路；官渡湾生态旅游度假村项目正在开展前期工作；积极引进ORBI科技馆、水世界主题乐园和麻斜军事主题乐园。

（三）茂名市

1. 概况。

2015 年，茂名市地区生产总值为 2 445.63 亿元，增长 8.0%，总量居粤东西北地区首位；人均地区生产总值达 40 324 元，增长 7.4%。三次产业结构为 15.8∶40.9∶43.3。规模以上工业增加值 757.29 亿元，增长 8.2%。社会消费品零售总额 1 214.38 亿元，增长 11.0%；固定资产投资 1 115.50 亿元，增长 31.15%；外贸进出口总额 163 442 万美元，增长 19.0%。地方一般公共预算收入完成 113.92 亿元，增长 13.5%；地方一般公共预算支出 346.78 亿元，增长 31.7%。全年居民消费价格总水平上涨 1.3%。城镇常住居民人均可支配收入、农村常住居民人均可支配收入分别为 21 396.8 元、13 224 元，分别增长 9.5%、11.0%。

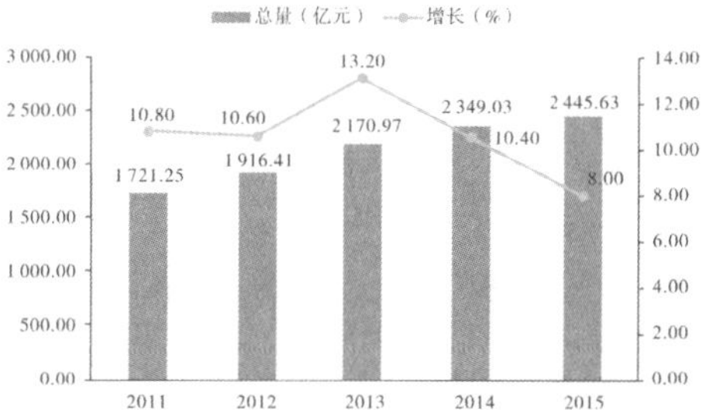

1　地区生产总值总量及增长

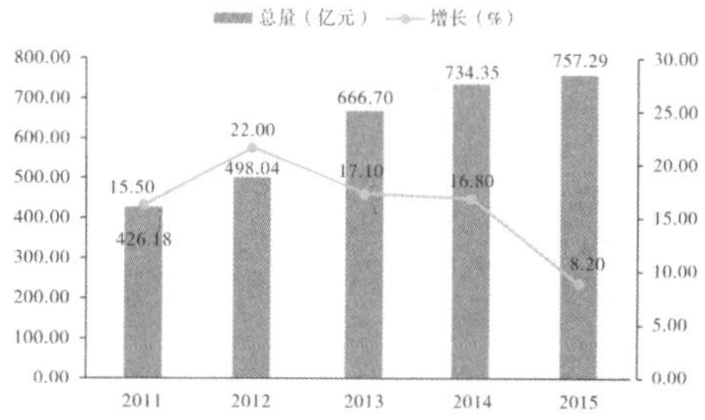

2　规模以上工业增加值及增长

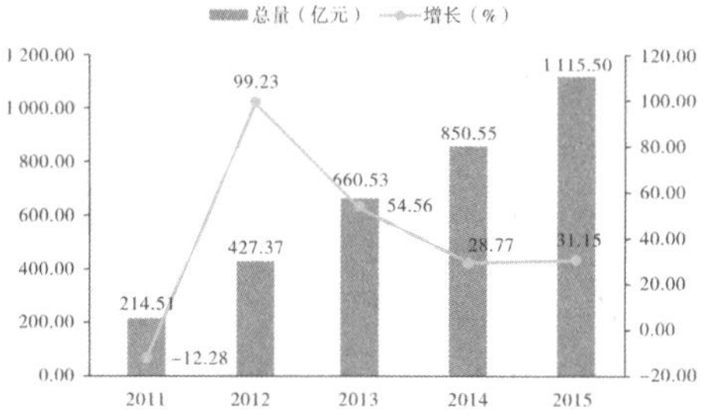

3　固定资产投资总量及增长

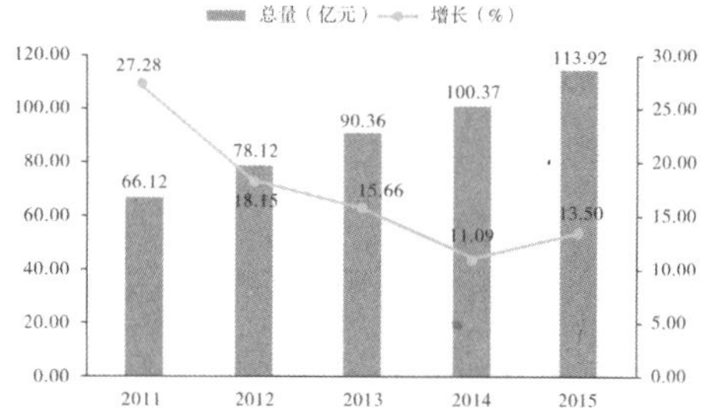

4　一般公共预算收入总量及增长

图 16　茂名市“十二五”时期主要经济指标统计图

2. 实施粤东西北振兴发展战略情况。

——交通大会战掀起新高潮。2015年，茂名市交通建设投资119.2亿元，增长55.6%。包茂高速茂名段建成通车；汕湛高速茂名段全面开工，征地拆迁基本完成；云茂高速加快前期工作。深茂铁路茂名段征地工作基本完成，房屋拆迁完成90%。博贺疏港铁路完成预可研报告修编工作。市域路网逐步完善，建成茂化快线，“两区两市”纳入市区半小时生活圈。茂东快线、市民大道二期加快推进。海洋大道东段、悦民路南段建成通车。G207、G325线改造工程基本完工，高长线建成通车。完成18项“迎国检”国省道路面改造工程，总里程达596.3公里。

——产业园区发展焕发新活力。新增高州、化州两个省级产业园区，实现省级产业园县域全覆盖。全市产业园新增入园项目72家，投资总额112.6亿元，比2014年（50.9亿元）翻一番，其中，已开工项目43个，投产项目29个；投资超10亿元项目3个。完成固定资产投资111亿元；规模以上工业增加值128.2亿元，增长17.6%，高于全市工业增速9.4百分点，占全市比重18%，同比提高7.2百分点；工业税收（全口径）7.4亿元，增长28%。茂名园2013—2015年连续三年获得“中国化工园区20强”，2015年获得“广东省五星级服务园区”和第二批国家新型城镇化建设综合试点地区。

——中心城区建设展现新面貌。全面启动东北五小区、油城十路片区、站南片区和西城片区开发，中心城区承载能力明显提升。建成官渡三至六路和西粤北路，开工建设文明北路和大园三路。完成高山桥改造工程，官山一至四路、迎宾二路沥青罩面及附属设施工程。开通中心城区至电白城区、博贺新港区公交线路。露天矿生态公园“引水”“修路”“种树”“建馆”取得实质性进展。完成市区公园湖水治理工程，开工建设官渡公园。电白城区完成东、西湖改造和海堤绿道系统改造一期工程。炼油厂卫生防护距离搬迁安置完成第一批搬迁工作。全市城镇化率40.02%，同比提高1.01百分点，首次突破40%的关口。

3. 区域合作情况。

——推进湛茂阳沿海经济带建设。湛江机场迁建已确定合山为首选场址，加快推进前期工作。茂名粤西空港物流园列为省重点项目。茂名港与湛江港实现互联互通，从茂名港转湛江港的出口货物，通关可按“湛江海关关区内一体化”作业模式，茂名企业可直接在本地水东口岸办理报关手续，货物放行后直接在湛江港换乘大船出口国外。茂名地区出口到东南亚的货物也无须通过香港或深圳中转，可直接到湛江中转，路程和时间均大大减少。阳江市和茂名市开展打击走私合作，签署《阳江海关缉私分局茂名海关缉私分局打击走私合作备忘录》。茂名和湛江合作开展节能培训。

——与北部湾经济区合作情况。茂名港与湛江港实现国际班轮航线的衔接和连通，标志着茂名港正式融入环北部湾“三地七方”合作机制。参与国家发展改革委环北部湾城市群规划编制前期工作。深入开展旅游合作，茂名市联合钦州市旅游局在茂名市开展茂名（钦州）宣传暨招商推介会。积极加强公路建设，玉林至茂名一级公路（原规划玉茂高速北段）项目建议书已编制完成。积极参加泛北部湾经济合作论坛活动，与成员单位合作交流，互补优势，共同发展。

4. 县域经济发展情况。

2015 年，茂名市的信宜市、高州市、化州市 3 个县级市实现生产总值 1 226. 24亿元，占全市的比重达 50. 1%。完成固定资产投资 545. 15 亿元，增长 37. 5%。实现规模以上工业增加值 239. 62 亿元，增长 18. 23%。实现社会消费品零售总额 537. 63 亿元，增长 10. 5%。完成一般公共预算收入 35. 93 亿元，增长 14. 4%。市级以上农业龙头企业达到 105 家，农民专业合作社达到 3 753 家。全市有效期内的广东省名牌产品（农业类）64 个，绿色食品 188 个，有机农产品 17 个。“化橘红”“化州橘红”地理标志证明商标在国家商标局成功注册。全球首个桂圆电子交易中心落户高州。建成淘宝、京东县级服务中心 6 个，村级服务站 191 个；淘宝、京东“中国特产茂名馆”正式开馆。培育发展农资联盟、高老易购、大中电商水果销售等大型电商平台。建成茂南、信宜电商孵化园。产业园区发展取得新成效，信宜产业园产业利用包茂高速公路通车机遇，加快园区二三期建设，吸引了一批企业进驻；高州产业园有5家企业投产；化州产业园有5个项目签约入园并落实了用地。

表20　2015年茂名市县域经济发展状况

	地区生产总值（亿元）	固定资产投资（亿元）	社会消费品零售总额（亿元）	一般公共预算收入（亿元）	三次产业结构
信宜市	366.86	187.84	185.05	9.54	21.9：32.2：45.9
高州市	456.81	180.05	182.09	15.02	22.1：30.9：47.0
化州市	402.57	177.26	170.49	11.37	20.2：31.4：48.4

——信宜市。全年完成生产总值366.86亿元，增长10.3%。完成固定资产投资187.84亿元，增长35.2%。规模以上工业增加值77.6亿元，增长15.1%。社会消费品零售总额185.05亿元，增长10.2%。地方一般公共预算收入9.54亿元，增长8.2%。出口总额2.2亿美元，增长26.6%。城镇常住居民人均可支配收入、农村常住居民人均可支配收入分别为19 716.4元、12 967.7元，分别增长10.6%、11.6%。完成扶曹水库除险加固、旱涝保收高标准农田建设示范县等重点工程和农村饮水安全工程。完成市区6大公园（广场）改造和9条主街道沥青罩面改造，新建锦江大桥和碧水湾大桥。形成了“五山二漂一泉”的生态旅游格局，成功举办李花节和品果节。被确定为省学前教育发展模式试点县。获中国长寿之乡、全国生态保护与建设示范区、广东省教育强市、全国义务教育发展基本均衡市等荣誉称号。

——高州市。全年完成生产总值456.81亿元，增长10.7%。完成固定资产投资180.05亿元，增长36.1%。规模以上工业增加值84.9亿元，增长20.3%。社会消费品零售总额182.09亿元，增长10.6%。地方一般公共预算收入15.02亿元，增长30.5%。进出口总额4.31亿美元，实际利用外资3 675万美元。城镇常住居民人均可支配收入、农村常住居民人均可支配收入分别为20 410元、13 835元，分别增长10.0%、14.8%。东方大道、冼太大道、站前路、高凉路等城区主干道建成通车，笔架山森林公园、文笔岭公园建成开放。被省列为新型城镇化“2511”综合试点。成功创建广东省教育强市。成功申评为广东省职业教育与成人教育示范县。高州市人民医院晋升“三甲”，并在“十佳县级医院”评选中夺冠。获评中国民间文化艺术之乡、中国楹联文化城市、广东省传统美食之乡。顺利通过省农村普惠金融服务试点县验收。

——化州市。全市完成生产总值402.57亿元，增长10.3%。完成固定资产投资177.26亿元，增长33.4%。规模以上工业增加值77.1亿元，增长15.7%。社会消费品零售总额170.49亿元，增长10.7%。地方一般公共预算收入11.37亿元，增长2.7%。出口总额2亿美元，增长22.5%。实际利用外资2 633万美元，增长7.9%。城镇常住居民人均可支配收入、农村常住居民人均可支配收入分别为19 680.3元、13 048.1元，分别增长9.3%、10.2%。新业态蓬勃发展。粤西首个农村淘宝服务中心和55个村级服务站正式投入运营，农村淘宝项目成绩在广东名列前茅。南斋坑生活垃圾无害化填埋场（一期工程）、23个镇级生活垃圾转运（压缩）站、1 618个垃圾收集点已建成使用。华伟图书馆建成使用。实现了“一村一月一场电影”。获得省教育强市称号。市体育中心和23个镇（区、街道）均建设了全民健身广场。

5. 茂名滨海新区规划建设情况。

茂名市全面加快茂名滨海新区建设，坚持推进博贺新港区、高新区和水东湾新城“三大平台”建设，打造新的经济增长极。2015年，茂名滨海新区实现地区生产总值561.16亿元，增长7.9%；规模以上工业增加值增长11.3%；固定资产投资总额448.2亿元，增长20.4%；签约项目75个，总投资175.3亿元；开工项目67个，完工项目52个，完工项目完成投资63.9亿元；累计吸引企业落户30家；吸纳就业7 380人。

——积极发挥规划引导作用。《广东茂名滨海新区城市总体规划（2012—2030）》已报省待批。组织编修《茂名高新区总体规划（2015—2030）》。《茂名水东湾新城总体规划（2013—2030）》《茂名市水东湾综合整治规划》已通过专家评审；《茂名水东湾新城整体城市设计》已印发实施。积极推进《茂名高新区健康产业园控制性详细规划与城市设计》《高新区七迳镇中心城区新型城镇化控制性详细规划》等控制性详细规划的编制和报批工作。

——扎实推进临港产业建设。博贺新港区东防波堤项目已推进至3 900多米，完成设计总长度约73%；西防波堤推填1 300米，完成设计总长度约39%。粤电煤炭码头工程基本建成；广州港通用码头工程抓紧开工前准备工作。滨海新区供水工程开工建设。茂名港大道南段改线和延长线工程主车道基本通车。博贺湾大道一期工程建成通车。冼太路改造工程基本完工。保利东海岸等配套基础设施加快建设。东片区土地一级开发项目正式动工。冼太夫人故里文化旅游景区第一期核心景区初显规模。放鸡岛海洋度假公园全面升级改造。

——高新区产业实力显著提升。化工产业链延伸发展，德国巴斯夫异壬醇项目建成投产，重力石化机械装备制造项目开工建设。西南片区全面启动建设。加快产业多元化，国信创谷一期工程开工建设；市民高新片区粤西物流集聚区初具规模。粤西农批（一期）建成营业。华南商贸城动工建设，顺丰茂名分拨中心前期工作基本完成。健康产业园项目征地和招商工作有序推进，已有28家企业明确入驻意向。市交投集团物流项目正在加快前期工作。

——水东湾城区项目建设初具规模。水东湾综合整治开发项目进展顺利，跨海大桥加快推进，水东湾清淤完成一期工程。高地智慧城获批广东省唯一的智慧城乡试点，路网工程加快推进，海宁街、智城大道南段基本建成通车。茂名职业技术学院新校区正开展二期征地工作。市人民医院新城院区、广州科技职业技术学院开工建设。

（四）阳江市

1. 概况。

2015年，阳江市地区生产总值1 250.01亿元，增长8.5%；人均生产总值49 894元，增长7.8%。三次产业结构为16.4∶45.1∶38.5；规模以上工业增加值452.02亿元，增长13.20%。地方一般公共预算收入67.93亿元，增长 7.9%；固定资产投资 691.13 亿元，增长 4.40%；社会消费品零售总额 584.46 亿元，增长 9.88%；进出口总额 28.55 亿美元，增长 6.3%；全体居民人均可支配收入 17 777.3 元，增长 9.0%。民营经济增加值为 871.95 亿元，占全市生产总值的比重为 69.76%。全市接待游客 1 658.57 万人次，增长 10.7%，旅游收入 181.30 亿元，增长 18.0%。

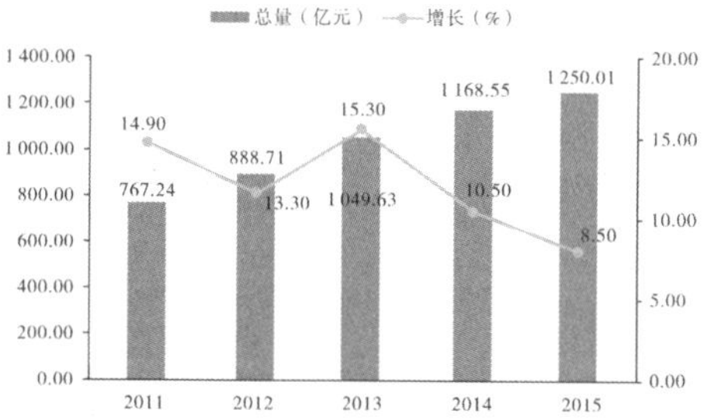

1　地区生产总值总量及增长

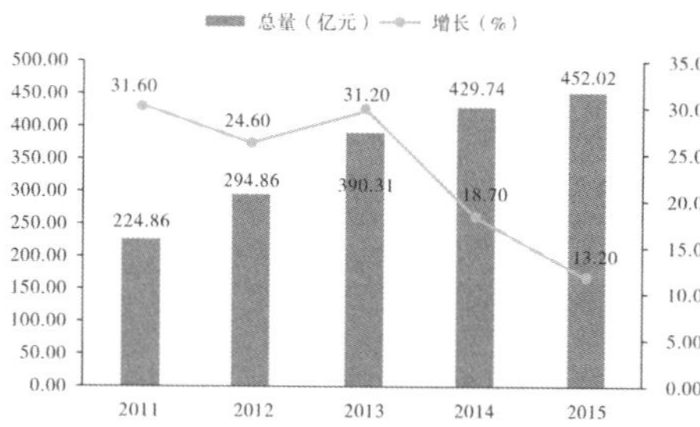

2　规模以上工业增加值及增长

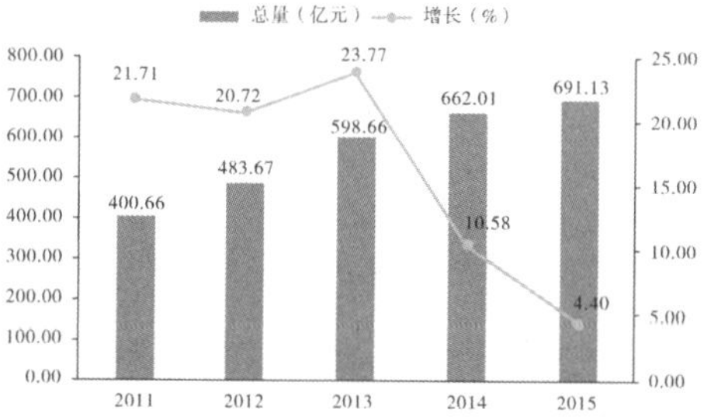

3　固定资产投资总量及增长

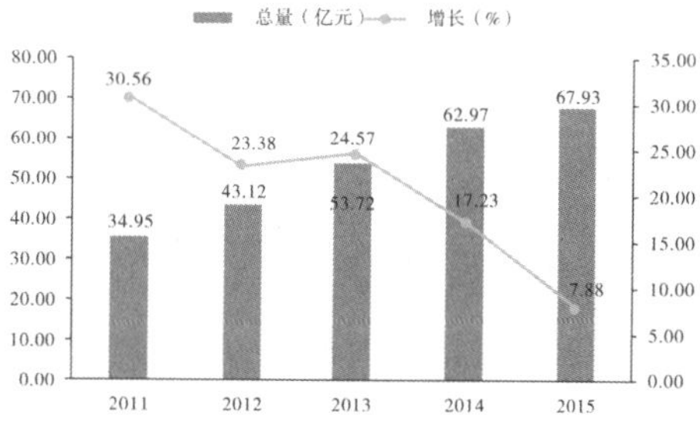

4　一般公共预算收入总量及增长

图 17　阳江市“十二五”时期主要经济指标统计图

2. 实施粤东西北地区振兴发展战略情况。

——重点交通项目建设扎实推进。出台了《关于进一步加快我市交通基础设施发展的实施意见》等政策文件。2015 年完成交通固定资产投资 33.9 亿元，占年度计划的 113%，增长 64.6%。着力抓好以“一港两桥三路”为重点的交通基础设施建设。深茂铁路阳江段累计完成投资 36 亿元，占总投资的 33%。云阳高速公路阳春段累计完成投资 29.1 亿元，占总投资的 84%。汕湛高速公路阳春段累计完成投资12亿元，占总投资的15.5%。怀集至阳江高速公路海陵岛大桥顺利动工建设。阳江港在建及规划建设码头工程20个，完成年度投资约1.9亿元。推进国道和省道路网升级改造，省道371线阳春三甲至双滘段改造等工程建成通车。完成农村公路硬底化368公里，占年度计划的123%。

——园区扩能增效成效明显。2015年全市规模以上工业总产值1 990.04亿元，增长6.9%，增加值452.02亿元，增长13.20%。4个省级产业园区实现规模以上工业总产值1 001.7亿元，增长21.9%，占全市规模以上工业总产值50%；实现规模以上工业增加值228.41亿元，增长26.5%；实现全口径税收16.5亿元，增长24.3%。加快园区基础设施建设，投入基础设施建设资金10.7亿元，建成标准厂房80万平方米，园区道路建设、供水供电管网、排水排污等基础设施不断完善。抓好招商引资和项目建设，4个省级产业园区新引进工业项目67个，其中超10亿元项目5个，新建成昌龙科技等45个项目。

——中心城区扩容提质呈现良好态势。加快阳江滨海新区建设，核心区完成固定资产投资48.67亿元，增长25%；江城一小城南分校投入使用，市妇幼保健院新院完成主体工程；漠阳湖公园、滨海生态公园等项目进展顺利。阳东区城区道路、环卫等市政设施进一步完善，市区一体化进程加快。有序开展创建国家卫生城市和国家环保模范城市活动，一批市政道路相继完成改扩建，一批教育、医疗、文体项目相继建成投入使用。

——合作共建取得新成效。阳江市与珠海市建立健全合作共建工作机制，坚持两市党政联席会议制度，两市党政主要领导多次召开联席会议，每两个月召开一次党政主要领导参加的对口帮扶指挥部工作会议，指导解决工作中存在的困难和问题。积极推进项目引进和产业转移，联合珠海开展招商引资，达成投资意向90多项，转移落地项目9个，投资额50.4亿元。维达生活用纸、新兴铸管、中国物流阳江保税仓储物流基地等一批项目动工建设，三威汽车零配件、兴业太阳能光伏综合利用等项目投产。搭建技术服务平台，五金刀剪生产研发基地建成投入使用。坚持全面系统开展对口帮扶，在交通基础设施建设、城市扩容提质、旅游、农业、民生社会事业和改革开放等方面取得新成效。

——推进湛茂阳沿海经济带及与北部湾经济区合作。一是与湛江、茂名共同推进湛茂阳临港经济带建设，加强海洋经济、基础设施等领域合作。二是推进与北部湾经济圈的交流合作。2015 年 11 月赴海南东方市参加北部湾经济合作组织第 13 届广播电视交流与合作会议暨联络员工作会议，与北部湾经济合作组织的成员城市，围绕“加强广电媒体宣传合作，共同打造环北部湾的人文特色品牌”主题，探讨深化北部湾地区合作空间与途径。

3. 县域经济发展情况。

2015 年，阳江市所辖阳春市、阳西县县域经济发展态势良好。一是因地制宜发展优势特色经济。阳春市依托资源优势和产业基础大力发展绿色产业。阳西县加快发展海洋经济特色产业。二是园区经济推动县域发展。2015 年，阳春产业转移工业园新引进项目 7 个，投资总额 56. 9 亿元，新建成项目 4 个，完成规模以上工业总产值 251. 51 亿元，增长 16. 6%。中山火炬（阳西）产业转移工业园新引进项目 13 个，投资总额 39 亿元，新建成项目 2 个，完成规模以上工业总产值 92. 88 亿元，增长 32. 7%。三是城镇化建设步伐明显加快。阳春市成功创建省园林城市。抓好新农村建设，建设污水处理池、停车场、文化广场、公园等农村基础设施一批，建设美丽乡村 33 个。

表 21　2015 年阳江市县域经济发展状况

	地区生产总值（亿元）	固定资产投资（亿元）	社会消费品零售总额（亿元）	一般公共预算收入（亿元）	三次产业结构
阳春市	369. 74	146. 26	202. 91	12. 60	17. 7：38. 0：44. 3
阳西县	205. 39	72. 32	54. 00	7. 35	26. 1：36. 5：37. 4

——阳春市。2015 年，阳春市实现生产总值 369. 74 亿元，增长 7. 9%。三次产业结构由 2014 年的 17. 6：40. 5：42. 0 调整为 17. 7：38. 0：44. 3。农业总产值 118. 27 亿元，增长 8. 6%；规模以上工业总产值 443. 6 亿元、增加值 94. 8 亿元，分别增长 12. 3%、12. 5%。固定资产投资总额 146. 26 亿元，

增长7.6%；地方一般公共预算收入12.60亿元，增长7.1%。实际利用外资2 205万美元，增长119.2%。阳春海螺水泥二期日产1.2万吨新型干法熟料生产线竣工投产。特色农业规模持续扩大，蚕茧产量2.19万吨，增长3.03%；新种花卉、绿化苗木3 126亩，新种南药2 891亩，新种水果5 700亩。鸡笼顶高山草原特色旅游和各镇休闲乡村旅游持续升温。成功举办春湾石林桃花节等旅游宣传推介活动。全市接待游客249万人次，旅游总收入31.1亿元，分别增长9.2%和18.3%。阳春大道二期、漠阳江五桥即将建成通车。中心镇"九个一工程"基本完成，建成美丽乡村53个。

——阳西县。2015年，阳西县地区生产总值205.39亿元，增长8.6%。三次产业结构26.1∶36.5∶37.4。地方一般公共预算收入7.35亿元，增长17.2%。农业总产值完成83.94亿元，增长6.6%。外贸出口总额达2亿美元，增长13.9%。全县金融机构存款、贷款余额分别达124.7亿元、58.8亿元，分别增长21.2%、15.7%。印山南药种植基地光伏发电项目建成，白石岭有机蔬菜种植示范区光伏发电项目动工。全县规模以上工业总产值和增加值分别达182.27亿元和55亿元，分别增长17.7%和16.4%。全年经济作物种植面积35万亩，全县拥有国家级农业龙头企业1家，省级、市级重点农业龙头企业分别为3家和8家，农民专业合作社330个。全县有11个水产养殖场被省认定为"无公害水产品产地"。突出"山海情怀、温泉之乡"旅游品牌，以沙扒镇为重点，着力打造特色旅游强镇。全年接待游客158万人次，旅游总收入13.5亿元，同比分别增长19.5%和24.8%。全县19个重点帮扶村累计投入帮扶资金1.67亿元，帮助村发展集体经济项目68个，帮扶贫困户项目9 850多个。建设美丽乡村20个，完成27个村庄绿化美化任务。

4. 阳江滨海新区规划建设情况。

2015年阳江滨海新区完成地区生产总值240.41亿元，增长11.2%，比全市高2.7百分点；人均地区生产总值62 945元，增长10.5%；规模以上工业总产值598.01亿元，增长16.9%，规模以上工业增加值134.34亿元，增长17.0%；农业总产值70.52亿元，增长4.9%；固定资产投资122.97亿元，增长5.0%；社会消费品零售总额95.46亿元，增长9.7%；地方一般公共预算收入 10.98 亿元，增长 19.7%。

——优化完善规划，推动城区扩容提质。认真谋划高铁站场片区的规划建设，做到高起点规划、高标准建设，确保片区内基础设施建设与高铁站场同步进行、同步投入使用。编制漠阳湖公园控制性详细规划，将漠阳湖公园打造成为核心区中轴线上重要的生态景观工程。启动滨海生态公园规划设计方案前期工作，制订滨海生态公园建设实施方案。完成新区特别是金朗岛片区土地利用规划的调整完善工作。

——加快基础设施建设，强化城市配套功能。一是道路基础设施建设取得良好进展。城南东路、城南西路、金平路（一期）已完成招标工作并已陆续动工建设，预计 2016—2017 年建成；康浦路和新阳二桥等项目已开工建设；抓紧推进 BT“六路”建设。二是公共配套项目建设进展迅速。江城一小城南分校已投入使用，市妇幼保健院新院（一期）已完成主体工程。三是抓紧推进高铁站场片区基础设施建设前期工作，完成征地、规划报批、农民预留地安排等相关工作。

——大力培育发展城市现代服务业。以新区核心区为中心，大力培育发展商贸、金融、商务、科技、物流、文化创意等城市现代服务业，促进产城融合发展。一是依托新都汇时代广场、恒大名都商业配套等城市综合体，引入百货公司、连锁超市、品牌专卖店、特色餐饮业、影剧院、高星级酒店、主题购物广场等生活性商贸项目。二是依托阳江国际金融中心，发展金融服务业，引进国内外银行、保险、证券等各类商业性、政策性金融机构进驻。三是推动建设高铁商务集聚区。利用深茂铁路阳江站落户阳江滨海新区的优势，在高铁站场周边打造高铁商务聚集区，重点发展商务休闲、主题餐饮、购物中心、休闲品牌，集商贸、餐饮、物流、快递等于一体，积极倡导体验式主题商业。四是积极建设现代物流集聚区。重点抓好新区城南海（水）产品物流基地、阳江（中远）农海产品冷链物流园以及五金刀剪、汽车、建材、烟草、成品油、天然气等物流仓储项目的规划建设。

——抓好招商引资，加强资金筹措管理。成功举办了新区投资推介暨阳江国际金融中心招商交流会，重点推介了高铁站场商务聚集区、漠阳湖片区、金水湾片区综合开发等项目，与一批企业达成了投资意向。用好用活股权基金，股权基金总额度为9.3亿元，2015年年底已到位股权基金共7.79亿元，主要用于城南东路、金平路一期、新阳二桥、康浦路、新江南路和南浦大道等项目建设。

——进一步加强生态景观建设，优化新区发展环境。精心谋划漠阳湖公园、滨海生态公园规划建设，全力打造阳江市生态景观中轴线。漠阳湖公园项目进场动工建设，滨海生态公园正在全力做好规划设计、建设方案报批等前期工作。结合“三旧改造”政策，启动了沙格村整体搬迁安置工作，优化高铁片区环境布局。规划建设沿海、沿河、沿湖生态景观带，打造新区亲海亲水优美生态环境。编制了城南东路、城南西路沿河绿道规划。

四、粤北地区

（一）发展概述

2015年，粤北地区生产总值4 910.84亿元，增长7.9%，占全省生产总值6.3%；人均地区生产总值29 583元，增长7.3%；社会消费品零售总额2 499.49亿元，增长10.7%；地方一般公共预算收入423.38亿元，增长8.1%。

——产业发展特色明显。2015年，粤北地区三次产业结构为15.8∶39.5∶44.7。实现规模以上工业增加值1 488.84亿元，增长6.9%，低于全省平均增长水平。其中梅州市规模以上工业增加值增速达4%，位列粤北五市之首。产业集聚初现效应。东莞（韶关）产业园机械装备和玩具制造业产业规模不断壮大，2015年新签约项目37个，投资额89.71亿元。云浮市全市重点产业园区全年共投入基础设施建设7.9亿元，新增入园项目24个，总投资35.13亿元。粤北地区旅游业发展迅速。年内旅游总收入达1 252亿元，规模位列粤东、粤西、粤北三区之首，增长16%。其中，韶关、梅州、清远、河源、云浮旅游总收入分别为272亿元、313亿元、241亿元、211亿元、215亿元，分别增长20.8%、23.2%、10.3%、19.2%、9.0%。

——“三大抓手”全面推进。一是交通基础设施建设方面。大广高速公路建成通车，武深高速公路韶关段、汕昆高速公路韶关段加快建设。河源市高速公路里程增加145公里，融入珠三角“2小时生活圈”，赣深高铁、通用机场等项目前期工作取得重大进展。梅州市高速公路完成投资67.9亿元，增长23%，全市高速公路新增通车里程223公里，总里程达482公里。清远市交通基础设施建设完成投资39.12亿元，佛清从高速北段、广清与清连高速连接线、汕湛和汕昆高速清远段开工建设。云浮市交通基础设施全年完成投资73.88亿元，江罗高速通新兴段、新城快线一期、广梧高速公路高村立交3个项目建成通车。二是产业园区扩能增效方面。韶关市全市产业园规模以上工业增加值90亿元，占全市比重达27.0%。河源市“两区六园”累计建成投产项目788个，园区工业总产值1 203.38亿元、增加值295.11亿元、税收21.29亿元。梅州市产业园完成规模以上工业增加值74.81亿元，实现税收16.16亿元；累计入园落地项目596个，其中建成项目483个、在建项目113个。清远市4个省产业园实现规模以上工业增加值98.49亿元，增长20.6%，实现全口径税收15.88亿元，增长约24.4%。云浮市产业园区新增入园项目24个，总投资35.13亿元，实现规模以上工业总产值和增加值分别为338亿元和88亿元，分别占全市的31%和30.8%。三是中心城区扩容提质方面。韶关市芙蓉新城骨干道路联网成环，城市功能不断完善。河源市不断完善市区基础设施建设，江东新区经济社会各项事业取得初步成效。梅州嘉应新区起步区加快建设，中心城区完成固定资产投资149.19亿元，江南新城首期6.66平方公里起步区规划全面优化。清远市中心城区建设亿元以上项目共32项，总投资约170亿元，累计完成投资约35亿元。云浮新区西江新城共有重点建设项目101个，累计完成投资约176.06亿元，中央商务区架构初显，道路建成52.49公里。

——重点项目进展顺利。2015年，粤北地区固定资产投资3 248.64亿元，增长10.4%，增速较上年有所回落。全年省重点项目完成投资774.3亿元，占全省完成投资的13%，为年度计划投资的120.8%。新开工河惠莞高速公路龙川至紫金段等项目，建成韶钢改造提升项目等项目。

——民生福祉持续改善。2015年，韶关、河源、梅州、清远和云浮五市全体常住居民人均可支配收入分别为18 143元、14 548元、16 404元、17 070元和15 212元；城镇常住居民人均可支配收入分别为23 504元、20 015元、21 810元、22 907元和20 154元；农村常住居民人均可支配收入分别为11 606元、10 803元、11 799元、11 681元和12 007元。韶关市新开工建设保障性住房2.71万套，基本建成1.58万套。河源市基本建立全市统一的城乡居民社会养老保险制度和基本医疗保险制度，成功创建教育强市。梅州市实现“全国义务教育发展基本均衡县”全覆盖；梅州客家足球队冲甲成功。清远市加快贫困地区脱贫奔康步伐，284个重点帮扶村累计投入帮扶资金26.23亿元。云浮市成功承办2015“中国文化遗产日”广东主会场活动，基层公共文化设施实现全覆盖。

表22　2015年广东省粤北五市主要经济指标

	地区生产总值		人均地区生产总值		第三产业增加值		地方一般公共预算收入	
	绝对数（亿元）	增长（%）	绝对数（元）	增长（%）	绝对数（亿元）	增长（%）	绝对数（亿元）	增长（%）
粤北	4 910.84	7.9	29 583	7.3	2 193.50	10.6	423.38	8.1
韶关	1 149.98	6.2	39 380	5.5	567.23	9.3	85.23	3.9
河源	810.08	8.1	26 401	7.4	345.75	9.2	67.48	11.6
梅州	959.78	8.6	22 155	8.2	419.46	10.6	103.59	21.5
清远	1 277.86	8.2	33 392	7.6	600.53	11.2	108.38	5.6
云浮	713.14	8.5	29 078	7.8	260.54	13.8	58.70	11.0

（二）韶关市

1. 概况。

2015 年，韶关市地区生产总值 1 149.98 亿元，增长 6.2%；人均生产总值 39 380 元，增长 5.5%。三次产业结构 13.2：37.5：49.3。规模以上工业增加值 309.71 亿元，增长 3.0%。民营经济增加值 589.5 亿元，增长 6.6%，占全市生产总值的 51.3%。社会消费品零售总额 580.79 亿元，增长 11.1%。固定资产投资 701.67 亿元，下降 6.0%。进出口总额 23.9 亿美元，增长 2.9%。新增国家 3A 级景区 2 个，旅游总收入 270 亿元，增长 20%。地方一般公共预算收入 85.23 亿元，增长 3.9%。地方一般公共预算支出 287.1 亿元，增长 45.6%。民生支出占财政支出的比重 80.6%，比上年提高 8.2 百分点。全市居民人均可支配收入 18 143 元，增长 9.1%，城乡居民收入比为 2.03：1。

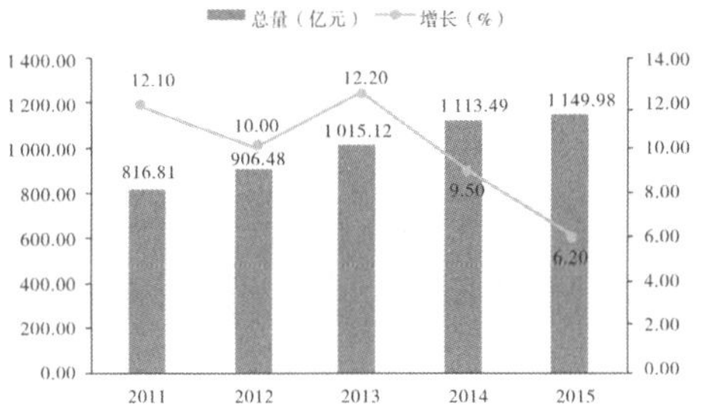

1　地区生产总值总量及增长

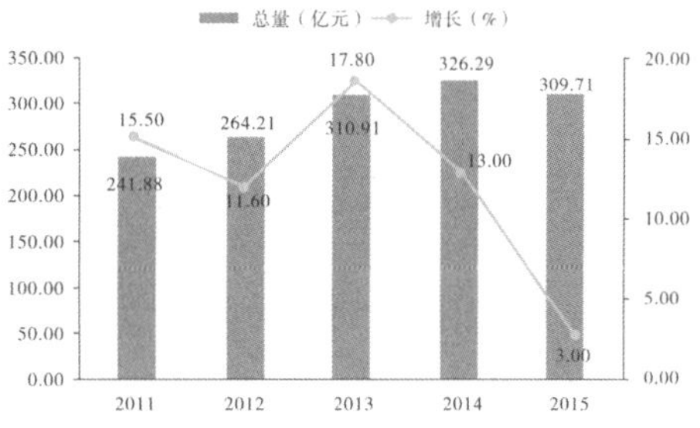

2　规模以上工业增加值及增长

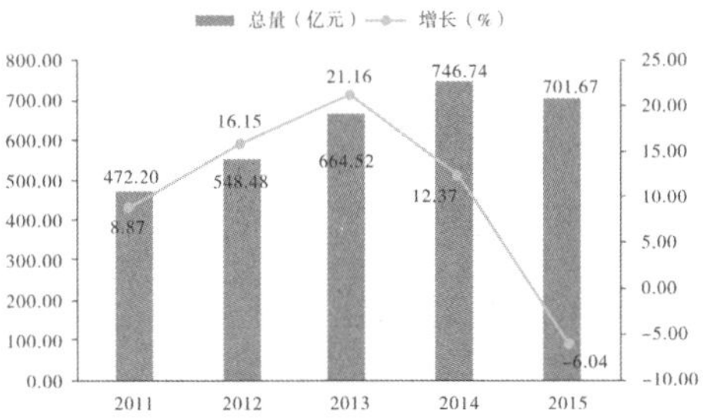

3　固定资产投资总量及增长

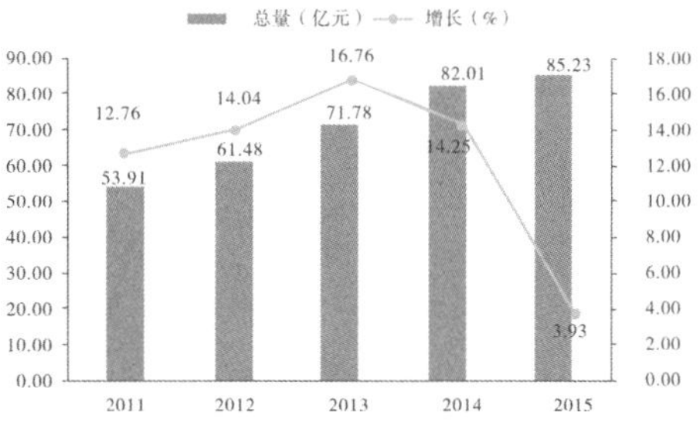

4　一般公共预算收入总量及增长

图 18　韶关市“十二五”时期主要经济指标统计图

2. 实施粤东西北振兴发展战略情况。

——交通基础设施日趋完善。大广高速公路建成通车，实现县县通高速公路目标。武深高速公路韶关段、汕昆高速公路韶关段加快建设。国省道通过国家交通部“十二五”公路路况检测。北江航道扩能升级工程顺利开工，韶关丹霞山机场、韶新高速公路等项目前期工作加快推进。

——产业园集聚效应逐步显现。东莞（韶关）产业园机械装备和玩具制造业产业规模不断壮大，其中机械装备企业已超 100 家。产业园招商引资力度不断加大，2015 年新签约项目 37 个，投资额 89.71 亿元，其中亿元以上项目 20 个，投资额 84.03 亿元。全市产业园规模以上工业企业 215 个；规模以上工业增加值 90 亿元，增长 5.6%，占全市比重达 27.0%，比上年提高 1.1 百分点。

——中心城区扩容提质加快推进。芙蓉新城“三年基本成城”工作开局良好，骨干道路联网成环，城市功能不断完善，产业集聚初见成效，人气明显提升，城市总体框架基本成形。在老城区启动提质优化工程，完成工业西片区内涝整治和小岛片区截污管网建设等一批城市基础设施建设。积极推动城区老工业区搬迁改造，启动了《韶关市城区老工业区搬迁改造专项实施方案》和《韶关市城区老工业区改造专项规划》编制工作。加快开展曲江大道、新白线等项目前期工作，推进曲江城区融入韶关主城区。市区建成区面积拓展到 99.2 平方公里，市区常住人口增加到 102.8 万。各县（市）城区集聚要素能力增强。

——扎实推进资源型城市转型升级。加快实施《韶关市资源枯竭城市转型发展规划》和 2015 年韶关市资源枯竭城市转型发展行动计划，顺利通过国家发展改革委组织的资源枯竭城市转型发展年度评估。市级农业龙头企业新增 8 家，省级农业龙头企业新增 5 家，曲江“雪花岩牌”高山红茶、乐昌“粤之宝牌”香芋等 12 个农产品荣获“2015 年广东省名牌产品（农业类）”称号。29 个区域公用品牌、62 个经营专用品牌列入广东省名特优新农产品目录库。烟草、钢铁、电力、有色金属、机械制造、玩具、制药等七大支柱工业增加值占规模以上工业增加值比重达 58.3%。先进制造业增加值占全市规模以上工业增加值的比重达 32.4%。制订实施《韶关市工业转型升级攻坚战三年行动计划（2015—2017 年）》，重点实施技改项目 64 个，工业技改完成投资 74.6 亿元。韶关电厂 2×60 万千瓦机组建成投产。规模以上工业企业设立研发机构比例达 7.5%，省级以上企业技术中心、工程技术研究中心达 18 家，全年专利申请量突破 2 400 件、授权量突破 1 800 件，居粤北山区前列。制定实施《韶关市人民政府关于加快发展大旅游的实施意见》《韶关市旅游产业发展规划》，设立旅游发展专项资金。成功打造以曲江大塘镇为起点，以始兴县城为终点的“九龄故里·百里画廊”生态休闲度假旅游线路。全市共接待游客 3 170 万人次，增长 13.1%；旅游收入 270.17 亿元，增长 20%。编制《韶关市物流产业三年行动计划（2016—2018）》，出台促进电子商务发展扶持政策，实施《韶关市“互联网+”行动计划》。全市金融业增加值完成 50.69 亿元，增长 10.9%。韶关市进入广州、前海、广东金融高新区股权交易中心以及上海股权托管交易中心挂牌的企业分别有 19 家、7 家、11 家、1 家。

——着力推进生态文明建设。建成生态景观林带 38.85 公里，碳汇造林 37.89 万亩，封山育林 19.62 万亩，新建森林公园 26 个，森林蓄积量达 8 529.6万立方米，森林覆盖率达 75%。大宝山矿区环境综合整治工作取得显著进展。扩大市区高污染燃料禁燃区，市区空气质量优良天数达到 342 天，优良率为 93.7%。15 个中心镇污水处理厂陆续建成；淘汰黄标车 8 638 辆，超额完成年度计划；推进畜禽养殖场减排项目，全年农业减排项目超过 700 家。抓好钢铁、水泥、火电、油气等行业污染物排放总量控制和烟气设施的升级改造。碳排放权交易试点和碳普惠制试点工作有序推进。

——着力改善民生。全年实现城镇新增就业 5.18 万人，城镇失业人员再就业 4.06 万人，新增转移就业劳动力 4.2 万人，促进创业 1 710 人。企业退休人员人均基本养老金达 1 943 元/月。底线民生水平继续提高，全市城乡低保月人均补差标准分别提高到 377 元、175 元，农村五保分散、集中供养年人均标准分别提高到 6 524 元、6 642 元。新开工各类保障性住房 2.71 万套，基本建成 1.58 万套。山区和农村边远地区义务教育学校教师岗位津贴标准提高到人均 700 元/月，高中阶段教育和高等教育毛入学率分别达 97.16%、34%。

开展大病医疗保险，城乡居民医保人均补助标准提高到380元/年，基本公共卫生服务经费人均标准提高至40元。

3. 区域合作情况。

——积极主动融入珠三角。韶关市出台《韶关市主动融入珠三角实现加快发展行动计划（2015—2018年）》。2015年12月25日，韶关市首次参加广佛肇清云韶经济圈市长联席会议，正式加入广佛肇清云韶经济圈。大力推进广韶合作，两市政府联合印发《广州韶关两市建立联合发展合作关系会议纪要》，签订《广州市人民政府、韶关市人民政府战略合作框架协议》。韶关与广药集团、广州港集团、广州电气装备集团、广州超级计算中心4家企业建立了战略合作关系。莞韶对口帮扶成效明显。“一园一城七组团”合计签约项目106个，总投资213.2亿元，其中开工项目60个，投资133.7亿元。成功引进广东玉兰墙纸、粤科产业创新园等重大项目。黄沙坪创新园建成72幢建筑并正式投入使用，成功引进深圳铜道电子、星火创客、快捷键等一批优质项目进驻。落实“七组团”结对帮扶，成功引进广东（始兴）现代物流园、中国供销·粤北农产品电商物流商贸城等重大项目。

——不断深化“红三角”地区交流与合作。举办中小学生“英东杯”文体竞赛，参加在湖南郴州举办的“红三角杯”桥牌联谊赛。大力推进区域交通一体化。连接韶关与赣州的大广高速公路建成通车。连接韶关与郴州的武深高速公路韶关段全线开工建设。完成国道G323线广东南雄小梅关至江西大余头塘铺段、省道S247线广东乐昌金水湾至湖南郴州打禾塘段、省道S245线广东翁源县分水坳至江西全南半溪段路面大修。加强区域旅游联合推介，编写三市旅游产业概况介绍、旅游简介和景区图片的宣传资料。三市旅游企业成立“红三角”旅游联盟，共同开拓客源市场。

4. 县域经济发展情况。

2015年，韶关7个县（市）生产总值631.52亿元，占全市生产总值比重达54.9%；地方一般公共预算收入35.04亿元，增长2.4%；固定资产投资419.16亿元，增长0.6%；规模以上工业增加值176.38亿元，增长7%。乐昌市、南雄市、仁化县、始兴县、乳源县5个国家重点生态功能区县（市）的国家主体功能区建设试点示范方案获国家发展改革委批复实施。7个县（市）全部创建为"国家义务教育发展基本均衡县"。

表23　2015年韶关市县域经济发展状况

	地区生产总值（亿元）	固定资产投资（亿元）	社会消费品零售总额（亿元）	一般公共预算收入（亿元）	三次产业结构
乐昌市	107.09	32.25	56.22	5.97	20.1∶25.8∶54.1
南雄市	126.27	106.90	45.63	6.00	20.5∶40.1∶39.4
仁化县	93.40	53.89	27.64	6.10	19.9∶38.4∶41.7
始兴县	75.07	55.26	16.98	3.85	22.5∶40.1∶37.4
翁源县	89.01	54.28	31.28	4.12	24.3∶32.2∶43.5
新丰县	74.03	51.37	21.51	3.77	15.4∶46.4∶38.2
乳源县	66.65	65.21	20.41	5.23	11.0∶46.4∶42.6

——乐昌市。2015年，乐昌市地区生产总值107.09亿元，增长6.6%。人均生产总值26 116元，增长6.0%。三次产业结构为20.1∶25.8∶54.1。社会消费品零售总额56.22亿元，增长11.0%。全市接待游客344.4万人次，旅游总收入21.74亿元，分别增长18.2%和18.5%。城乡居民人均可支配收入16 861元，增长8.5%，其中城镇居民人均可支配收入20 277元，增长8.1%；农村居民人均可支配收入11 427元，增长10.2%。坪石镇入选省新型城镇化"2511"综合试点镇，坪石镇河丰村获评省级文明村。高中阶段毛入学率为94.1%。活立木总蓄积量930万立方米，新增狮子山、户昌山等4个森林公园，大源镇永济桥村巾帼联兴造林基地成为全省首个全国"三八绿色工程"示范基地。城镇生活污水集中处理率达到81%。

——南雄市。2015年，南雄市地区生产总值126.27亿元，增长10.9%。三次产业结构为20.5∶40.1∶39.4。人均生产总值38 380元，增长10.2%。地方一般公共预算收入6亿元，增长7.5%。固定资产投资106.9亿元，增长

16.4%。东莞大岭山（南雄）产业园着力打造华南地区最大的精细化工基地，入园企业103家，已投（试）产企业85家，在省产业园考评中获得优秀等次。成功举办第二届姓氏文化旅游节，全年接待游客337万人次，旅游总收入23.65亿元，分别增长21.7%和24.7%。社会消费品零售总额45.63亿元，增长11.1%。城乡居民人均可支配收入16 538元，增长10.1%，其中城镇居民人均可支配收入20 456元，增长9.8%；农村居民人均可支配收入11 107元，增长10.9%。南雄市成为全国建制镇示范试点、国家电子商务进农村综合示范县、全国休闲农业与生态旅游示范县、省休闲农业与乡村旅游示范镇（珠玑镇）和示范点（帽子峰森林公园）、省新型城镇化“2511”综合试点县。珠玑镇被评为全国文明村镇、广东省文明镇。成功创建省第十届双拥模范县。森林覆盖率66.9%，活立木总蓄积量913万立方米，获评全国绿化模范县。

——仁化县。2015年，仁化县地区生产总值93.40亿元，增长6.9%。人均生产总值45 197元，增长6.4%。三次产业结构为19.9：38.4：41.7。固定资产投资53.89亿元，增长19.5%。石斛种植基地、长坝金柚观光园等25个国家现代农业示范区重点项目加快推进，仁化白毛茶通过国家地理标志保护产品认定。“丹霞彩虹”新农村示范片成功遴选为广东省第二批省级新农村连片示范建设工程。仁化县有色金属循环经济产业基地被省列为广东省循环化改造试点园区。开展“丹霞仁家”特色民宿评选活动。全年接待游客733.3万人次，旅游总收入42.03亿元，分别增长19.4%和20.8%。社会消费品零售总额27.64亿元，增长11.4%。城乡居民人均可支配收入17 156元，增长9.9%，其中城镇居民人均可支配收入21 153元，增长9.5%；农村居民人均可支配收入12 552元，增长11.3%。被评为广东省学前教育示范县。森林覆盖率78.9%，活立木总蓄积量1 173万立方米。

——始兴县。2015年，始兴县地区生产总值75.07亿元，增长8.8%。人均生产总值35 425元，增长8.1%。三次产业结构为22.5：40.1：37.4。地方一般公共预算收入3.85亿元，增长7.3%。固定资产投资55.26亿元，增长6.3%。完成G323线、S244线等过境国省道升级改造，44个重点建设项目完成投资25.78亿元。“始兴石斛”成功申报为国家地理标志保护产品。铜钟寨景区和满堂客家大围景区成功创建3A景区。全年接待游客人数280万人次，旅游总收入18.91亿元，分别增长20.1%和25%。社会消费品零售总额16.98亿元，增长11.6%。城乡居民人均可支配收入15 643元，增长9.8%，其中城镇居民人均可支配收入19 865元，增长9.6%；农村居民人均可支配收入11 894元，增长10.5%。森林覆盖率77.3%，活立木总蓄积量1 384万立方米。

——翁源县。2015年，翁源县地区生产总值89.01亿元，增长8.3%。人均生产总值26 004元，增长7.5%。地方一般公共预算收入4.12亿元，增长9.2%。固定资产投资54.28亿元，增长23.0%。粤台农业合作试验区翁源核心区现代特色农业快速发展。全年接待游客146.3万人次，旅游总收入10.78亿元，分别增长21.2%和25.8%。社会消费品零售总额31.28亿元，增长11.7%。城乡居民人均可支配收入14 429元，增长9.5%，其中城镇居民人均可支配收入19 406元，增长9.2%；农村居民人均可支配收入10 665元，增长10.7%。新江李屋拦泥坝工程建成投入使用。森林覆盖率71.8%，活立木总蓄积量983万立方米。

——新丰县。2015年，新丰县地区生产总值74.03亿元，增长8.5%。人均生产总值34 789元，增长7.8%。三次产业结构为15.4：46.4：38.2。地方一般公共预算收入3.77亿元，增长9.2%。固定资产投资51.37亿元，增长20.8%。中色南方稀土（韶关新丰）有限公司年产7 000吨稀土分离、云髻山旅游等项目加快建设，雪山氧吧谷养生度假山庄、泊客庄园项目签约落地。全年接待游客194.3万人次，旅游总收入14.5亿元，分别增长23.5%和27.2%。社会消费品零售总额21.51亿元，增长13.7%。城乡居民人均可支配收入15 553元，增长10.3%，其中城镇居民人均可支配收入19 593元，增长10%；农村居民人均可支配收入10 483元，增长11%。森林覆盖率80.8%，活立木总蓄积量1 049万立方米。

——乳源县。2015年，乳源县地区生产总值66.65亿元，增长10.4%。人均生产总值36 351元，增长9.6%。三次产业结构为11.0：46.4：42.6。地方一般公共预算收入5.23亿元，增长4.6%。固定资产投资65.21亿元，增长16.9%。新增省级以上农民专业合作示范社6家、省级农业龙头企业3

家、市级示范家庭农场7家。新增战略性新兴产业企业3家，战略性新兴产业产值增长10%。成功举办瑶族“十月朝”文化旅游节系列活动、广东省（韶关—乳源）环南水湖自行车公开赛和铁人三项挑战赛。南岭一峰生态园、天井山粤凰生态园、云瑶宫山庄被国家旅游局授予“中国乡村旅游金牌农家乐”荣誉称号。全年接待游客376万人次，旅游总收入30.97亿元，分别增长14.7%和22.8%。粤北农特产品批发电商物流商贸城动工建设。社会消费品零售总额20.41亿元，增长12.1%。城乡居民人均可支配收入15 488元，增长9.2%，其中，城镇居民人均可支配收入19 448元，增长9%；农村居民人均可支配收入10 696元，增长10.2%。瑶族民歌被列入国家级非物质文化遗产代表性项目名录，瑶绣协会申报为省级非物质文化遗产传承基地。乳源县被评为“中国民间文化艺术之乡”，列入省级文化生态保护实验区。森林覆盖率78.3%，活立木总蓄积量775万立方米。

5. 韶关芙蓉新区规划建设情况。

——加快新区起步区建设。2015年，新区起步区完成投资39.54亿元，增长4.9%。全年在建项目完成投资约37亿元。融资渠道逐渐拓宽，争取粤东西北振兴发展股权基金9.3亿元全部放款。成功争取芙蓉新城安置房建设项目纳入城市棚户区改造范围，获得国开行15.6亿元贷款授信。城市特色产业正在形成。保利商业综合体、恒大酒店、宝马和捷豹路虎4S店等一批产业项目陆续启动实施，人保财险、农信社、前海人寿金融中心等产业项目落户。农民安置和征地拆迁和谐有序推进，芙蓉新城5个安置新村中，已有1个建成交付农民入住，3个完成主体工程。

——规划体系不断完善。芙蓉新区产业、基础设施和环保专项规划完成编制。芙蓉新城控规、市政、绿地、水系等规划已经市规委会审议通过。积极谋划推进“三年基本成城”工作，制订实施了《韶关市芙蓉新城“三年基本成城”行动方案（2015—2018年）》和项目建设计划。

——公共服务设施建设全面铺开。建成道路项目5个，共11.68公里；在建道路项目6个，共16.5公里；计划新开工道路项目8个，共51.4公里。连接新老城区的芙蓉隧道正抓紧施工，综合客运枢纽站开工建设，交通路网骨架初步形成。韶关实验学校（一期）建成开学，医院、文体场馆、公园等公建配套设施全面启动。进驻新城片区的市级公共服务机构达到18个，有效推动行政服务、公共服务职能向新城区转移。

——绿色宜居城市建设有序推进。认真谋划绿地、水系和环保设施建设，制订芙蓉新城绿化工作方案，加速构建新城绿色生态系统。启动滨江公园建设，打造滨江公共活动带。开展水系建设，利用新区内部的东冲河、沐溪河等水系，构建贯通新区南北的两大绿道水系网络。有序推进车头洲生态公园、石背窝项目初步规划设计等前期工作，率先启动盆景山公园建设。加快环保设施和生活环境治理设施建设步伐，服务新区的第四污水处理厂完成建设，垃圾中转站、排污管网等按计划推进实施。

（三）河源市

1. 概况。

2015年，河源市地区生产总值810.08亿元，增长8.1%；人均生产总值完成26 401元，增长7.4%。三次产业结构为11.6：45.7：42.7。工业增加值416.28亿元，增长8.1%，其中规模以上工业增加值327.57亿元，增长0.7%；高技术制造业工业增加值92.10亿元，增长12.4%。地方一般公共预算收入67.48亿元，增长11.6%；地方一般公共预算支出268.38亿元，增长27.4%。固定资产投资564.14亿元，增长24.5%；外贸进出口总额40.31亿美元，增长2.9%；实际利用外资2.34亿美元，增长3.5%。

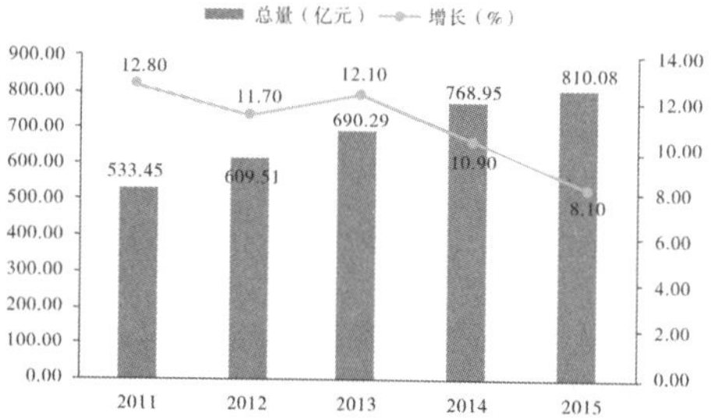

1 地区生产总值总量及增长

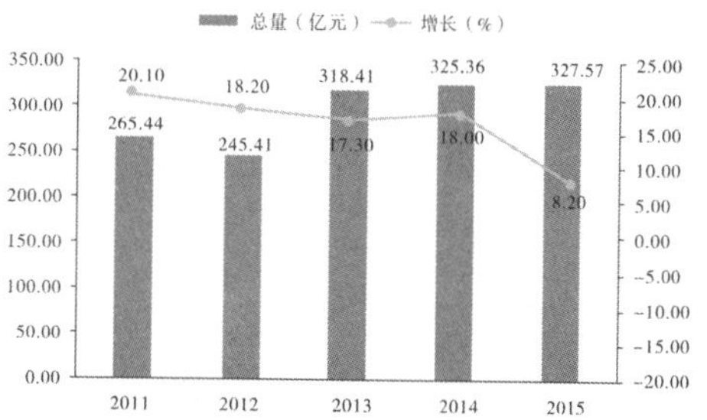

2 规模以上工业增加值及增长

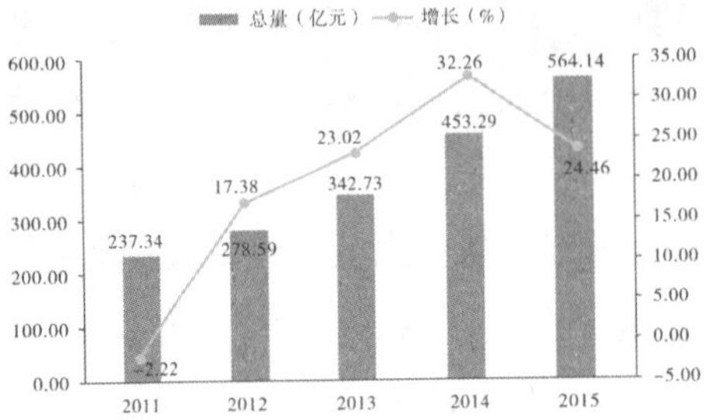

3　固定资产投资总量及增长

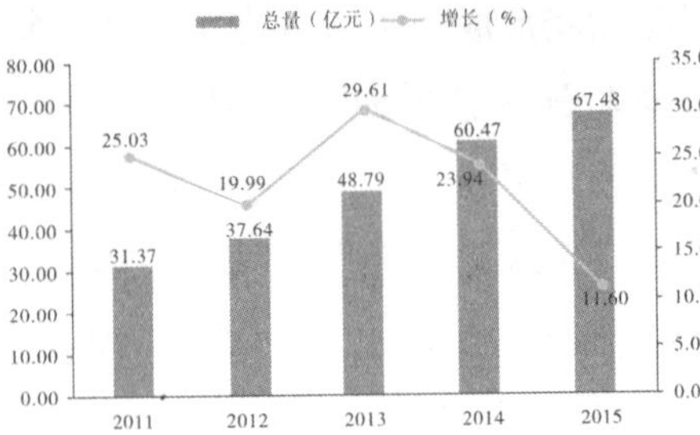

4　一般公共预算收入总量及增长

图 19　河源市“十二五”时期主要经济指标统计图

2. 实施粤东西北振兴发展战略情况。

——产业平稳发展。实施工业转型升级攻坚战三年行动计划，出台《加快工业经济发展的意见》，实现工业总产值 1 300 亿元，增长 9.4%；增加值 416.28 亿元，增长 8.1%。规模以上工业总产值 1 443.02 亿元，增长 9.5%；增加值 327.57 亿元，增长 8.2%。实现农业总产值 151.71 亿元，增长 3.6%。灯塔盆地国家现代农业示范区加快建设，成为粤东西北唯一入选的国家农业科技园区。新增市级农业科技创新中心 5 家、农业生态科技园区 5 个。建成农业标准化示范区 27 个，新增无公害农产品 8 个、绿色食品认证 3 个、有机食品 4 个、名牌产品 5 个、农民专业合作社 500 家和市级以上农业龙头企业 14 家。成功举办第十二届客家文化旅游节；巴伐利亚庄园和康泉养生休闲度假区（一期项目）成功入选 2015 年全国优选旅游项目，万绿湖景区、霍山风景区和龙川县佗城风景区成功入选“全国旅游价格信得过景区”。全市全年接待旅游者人数 2 536.81 万人次，增长 15.2%；实现旅游总收入 211.01 亿元，增长 19.2%。新增 3 家商贸中心，粤东物流城正式营运。全市实现社会消费品零售总额 482.99 亿元，增长 11%。

——园区建设成效明显。共建园区取得实质性进展，投入对口帮扶资金 13 亿元。建成省级空气能产品检测中心、质量监督卫星导航产品检验站。截至 2015 年年底，“两区六园”累计开发面积 74.6 平方公里，建成投产项目 788 个，其中规模以上企业 420 家，占全市 79.2%。支柱产业集聚明显，电子信息、模具、硅产业等支柱产业不断发展壮大；其中电子信息产业产值575.06亿元、增加值90.75亿元。园区工业总产值1 203.38亿元、增加值295.11亿元、税收21.29亿元。市高新区成功创建粤东西北地区唯一的国家级高新区，连平县工业园升格为省级产业转移园。全市工业园区投入资金40亿元，扩园10.26平方公里。新签约项目145个、新开工项目171个、新投产项目107个。

——交通基础设施建设不断完善。高速公路成网，境内汕湛、大广高速公路建成通车，高速公路里程增加145公里，融入珠三角“2小时生活圈”，实现“县县通高速”目标；迎客大桥、滨江大道二期投入使用，汕昆高速、武深高速、河惠莞高速等项目动工建设，高速、赣深高铁、通用机场等项目前期工作取得重大进展。完成市区天然气置换工作，推进天然气主管网建设工作。完成全市中小河流治理实施方案编制和年度项目主体工程建设。2015年光纤入户率和4G基站建设完成率分别排名全省第一和第二。江东新区成为国家智慧城市试点。

——中心城市提质扩容明显。启动编制《河源市新型城镇化规划》，完成城市总体规划修编和中心城区扩容提质建设规划、中心城区燃气专项规划、慢行交通系统规划等规划编制。完成了文昌路、红星东路等贯通工程，市儿童公园、太平古街改造工程等建成使用。加快县城新区拓展、老城改造步伐，推动县城和中心镇加快产城融合。积极开展名镇名村示范村建设工作，新增4个名镇、29个名村获得省级认定。继续推进“大清洁、乡村美”农村清洁工程，市区和各县城基本建成垃圾填埋场。

——社会民生事业全面提升。基本建立全市统一的城乡居民社会养老保险制度和基本医疗保险制度，制定出台《城乡居民大病保险实施细则（试行）》。成功创建教育强市。完成新建高新区实验学校、扩建高莲小学以及迁建市直属机关幼儿园项目建设，新增市区学位5 100余个。新增创建义务教育标准化学校83所。高中阶段毛入学率达93.01%。每千人口医院和卫生院病床数3.76张，增长4.74%。全市用于保障和改善民生支出169.30亿元，增长38.05%，占一般公共预算支出的76.13%，较上年提高1.75百分点。

3. 县域经济发展情况。

河源市下辖东源、龙川、和平、连平、紫金五个县，都是广东省欠发达县。2015 年，五个县主动适应经济发展新常态，突出“三大抓手”，扎实做好稳增长、调结构、惠民生、促和谐等各项工作，经济社会发展呈现稳中有进、稳中向好局面。

表 24　2015 年河源市县域经济发展情况

	地区生产总值（亿元）	固定资产投资（亿元）	社会消费品零售总额（亿元）	一般公共预算收入（亿元）	三次产业结构
东源县	93.40	71.78	62.84	7.98	16.5：42.4：41.1
龙川县	122.45	72.30	92.53	6.09	20.3：30.2：49.5
和平县	91.86	60.61	50.68	4.92	16.0：45.4：38.6
连平县	83.29	55.57	45.61	6.66	22.4：36.2：41.4
紫金县	116.65	92.76	82.81	6.33	12.3：49.5：38.2

——东源县。2015 年，东源县地区生产总值93.40 亿元，增长3.2%；地方一般公共预算收入 7.98 亿元，增长 8.5%；固定资产投资 71.78 亿元，增长 12.6%。实现规模以上工业总产值 160.6 亿元，规模以上工业增加值 43.5 亿元，分别增长 7.2% 和 8.2%。产业园区主导地位进一步突出，实现规模以上工业增加值 31.08 亿元，税收收入 3.43 亿元，分别占全县规模以上工业增加值和税收收入的 71.4% 和 30.1%。新医药健康水产业、硅产业、旋窑水泥、新型环保建材等聚集区和仙塘工业基地、水库移民“双转移”示范基地建设扎实推进。

——龙川县。2015 年，龙川县地区生产总值 122.45 亿元，增长 6.1%。工业增加值 40.16 亿元，增长 7.9%，其中规模以上工业增加值 30.52 亿元，增长 8.3%。地方一般公共预算收入 6.09 亿元，增长 11.8%。全社会固定资产投资 72.30 亿元，增长 6.8%。社会消费品零售总额 92.53 亿元，增长

13.5%。实际利用外商直接投资1 200万美元。外贸进出口总额3.1亿美元。城镇居民人均收入19 113.6元，增长13.0%；农村居民人均可支配收入11 639.5元，增长19.6%。深圳宝安（龙川）产业转移工业园初步形成以电子电器、空气能、钢结构为主导的产业集聚。广东省空气能产品检测中心已动工建设。该县荣获全国首个“中国空气能产业基地”称号。完成《龙川县城总体规划（2008—2030）》修编。

——和平县。2015年，和平县地区生产总值91.86亿元，增长9.8%；工业总产值182.6亿元，增长8.3%；工业增加值49.9亿元，增长10.4%；规模以上工业增加值45.1亿元，增长10.8%。地方一般公共预算收入4.92亿元，增长20.3%；税收总收入6.8亿元，增长19.8%；社会消费品零售总额50.68亿元，增长13.7%。工业园区扩能增效成绩显著，新增“三通一平”面积1.05平方公里；新投产项目24个，合同投资额33.3亿元；新增规模以上工业企业8家，新增限额以上商贸企业27家，新增税收超千万企业7家；工业增加值完成32.5亿元，增长14.8%；税收入库1.6亿元，增长31.1%。生态建设蓬勃开展，完成7 056亩生态景观林带提升工程和9.26万亩森林碳汇、防护林、“四江”流域水源涵养林等多项重点林业生态工程建设；完成28个绿化美化村庄建设；成为“全省15个生活垃圾收运处理达标示范县”之一。

——连平县。2015年，连平县地区生产总值83.29亿元，人均生产总值23 771元，分别增长2.3%和1.7%。固定资产投资和工业投资分别增长52.8%和76.4%，均居全市第一。社会消费品零售总额45.61亿元，增长12.6%。地方一般公共预算收入6.66亿元，增长3.2%。生态工业园成功获批省产业集聚发展区。全县园区基础设施投入3.5亿元，增长1.5倍，完成扩园1.2平方公里，增长1.4倍，投入和扩容均创近年来新高。开展连平“新八景”评选活动，引进一批重点旅游项目，生态旅游呈现加快发展的良好势头，全县入县旅游人数262万人次、旅游收入20.3亿元，分别增长15%、16%。

——紫金县。2015年，紫金县地区生产总值116.65亿元，增长8.1%；人均地区生产总值17 552元，增长7.5%。全社会工业增加值44.16亿元，增长6.8%；规模以上工业增加值39.23亿元，增长6.8%。一般公共预算收入、税收总收入分别为6.33亿元、8.31亿元，增长10.3%、4.6%。固定资产投资92.76亿元，增长20.6%。汕湛高速公路紫金段建成通车，实现了全县人民多年的高速梦想，紫金从此打开“山门”，正式融入珠三角“2小时生活圈”。河惠莞高速公路龙川至紫金段动工建设，汕湛高速公路紫金连接线建设加快推进，S242线县城段改线工程启动建设。5年累计投入4.2亿多元，改造省县乡道路117公里，建设新农村公路503公里，建成普通公路大桥3座，全县交通日益顺畅，群众出行更加便捷。

4. 河源江东新区规划建设情况。

——基础设施建设全面提速。新区起步区和新区产业基地基础设施建设有序推进。新区长岗片区、麻竹窝片区土地综合整治项目，新区临江镇联新、澄岭、前进片区基础设施建设项目，起步区棚户区改造项目，河源市第一中学高中部等一批项目全面动工建设，完成投资10.79亿元。完成起步区A、B、D三条市政道路路基工程约2 000米，产业基地柏埔河南路、污水管道等一批基础设施加快建设；投入1 000万元的临江圩镇水管铺设工程；完成古竹越王山旅游大道建设和胜利小河堤防升级改造工程。

——产业园区建设实现突破。江东新区产业转移工业园成功获批省级产业转移工业园。新区产业基地成功获批江东新区省级产业转移工业园集聚地，重点培育新型电子信息（包括移动通讯终端、北斗技术应用和LED）、新能源、新材料及高端装备制造、生物科技与生命健康产业。招商引资成效明显，在谈项目66个，落户项目14个，合同投资总额约106.13亿元。出台《河源江东新区大力发展总部经济暂行办法》《河源江东新区大力发展电子商务暂行办法》《河源江东新区促进高端制造业快速发展暂行办法》等政策，进一步优化了新区发展环境。

——智慧城市建设有序推进。2015年4月，经国家住房城乡建设部及科技部批准，江东新区成为第三批国家智慧城市综合试点。成立江东新区智慧城市建设运营管理公司，为智慧城市涉及的项目统筹、规划、建设和运营等各个建设节点提供咨询服务。通过引进社会资本和先进技术，解决资金瓶颈、技术难关和市场化运作难题，打造新型电子信息及互联网行业的云数据产业集群。

——资金筹措渠道不断拓宽。积极探索融资方式，多渠道获得银行贷款支持，引进各类社会资金参与新区开发建设，推动新区建设投资主体多元化。2015 年共落实来源资金 65. 85 亿元，筹集到位资金 21. 58 亿元。新区实施 PPP 项目共有 4 个，市一中高中部项目是河源市首个采用 PPP 模式的项目，已成功纳入国家发展改革委 PPP 项目库。成功向中国银行、农商行、国开行申请贷款，并落实了 19. 96 亿元资金，为新区开发建设提供了资金保障。

（四）梅州市

1. 概况。

2015 年，梅州市地区生产总值 959. 78 亿元，增长 8. 6%；人均生产总值 22 155 元，增长 8. 2%。三次产业结构为 19. 6 ：36. 7 ：43. 7。工业增加值 286. 92 亿元，增长 8. 3%；规模以上工业增加值 214. 34 亿元，增长 9. 0%，新增规模以上工业企业 63 家。固定资产投资 568. 06 亿元，增长 39. 4%。社会消费品零售总额 559. 5 亿元，增长 11. 9%，居民消费价格同比上涨 1. 6%。进出口总额 24. 54 亿美元，增长 12. 5%。地方一般公共预算收入 103. 59 亿元，增长 21. 5%。全体居民人均可支配收入 18 143 元，增长 9. 15%。

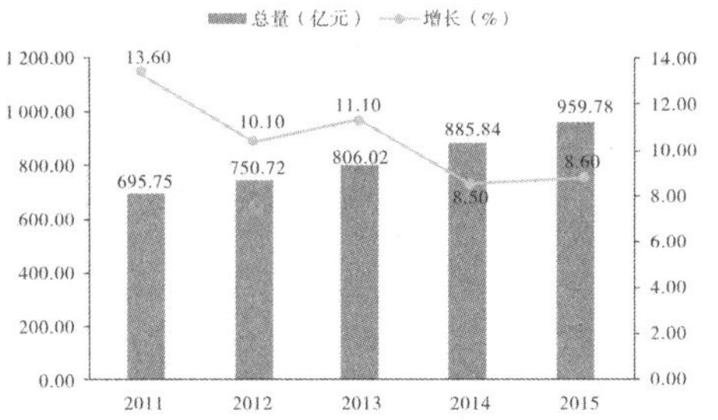

1　地区生产总值总量及增长

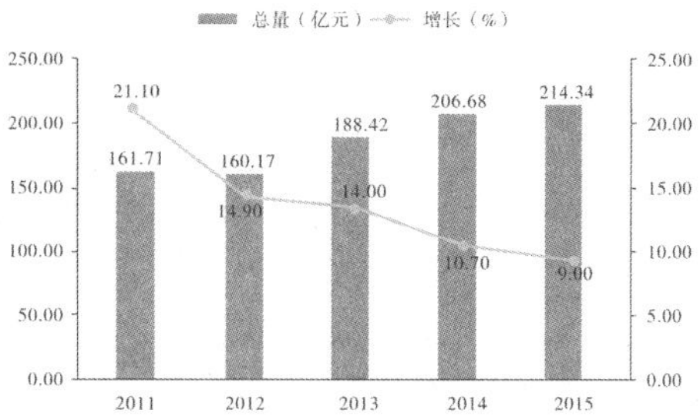

2　规模以上工业增加值及增长

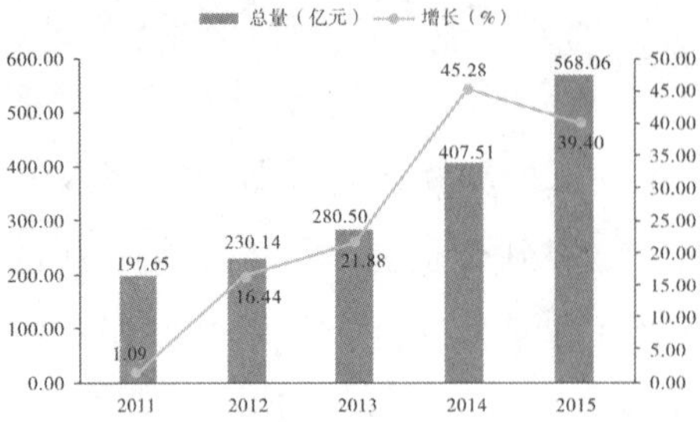

3 固定资产投资总量及增长

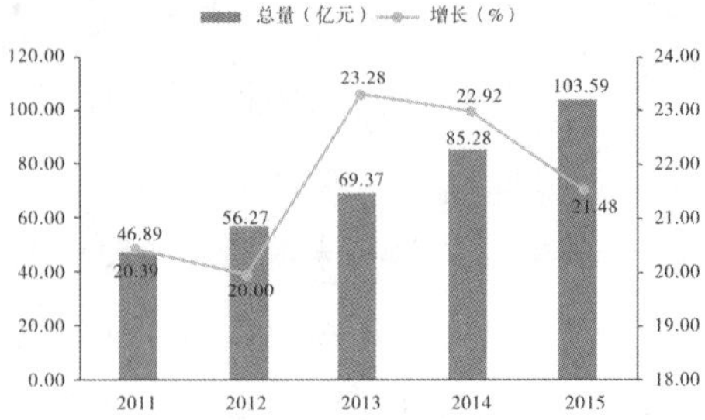

4 一般公共预算收入总量及增长

图 20 梅州市“十二五”时期主要经济指标统计图

2. 实施粤东西北振兴发展战略情况。

——扭紧“三大抓手”，夯实振兴发展基础。以高速公路、高铁、新机场“两高一场”建设为重点，构建对外快速交通体系。2015 年全市交通固定资产完成投资 100.1 亿元，其中高速公路完成投资 67.9 亿元，增长 23%。全市高速公路新增通车里程 223 公里，总里程达 482 公里。聚集产业和项目，以广州（梅州）产业转移工业园为核心，推进广东梅兴华丰产业集聚带建设，加快产业园区扩能增效。2015 年全市产业园区（集聚地）完成规模以上工业增加值 74.81 亿元，实现税收 16.16 亿元，累计新签项目 90 个，计划投资总额 383.9 亿元；累计入园落地项目 596 个，其中建成项目 483 个，在建项目 113 个。加快嘉应新区起步区建设，推进城区扩容提质。中心城区完成固定资产投资 149.19 亿元，增长 78.1%。全面优化江南新城首期 6.66 平方公里起步区规划，统筹推进梅县新城和芹洋半岛建设，安置区、市政道路、地下综合管廊、医院学校等公共配套设施建设有序推进，引进商会总部大厦、义乌小商品批发城等 32 个项目，建成东汇城、锦绣国际等一批城市综合体。通过争取政策性银行贷款和粤东西北股权基金等筹资 114.2 亿元，加快城市公共设施建设。

——凝聚各方力量，形成共推振兴发展合力。借力广州市对口帮扶，推进区县结对帮扶，增强自我发展能力。广州市全年共安排财政帮扶资金 2.59 亿元用于对口帮扶工作，主导或协助引进项目 53 个，计划投资额 311 亿元；累计筹集扶贫“双到”资金 9.74 亿元，帮扶发展经济项目 590 个。注重发挥侨乡优势，扩大对外开放，狠抓招商引资。以“汇聚客商力量、共创海丝未来”为主题，成功举办第四届世界客商大会，并在海外设立14个经贸文化联络处和10个旅游推广中心，与“一带一路”沿线国家和地区的文化、经贸、旅游交流合作进一步加强。深入实施“乡贤回乡投资兴业工程”。2015年全市共引进合同项目258个，投资总额913.84亿元，其中亿元以上项目196个。

——坚守发展底线，着力保护生态和改善民生。巩固绿色生态，扎实推进国家环保模范城市、国家森林城市、国家卫生强市创建工作，深入开展绿满梅州大行动。以创建节能减排财政政策综合示范城市为契机，全力抓好节能减排各项工作，强力推进大气污染防治，加强跨县河流水质管理和考核，环境空气质量优良率达96.1%，饮用水源地水质达标率保持在100%。全市城镇生活垃圾无害化处理率达94.5%，农村生活垃圾有效处理率达75.4%。坚持民生为重，把八成以上的财政支出用于民生建设，办好十件民生实事。顺利通过国家卫生城市复审。城区人均公园绿地面积16.7平方米。互联网普及率58.4%，光纤入户率20.02%。

——积极争取政策推动原中央苏区振兴发展。充分发挥梅州作为全省唯一全境列为原中央苏区范围的优势，加强政策和项目的对接落实，推动梅州振兴发展。制订和印发《梅州市贯彻落实〈赣闽粤原中央苏区振兴发展规划〉实施方案》。积极争取政策资金支持。全市累计争取国家和省各项扶持资金270多亿元，为推动梅州苏区振兴发展提供了强有力的保障。

3. 推进国家生态文明先行示范区建设情况。

——出台方案，细化工作任务。出台《梅州市创建国家生态文明先行示范区行动方案》，实施优化国土空间开发格局、调整优化产业结构等八项措施、九大工程和八项工作要求，将全市生态文明建设工作和示范区建设紧密结合，确保完成示范区建设的各项指标、任务和目标。

——以项目为抓手，全力推进示范区建设。大力实施空间管制、生态建设和环境保护、生态产业体系、宜居城乡、生态文化建设等九大工程，并积极策划培育生成一批生态文明建设项目，推动绿色、节约、循环、低碳发展。与创建节能减排财政政策综合示范城市相结合，编制梅州市自然资源资产负债表。综合运用卫星遥感和GIS方法，分析全市景观、植被特性和变化趋势，总体把握自然资源与生态环境的整体特征、空间差异和发展方向，为系统开展自然资源资产评估和负债表编制提供依据，最终实现“一表、一库、一平台”的成果体系。通过“一灭三改”、矿山复绿、水土流失区整治等工程，大规模消灭荒山、改造山体生态，提升生态承载力和环境容量。启动林业生态红线划定工作，严格实施林地管控措施，守住林业生态底线。

——精心培护资源，厚植绿水青山。实施《关于全面推进新一轮绿满梅州大行动的实施方案》《梅州市“五沿”范围造林绿化大行动实施细则》，大力推进林业重点生态工程建设。积极开展护林员体制改革试点，加快航空护林基地站、林火视频监测系统及无人机空中监测等项目建设，开展“雷霆行动”等专项打击行动，林木、林地、野生动植物等森林资源得到有效保护。完善林权交易流转平台，激活林业要素市场。探索建立省立国家公园，启动平远国家公园试点。加大舆论宣传，巩固提高全民生态底线意识和生态文明理念。

4. 县域经济发展情况。

梅州市下辖兴宁市、五华县、平远县、蕉岭县、丰顺县、大埔县六个县（市）。2015年，全市县域经济持续稳定发展，县域生产总值实现582.8亿元，占全市的61%。

表25　2015年梅州市县域经济发展状况

	地区生产总值（亿元）	固定资产投资（亿元）	社会消费品零售总额（亿元）	一般公共预算收入（亿元）	三次产业结构
兴宁市	153.37	67.94	85.86	10.01	27.0：25.2：47.8
五华县	126.93	44.51	81.74	5.55	23.0：27.4：49.6
平远县	68.57	27.76	22.70	6.56	16.7：37.8：45.5
蕉岭县	67.11	28.02	33.77	7.06	16.9：30.2：52.9
丰顺县	94.73	55.73	45.66	7.36	23.2：43.7：33.1
大埔县	72.09	66.02	44.61	8.19	26.3：29.3：44.4

——兴宁市。2015年，全市实现生产总值153.37亿元，增长8.7%；一般公共预算收入10.01亿元，增长33.7%；固定资产投资67.94亿元，增长38.4%。重点项目28个，其中列入省级重点项目12个，全年累计完成投资55.7亿元，占年度计划投资的102%。扎实推进广东梅兴华丰产业集聚带广梅园兴宁共建区和水口工业园规划建设，获选省循环化改造试点园区，投入基础设施建设资金2.9亿元。全市新引进39个项目，计划投资总额175.5亿元，其中亿元以上项目34个，10亿元以上项目4个，合同履约率69.23%，完成实际投资27.54亿元。成功举办第四届世界客商大会兴宁分会，共签约项目13个、动工项目20个、竣工项目17个，投资总额252.69亿元。

——五华县。2015年，全县实现生产总值126.93亿元，增长9.7%；一般公共预算收入5.55亿元，增长28.8%；固定资产投资44.51亿元，增长60%。依托现有省级经济开发区，与番禺区合作共建产业园区。园区共有企业81家，实现工业产值53.2亿元、工业增加值11.9亿元、税收1.7亿元。积极参与梅兴华丰产业集聚带建设，启动河东工业区建设，打造新的发展平台。总投资120亿元的梅州抽水蓄能电站项目正式动工建设。成功举办第四届世界客商大会五华系列活动，12个项目签约落户、17个项目动工建设、14个项目竣工投产。

——平远县。2015年，全县实现生产总值68.57亿元，增长10.2%；固定资产投资27.76亿元，增长46.1%；规模以上工业总产值48.5亿元，增长3.6%；一般公共预算收入6.56亿元，增长22.3%。获评国家电子商务进农村综合示范县。通过股权投资有效撬动园区固定资产投资，园区基础设施累计投入6.8亿元，建成区5 700亩，现有入园企业65个，2015年新落户8家，新投产6家，实现工业总产值17.7亿元，规模以上工业增加值3.69亿元、税收0.97亿元。在第四届世界客商大会期间，落实签约项目9个，总投资22.25亿元；动工项目20个，总投资77.13亿元；投产项目24个，总投资45.18亿元。

——蕉岭县。2015年，全县实现生产总值67.11亿元，增长10.1%。一般公共预算收入7.06亿元，增长21.1%。全年居民消费价格上涨1.6%。共引进项目29个，计划总投资93.9亿元，已完成投资27.2亿元。规划建设总面积10平方公里“一轴三组团”工业集聚区，完成固定资产投资12.6亿元，规模以上工业增加值11.14亿元、税收2.06亿元。15个省市重点项目完成投资44.81亿元，完成年度投资计划的123%，56个县重点项目完成投资49.57亿元，完成年度计划投资的113%。

——丰顺县。2015年，全县实现生产总值94.73亿元，增长10.5%；一般公共预算收入7.36亿元，增长28.1%；固定资产投资总额55.73亿元，增长46.2%；社会消费品零售总额45.66亿元，增长12.9%。48个重点项目完成投资71.14亿元，占年度投资计划的119.54%。深入实施“乡贤回乡投资兴业工程”，园区共引进项目10个，计划总投资33.2亿元；入园企业累计109家，投产企业96家，在建13家。围绕创建“中国电声之都”的目标，成功举办中国电声（丰顺）发展论坛，加快省级质量监督电声产品检验站建设，推进电声企业智能升级改造。

——大埔县。2015年，全县实现生产总值72.09亿元，增长9.7%；人均生产总值18 927元，增长9.3%。一般公共预算收入8.19亿元，增长26.7%。规模以上工业增加值12.22亿元，增长20.1%。城乡居民人均可支配收入13 949元，增长10.5%，其中城镇和农村常住居民人均可支配收入分别为18 184.43元、10 527.24元，分别增长10%、11%。固定资产投资66.02亿元，增长38.62%，其中工业投资37.54亿元，增长304.3%。首期投资53.98亿元的广东粤电大埔电厂1号机组正式投产。总投资61.54亿元的韩江高陂水利枢纽工程动工建设。广州海珠（大埔）产业集聚区享受省级产业转移政策，已有23家陶瓷企业申报入园投资建设，5家企业落户园区。

5. 梅州嘉应新区规划建设情况。

按照“因地制宜、整体规划、分步实施、滚动发展”的要求，嘉应新区起步区建设各项工作顺利有序推进。至2015年年底，嘉应新区范围内完成地区生产总值136.26亿元，增长8%；固定资产投资141.64亿元，增长19.7%。

——安置房建设稳步推进。创新开展“政府购买服务”模式，安置区一期项目（吉祥、站前安置区）顺利推进，累计完成投资约7.65亿元，占总投资的19.1%。江南新城棚改安置房建设（一期）项目成为国务院推行政府购买服务模式后全省首个采用这一模式融资建设棚改安置房的项目，并列入国开行系统在广东的两个试点项目之一。芹洋半岛安置区采取政府购买服务模式融资建设，获得省国开行16.6亿元贷款支持，2015年年底已全面封顶。梅县新城坚持先安置、后拆迁原则，已建成2个安置小区。

——路网管廊建设顺利推进。按照海绵城市、地下综合管廊国家试点城市的标准要求，全面开工建设江南新城道路和地下综合管廊。该项目被省住房城乡建设厅列入试点城市建设项目，在申报国家地下综合管廊试点城市竞标中在广东省名列第二。剑英大道、万达广场及东汇城周边道路已开展路基施工。芹洋半岛内环路、18条市政道路进行路基平整，罗乐大桥进行基础施工；芹洋跨江输污工程的过江管道完成河道作业，获2015年中央预算内专项资金933万元。

——公共服务设施建设全力推进。突出抓好“三园两馆两场一轴三中心”（三园：剑英湖公园、马鞍山公园、芹洋湿地公园；两馆：城市馆、青少年科技馆；两场：绿轴广场、地下停车场；一轴：绿轴；三中心：行政服务中心、游客服务中心、汽车枢纽中心）等公共服务项目建设，完善功能配套，优化人居环境。芹洋湿地公园、马鞍山公园、世界客商文化中心分别完成总投资的80%、51%、80%。市中医医院项目顺利推进，林风眠小学、江南新城普惠幼儿园、水白中学扩建、芹洋实验学校等项目加快前期工作。

——招商引资初见成效。围绕江南新城的功能定位和空间布局，突出以总部经济、中央商务、公共设施、文化创意等为重点，加大招商引资力度。江南新城14个产业项目计划投资总额212.2亿元，已完成投资91.58亿元。万象江山、万达广场、梅州义乌小商品城、科伦药业总部、正兴大酒店、紫晶光电等项目建设加快推进。奥园养生产业园基本完成主要工程，大百汇品牌发展创新园首期百汇嘉印项目已动工建设。

——融资工作达到预期目标。积极研究政策，抓紧项目策划，通过向国开行、农发行等政策性银行争取融资贷款，争取政策资金支持，引进社会资本参与等方式，想方设法筹措资金，切实保障江南新城征拆和项目建设资金需求。江南新城已完成筹资145亿多元。江南新城棚改安置房和地下综合管廊项目获得 3.4 亿元国家“稳增长、促发展”专项基金支持。

（五）清远市

1. 概况。

2015 年，清远市地区生产总值 1 277.86 亿元，增长 8.2%；人均地区生产总值达 33 392 元，增长 7.6%。完成固定资产投资 620.63 亿元，增长 4.1%。社会消费品零售总额 571.5 亿元，增长 9.8%。地方一般公共预算收入 108.38 亿元，增长 5.6%；农林牧渔业总产值 293.9 亿元，增长 4.5%；外贸出口 168.7 亿元，增长 14.9%。接待旅游总人数 3 318.8 万人次，旅游总收入 241 亿元，分别增长 5.3%、10.3%。城乡居民人均可支配收入增长 8.8%。省、市重点项目年度完成投资 340.5 亿元，占年度投资计划的 119.4%。

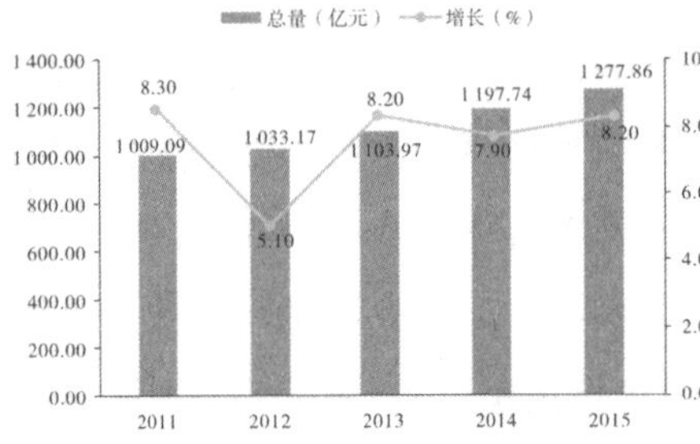

1　地区生产总值总量及增长

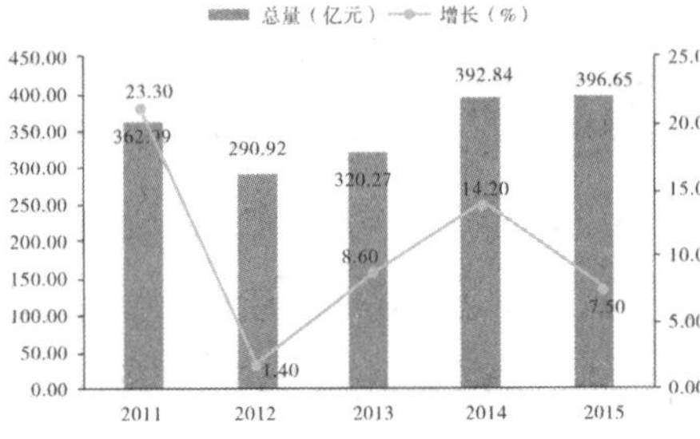

2　规模以上工业增加值及增长

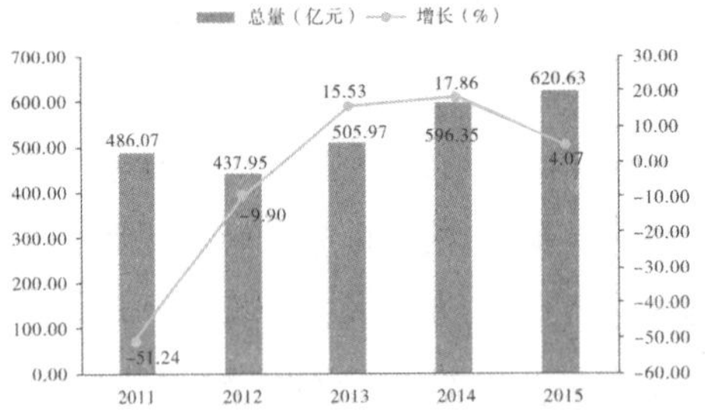

3　固定资产投资总量及增长

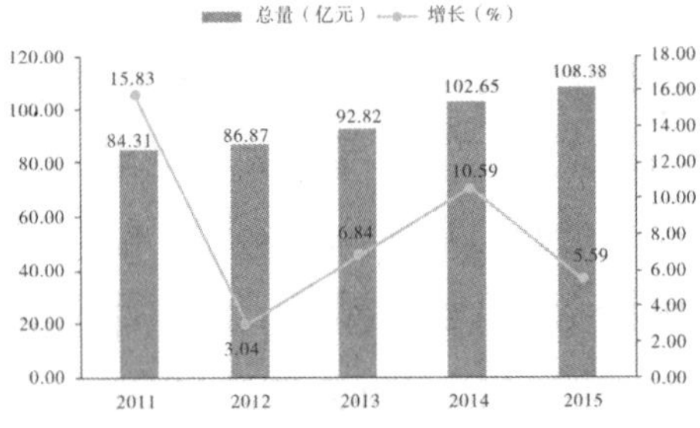

4　一般公共预算收入总量及增长

图 21　清远市“十二五”时期主要经济指标统计图

2. 实施粤东西北振兴发展战略情况。

——交通基础设施建设全面提速。2015 年，全市交通基础设施建设完成投资 39.12 亿元。佛清从高速北段、广清与清连高速连接线、汕湛和汕昆高速清远段开工建设。广清城轨清远段建设稳步推进，市区北江四桥、北江五桥开工建设。北江航道扩能升级全线动工。连佛高速、韶柳铁路、韶贺高速前期工作顺利推进。完成 633 公里国省道烂路维修改造，362 公里县道烂路改造全面启动并完成约 90 公里，500 公里新农村公路路面硬化任务及 100 座县乡公路危桥维修加固改造工程全面完成。至 2015 年年底，全市等级公路总里程 24 803 公里，公路密度 130.3 公里/百平方公里；高速公路通车里程 590 公里。

——产业园区扩能增效上新台阶。清远高新区成为全省第 12 个、粤东西北第 2 个国家级高新区。总投资达千亿元的一批产业项目动工建设，其中，总投资 300 亿元的长隆森林乐园主题公园全面动工建设，总投资 240 亿元的神华国华清远电厂首期两台（2×1 000 MW）“近零排放”机组正式动工，新兴际华、通用电梯、万达广场等重大项目全面动工。加大科技企业孵化器建设力度，天安智谷展示中心和运营中心建成投入使用，62 家科技型中小企业签订入园协议；华南 863 科技创新园一期建成投入运营，入园项目 47 个。2015 年，全市完成工业技改投资 32.8 亿元，增长 114.8%，增幅位居全省第一。2015 年，全市 4 个省产业转移工业园实现规模以上工业增加值 98.49 亿元，增长 20.6%；实现全口径税收 15.88 亿元，增长约 24.4%；新落地项目 61 个，合同投资额 157.21 亿元，在建项目 115 个，合同投资额 412.5 亿元，累计建成项目 150 个，投资额 232.9 亿元。

——中心城区扩容提质加快推进。燕湖新城起步区、江北新城、石角广清合作园起步区已完成控制性详细规划编制。燕湖新城“四大馆”（城市馆与博物馆、艺术中心、图书馆、科技馆与青少年活动中心）建设方案已确定。2015 年，市中心城区建设亿元以上项目共 32 个，总投资约 170 亿元，累计完成投资约 35 亿元。英德、连州建设副中心城市进展顺利。启动建制镇规划编制工作，全市 80 个建制镇（乡）开展规划编制工作。2015 年，全市常住人口城镇化率达48.6%。

——广清对口帮扶更加精准高效。抓住广清对口帮扶机遇，积极推进广清一体化，探索珠三角带动粤东西北地区振兴发展的有效路径。广清一体化发展战略上升为省级发展战略，并写入省“十三五”规划。广州市主导或协助清远市引入产业项目168个，计划总投资1 049.5亿元，其中亿元以上项目94个，计划总投资961.7亿元。作为广州帮扶清远的重要产业平台，广清产业园石角园区基础设施建设全面启动，完成33.45公里路网建设，园区“三纵三横”路网框架基本形成。已签约入园项目58个，计划总投资327亿元，达产后预计年产值1 064亿元，预计年税收41亿元，已有36个项目年内落地动工建设。民生社会事业全面对接，全市147所学校、12家县级以上医院与广州建立帮扶关系，广清两地实现异地就医医保即时结算、社保关系无障碍转移接续、住房公积金互贷，金融、农业、旅游对接不断深入。

——推进农村综合改革。深入推进“三个重心”下移，完善乡村治理机制，农村组织化水平和内生发展动力进一步提高。全市共整合耕地134.4万亩，整合涉农资金12.5亿元，成立农村集体经济组织20 679个。乡镇农村产权流转管理服务平台全面建成，完成土地流转60.8万亩，土地确权颁证6 191户。村一级金融服务站实现全覆盖。启动信用镇、信用村、信用户评定工作，发放“政银保”贷款约3.6亿元。积极推进连州市和阳山县省级新农村连片示范建设工程。204个村庄通过年度美丽乡村考核验收。共建成7个农村电商县级运营中心、180个村级服务站，建成全省覆盖面最广的农村电商服务体系。

——生态文明建设有力、有序、有效。全面启动国家环境保护模范城市创建工作。成立环境保护委员会，设立环境与食品药品犯罪侦查支队，成为全省第3个、粤东西北首个设立“环保警察”的地级市。新建成洲心、告星、望埠3座污水处理厂，新增污水处理能力6.5万吨/天。整治规模化畜禽养殖场599家，完成12家纺织、造纸企业废水处理设施建设。淘汰黄标车1.87万辆，划定市区黄标车限行区域和高污染燃料禁燃区。完成大气预警预报平台建设。完成重金属生态修复首期工程，启动电子废弃物整治二、三期工程建设。完成碳汇造林24.27万亩，全市森林覆盖率提高到72%。空气质量明显改善，主要河流水质稳定维持良好以上水平。

3. 县域经济发展情况。

2015年，清远市的英德市、连州市、佛冈县、连山壮族瑶族自治县、连南瑶族自治县、阳山县六个县级市县实现生产总值620.87亿元，占全市的48.59%；完成固定资产投资232.23元，占全市的37.42%；一般公共预算收入42.16亿元，占全市的38.89%；实现社会消费品零售总额238.05亿元，占全市的41.16%；实现规模以上工业增加值132.75亿元，占全市的33.47%。县域地区生产总值突破200亿元的县市为英德市，突破100亿元的为连州市、佛冈县；一般公共预算收入突破10亿元的为英德市；固定资产投资完成额突破100亿元的为英德市。

表26　2015年清远市县域经济发展状况

	地区生产总值（亿元）	固定资产投资（亿元）	社会消费品零售总额（亿元）	一般公共预算收入（亿元）	三次产业结构
英德市	237.42	125.78	110.74	16.99	21.5：32.3：46.2
连州市	125.63	34.73	43.49	7.20	24.6：22.3：53.1
佛冈县	104.60	38.92	37.19	9.80	10.0：47.2：42.8
连山县	29.39	5.26	5.66	1.39	22.1：31.6：46.3
连南县	36.57	9.16	7.37	1.62	15.7：32.3：52.0
阳山县	87.26	18.38	33.60	5.16	31.7：22.6：45.7

——英德市。2015年，英德市地区生产总值237.42亿元，增长8.6%；完成规模以上工业增加值66.68亿元，增长11.8%；固定资产投资125.78亿元，下降26.6%；地方一般公共预算收入16.99亿元，下降7.2%；社会消费品零售总额110.74亿元，增长10.7%；城乡居民可支配收入15 510元，增长10.1%。全市新签项目22个，合同投资金额192.47亿元，其中超亿元项目12个，合同投资金额187.26亿元。5家企业通过国家高新技术

企业认定。市级以上农业龙头企业发展到40家（其中省级7家），农民专业合作社发展到1 028家（其中国家级1家、省级10家）。茶叶年总产值达15亿元，连续六年被评为“全国重点产茶县”。成功举办2015中国英德红茶英石旅游文化节，全年共接待游客1 006.3万人次，旅游总收入57.6亿元，分别增长28.7%和32.1%。连江口镇被评为广东旅游名镇，黄花镇、石牯塘镇被评为广东省休闲农业与乡村旅游示范镇。东华镇、浛洸镇成功创建为广东省名镇，石灰铺镇、桥头镇成功创建为第四批广东省宜居示范城镇。成功创建全国义务教育发展基本均衡县，实现省教育强镇全覆盖。

——连州市。2015年，连州市地区生产总值125.63亿元，增长8.2%，人均地区生产总值达33 030元，增长7.6%。三次产业结构为24.5：22.3：53.2。规模以上工业增加值10.07亿元，增长6.1%。全社会固定资产投资34.73亿元，增长18.5%。社会消费品零售总额43.49亿元，增长10.6%。实际利用外资2 743万美元，增长57.1%。全年接待旅游人数794万人次，增长8.14%，旅游营业收入39.2亿元，增长9.25%。地方一般公共预算收入达到7.20亿元，增长10.0%。全体居民人均可支配收入14 855.1元，增长10.2%。其中，城镇常住居民人均可支配收入20 985.2元，增长8.9%；农村常住居民人均可支配收入10 021元，增长10.2%。获得“第五届广东省县（市）域旅游综合竞争力十强”、广东省自驾游最佳旅游目的地称号。

——佛冈县。2015年，佛冈县地区生产总值104.60亿元，增长8.8%，其中第一产业增加值10.4亿元，增长5.4%；第二产业增加值48.4亿元，增长9%；第三产业增加值45亿元，增长9.5%。规模以上工业企业增加值43.03亿元，增长10.5%。固定资产投资38.92亿元，增长17.2%，其中工业完成固定投资13.79亿元，增长91%。地方一般公共预算收入9.8亿元，增长7.5%，其中税收收入5.9亿元，增长7.2%。全县实现社会消费品零售总额37.19亿元，增长9.6%。年末金融机构本外币存款余额112.6亿元，贷款余额65.9亿元，分别比年初增长5%、13.1%。城乡居民可支配收入15 432元，增长9.4%。与广州经济技术开发区签订了共建广清产业园佛冈集聚区合作协议。

——连山壮族瑶族自治县。2015年，连山壮族瑶族自治县地区生产总值29.39亿元，增长5.4%；其中第三产业增加值14.29亿元，增长15.2%，第三产业成为经济发展的主导力量。固定资产投资完成5.26亿元，下降52.4%。一般公共预算收入1.39亿元，增长5.4%，其中税收收入0.87亿元，增长0.6%。社会消费品零售总额5.66亿元，增长10%。城镇居民人均可支配收入18 505元，增长10.8%；农村居民人均可支配收入10 259元，增长13%。完成了G323线连山部分路段黑底化工程、县民族小学、县职业技术学校等项目的建设，对全县中小河流进行综合治理。全县粮食播种面积13.05万亩，其中有机稻种植面积达3万多亩。成功举办广东（连山）“七月香”壮家戏水节、牛王诞、盘王节和“雾山梯田”春耕节、稻香节，全年接待游客52.5万人次，增长53.3%。禾洞、上帅两个镇“教育创强”顺利通过省验收。

——连南瑶族自治县。2015年，连南瑶族自治县地区生产总值36.57亿元，增长7.3%；固定资产投资9.16亿元，增长16.2%；一般公共预算收入1.62亿元，增长3.44%；城乡居民人均可支配收入13 615元；社会消费品零售总额7.37亿元，增长11%。引进招商引资项目9个，投资总额5.39亿元；完成营造林面积3.31万亩；共接待游客208万人次，增长30%，旅游综合收入8.32亿元，增长24.1%，成功举办第七届中国（连南）瑶族文化艺术节暨瑶族“盘王节·耍歌堂”“开耕节”“井唱节”“稻田鱼节”等节庆活动。重大项目连南50兆瓦生态农（林）业光伏项目一期20兆瓦项目有序推进。启动中国少数民族电影工程，拍摄了广东首部瑶族歌舞电影《旺都之恋》；民族歌舞《春耕乐》《欧莎腰》分别获得第十届全国少数民族传统体育运动会表演项目一、二等奖。

——阳山县。2015年，阳山县地区生产总值87.26亿元，增长6.9%，其中，第一产业增加值27.39亿元，增长5.5%；第二产业增加值18.92亿元，增长5.3%；第三产业增加值40.99亿元，增长8.9%；地方一般公共预算收入完成5.16亿元，增长7.8%；固定资产投资完成18.38亿元，增长20.1%；社会消费品零售总额完成33.60亿元，增长9.5%；城乡居民收入14 371元，增长10.2%。全年实现农林牧渔业总产值42.36亿元，增长5.6%。实现工业增加值12.03亿元，增长7%。全县游客接待量420.99万人次，旅游收入

25.05 亿元，分别增长4.43%、4.42%。金融机构各项存款余额105.13 亿元，增长13.5%。建成了集农村集体“三资”管理、公共资源交易、农村产权流转管理服务于一体的综合平台，荣获全国农村集体“三资”管理示范县称号。完成江英镇、阳城镇和黎埠镇的省教育强镇创建工作，达到教育强镇全覆盖的目标。

4. 清远燕湖新城规划建设情况。

——新城建设取得显著成效。燕湖新城是燕湖新区的核心区，是清远市扩容提质的重要载体和广清一体化合作的重要平台，规划总面积45 平方公里，预测容纳人口规模约40 万，起步区面积为7 平方公里。经过近3 年的努力建设，燕湖新城骨干框架搭建基本完成，北江一路、北江东路、站前东路、黄腾峡大道等一批工程已建成使用，累计完成投资96.79 亿元（含征拆资金）。一批大型公共服务设施项目如城市馆与博物馆、艺术中心、科技馆与青少年活动中心、图书馆等将陆续投入使用。燕湖新城范围内由政府投资建设的公建项目，已完成“三大馆”“三大公园”的方案设计。

——推进重大项目建设。2013 年至今，燕湖新城范围内已累计完成征地约10 000 亩，拆迁房屋2 100 多间，约36 万平方米，累计投入征拆资金约15 亿元，可基本满足项目建设需求。累计完成投资81.79 亿元，其中2015 年度前完成投资75.96 亿元。北江四桥、北江五桥、凤翔大道北、人民东路、3 个村民安置区等26 个项目进展顺利。合理安排2016 年新启动项目，计划新启动项目共33 项，主要为骨干路网、公共基础设施及相关必要配套设施，包括一批骨架路网、文化场馆和市政公园。

——多方引资解决建设资金问题。一是实施一批PPP 项目，破解融资困难。新城首条斜拉式大桥北江四桥，已与广东长大路桥公司完成PPP 模式合作，并于2015 年年底正式动工建设；二是与广东省建筑工程集团有限公司签订共建燕湖新城合作框架协议，按PPP 模式建设一批项目，涉及总投资约53 亿元；三是积极引入政策性资金支持。完成了粤东西北振兴股权基金落地，到位资金7.79 亿元，已投入使用5.29 亿元，有效推进了项目建设；四是完成国开行广东分行首期贷款7.5 亿元支持燕湖新城棚户区安置房购置；五是在广州的帮扶下，成立规模20亿元的广清基金。

——积极推动产业发展。一是推动新城产业集群化、高端化、低碳化，重点打造商务经济、创意文化、旅游度假三个核心功能型产业，发展生活性服务业、居住产业两个支撑型产业，二者共同构成燕湖新城产业体系，提供便利的生活服务和绿色低碳的居住环境。二是依托省级职业教育基地、新兴服务业组团等打造创业平台，实施人才引进计划和培养工程，吸引优秀外出务工人员回流就业创业，培养职业技术人才本地就业。三是合理布局新城周边产业，聚集有效人口。新城周边布局有国家级高新区、广清产业园、长隆国际森林主题公园等产业集聚区，这些产业能够提供有效的城市人口，促进产城融合和产城互动，加快本地农民市民化。

——促进新区与老城区联动发展。燕湖新城建设充分依托现有城区来拓展，与现有城区形成功能互补，形成聚集能力。一是规划联动。燕湖新城建址择地紧邻建成区，是现有城区的自然顺延发展。在新区规划中，注重新区与现有城区之间的分工关系，通过新城的建设弥补现有城区功能的不足，使新城和现有城区成为一个相互依托、相辅相成的整体。二是空间联动。通过新城建设有效拓展城市发展空间，疏解现有城区的人口、交通压力，补充现有城区功能不足。作为燕湖新城主体建区的洲心街道是清远市区周边的中心街镇，规划范围内以农林用地为主，城镇建成区有工业、制造业、商业；现居住人口规模约7万，其中城市建成区约3万；辖区内一批商贸物流、房地产、旅游等项目已经建成或正在建设。在此基础上建设新城，既可拓展现有城市区域，完善城市功能，又可对现有区域进行改造升级，造福当地百姓，同时现有区域的常住人口可转化为新城常住人口，聚集新城人气。

（六）云浮市

1. 概况。

2015年，云浮市地区生产总值713.14亿元，增长8.5%；人均地区生产总值达到29 078元，增长7.8%。三次产业结构为20.9：42.6：36.5。规模以上工业增加值完成240.58亿元，增长9.5%。地方一般公共预算收入58.7亿元，增长11.03%，社会消费品零售总额304.71亿元，增长13.5%；固定资产投资794.15亿元，增长7.6%。服务业增加值完成249.92亿元，增长9.7%。全年接待游客数量、旅游收入分别为2 062.59万人次、214.59亿元，分别增长9.9%、9.02%。

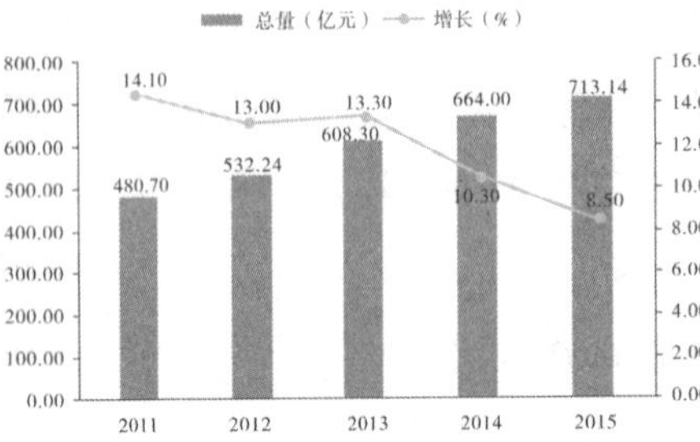

1　地区生产总值总量及增长

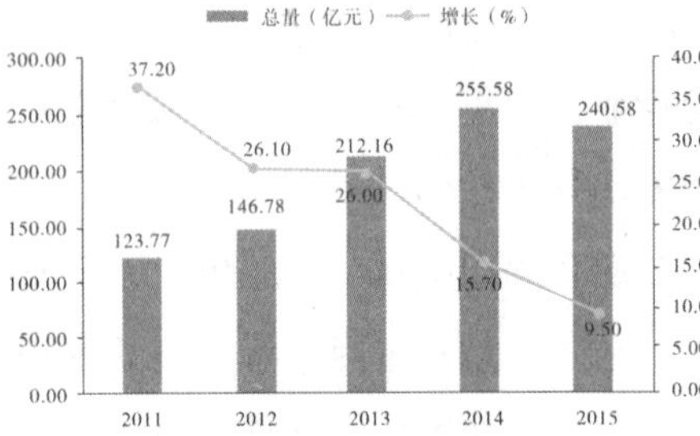

2　规模以上工业增加值及增长

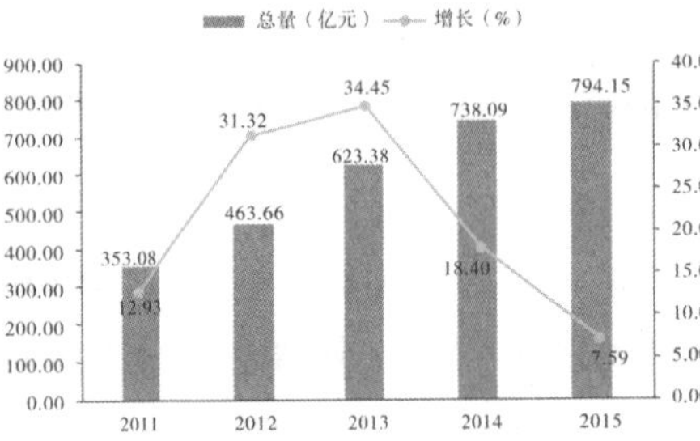

3　固定资产投资总量及增长

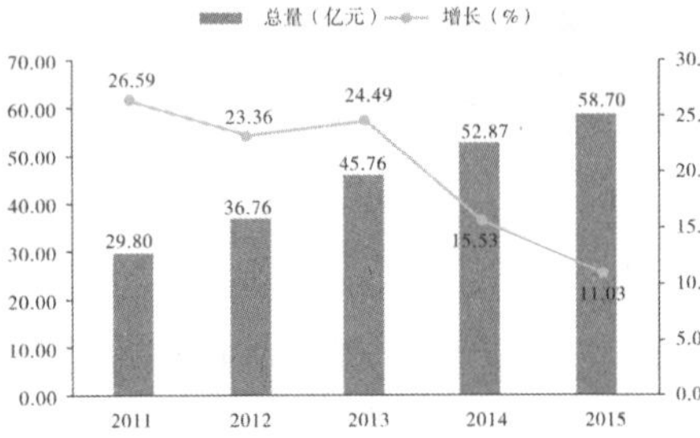

4　一般公共预算收入总量及增长

图22　云浮市“十二五”时期主要经济指标统计图

2. 实施粤东西北振兴发展战略情况。

——全面加快交通基础设施建设，大交通体系初步形成。2015年，云浮境内的交通建设投资73.5亿元。江罗高速高村到新兴段、广梧高速高村立交建成通车；罗阳、汕湛高速云浮段等重点交通设施建设进度加快，高恩高速公路、西江航道升级动工建设，罗定至德庆高速公路北段已纳入省高速公路中远期规划，S113线、S369线等共195公里升级为国道。完成罗岑铁路股权回收工作，南江口码头扩能等项目加快推进。云浮罗定机场开通了“珠海—阳江—罗定”低空航线。

——积极搭建合作平台，发展环境不断优化。佛山财政帮扶资金总规模增加到16亿元，并设立规模5亿元的佛山云浮战略性新兴产业基金，组建规模16亿元的佛山（云浮）产业转移工业园思劳集聚区股权投资基金。投入6亿元整合云浮国际石材城闲置资产。全市重点工业园区累计入园项目318个，投资总额523.36亿元，实现规模以上工业总产值338亿元，规模以上工业增加值88亿元。逐步拓展帮扶合作领域，全面实施两市教育及卫生专业人才千人互派计划，推进文化资源共享工程、佛山“菜篮子”云浮外延基地等合作项目。

——强力推进新区建设，中心城区扩容提质全面加快。西江新城交通基础设施、城市生态景观、公用设施、高铁中央商务区等多个重点项目加快推进，连接新、老城区的新城快线一期建成开通。云安区的行政服务等功能加快向西江新城集中。云城老城区加快提质，罗定规划建设粤桂边工业新城，新兴全力打造禅意生态名城，郁南积极建设全省绿色崛起示范县。罗定市、郁南县平台镇和市“一张蓝图”工程分别被列为省新型城镇化“2511”综合试点县、镇和专项项目。

——全力发展现代产业，调结构促转型取得显著成效。引进“四新一特”产业重点项目27个，投资总额110.2亿元。其中，云计算及信息服务产业方面，规划建设“云谷”产业园，华为、中国网库等企业落户发展。生物医药产业方面，规划建设云浮市健康医药产业园、罗定中药提取产业基地，生物医药规模以上企业发展到11家。先进装备制造业方面，飞驰氢能源汽车等战略性新兴产业项目基本完成厂房建设，依托温氏集团规划建设现代农牧装备产业园。健康养生旅游产业方面，禅文化创意产业园被认定为粤港澳服务贸易自由化省级示范基地。现代特色农业方面，成为国家农产品质量安全市创建试点的四个地级市之一，农林牧渔业总产值达238.78亿元，增长4.2%；全市农业产业化组织发展到2 497个，广东温氏食品集团股份有限公司在深交所创业板成功整体上市。2015年新增国家高新技术企业5家、高新技术产品8个；专利申请、专利授权分别为876件、601件，分别增长30.2%、

26.9%。高技术制造业增加值占规模以上工业增加值比重为7.7%，比上年提高0.7百分点。

——生态建设不断加强，生态环境质量保持稳定。全市空气质量保持在国家二级标准以上，市区优良率为94.5%；全市集中式饮用水源水质达标率100%。城镇生活污水集中处理率达75.1%，城市生活垃圾无害化处理率达100%。农村生活垃圾无害化处理率、清运率分别为92.92%、97.1%，在2015年度省农村生活垃圾收运处理工作第三方评估中居粤东西北地区第一位。农村人居环境持续改善，2013年以来建成生态文明村1 575个，建成广东名村40个。罗定市、郁南县两个省级新农村示范片加快建设。

——民生重点工作进展顺利，民生保障水平稳步提升。居民收入保持较快增长，城镇和农村居民人均可支配收入均增长8%。城镇新增就业34 180人，新增转移就业劳动力32 425人，城镇登记失业率2.47%。城乡居民基本养老保险基础养老金、城乡低保补差水平等多项底线民生保障水平均比上年有提高。各县（市、区）全部通过义务教育发展基本均衡县国家督导验收，教育强镇覆盖率达到88.9%，教育强县覆盖率达到100%。学前教育毛入园率100%，初中三年保留率96.75%，高中阶段毛入学率92.08%，均达到预期目标。成功承办2015“中国文化遗产日”广东主会场活动；新增“凤阳宗祠祭奠”等4个项目列入省级非遗目录；全市基层公共文化设施实现全覆盖，广播电视人口综合覆盖率达100%。第二轮扶贫开发“双到”工作取得显著成效，有劳动能力贫困户人均纯收入比帮扶前增长150%以上，重点帮扶村年集体经济收入增长600%以上。

3. 推进区域合作情况。

——规划建设粤桂黔高铁经济带合作试验区广东园云浮分园。云浮市紧紧抓住粤桂黔高铁经济带建设发展和佛山对口帮扶的重要机遇，规划建设粤桂黔高铁经济带合作试验区广东园云浮分园。2015年9月，组团参加粤桂黔高铁经济带合作试验区（广东园）建设工作现场会暨首届粤桂黔高铁经济带合作联席会议。2015年年底，《粤桂黔高铁经济带合作试验区广东园云浮分园发展总体规划》报省政府。

——推动广佛肇清云韶经济圈建设。出台《云浮市加快融入广佛肇清云经济圈工作方案》，加强云浮与经济圈城市多层次、多渠道的交流合作。推进交通网络互联互通，汕湛高速清远至云浮段等动工建设，西江（界首至肇庆）航道扩能升级工程有序推进，连接云浮新区与肇庆德庆县的西江大桥启动前期工作。与广州南沙港合作，云浮新港正式启动“无水港”通关模式，成为省内首个“无水港”试点。全面深化与佛山的合作，2015 年引进佛山的企业项目（含签约项目）共 93 个，计划总投资 348 亿元。与肇庆市联合起草《肇庆—云浮战略合作框架协议》。

——推进梧州—云浮战略合作。贯彻落实《梧州—云浮战略合作框架协议》，加强与梧州方面沟通对接。联合筹办梧云战略合作第一次市长联席会议。建立梧云战略合作市长联席会议及相关工作协调机制，编制并实施年度梧云战略合作重点工作计划，双方共同推进罗岑铁路、粤桂（罗岑）产业合作示范园区、大型农牧业养殖基地等项目建设。

4. 县域经济发展情况。

2015 年，云浮市下辖的罗定市、新兴县、郁南县 3 个县（市）地区生产总值分别为 177.78 亿元、221.51 亿元、98.04 亿元，分别增长 8.7%、8.7%、8.5%；地方一般公共预算收入分别为 11.49 亿元、15.94 亿元、5.7 亿元，分别增长 13.6%、18.1%、4.4%；规模以上工业增加值分别为 37.6 亿元、98.3 亿元、38.6 亿元，分别增长 10.8%、10.5%、10.8%；社会消费品零售总额分别为 85.14 亿元、58.16 亿元、50.87 亿元，分别增长 14.0%、12.8%、13.8%。

表 27　2015 年云浮市县域经济发展状况

	地区生产总值（亿元）	固定资产投资（亿元）	社会消费品零售总额（亿元）	一般公共预算收入（亿元）	三次产业结构
罗定市	177.78	146.19	85.14	11.49	22.1 : 39.7 : 38.2
新兴县	221.51	160.09	58.16	15.94	23.6 : 40.5 : 35.9
郁南县	98.04	63.79	50.87	5.70	28.0 : 33.7 : 38.3

——罗定市。在特色经济方面，形成了电子、纺织、建材、稻米、肉桂、罗竹、油茶等特色产业。罗定稻米节升格由市政府和省农业厅主办。雅达电子高端电源生产线增至22条，中材水泥、华润水泥、中广核风电、中顺洁柔纸业等龙头企业平稳发展。“梦想小镇”等电商平台相继建立。五金机械、日用化工、高新电子、生物制药四大主导产业完成产值57.25亿元，增长23%。罗定绉纱鱼腐被评为省“名、特、优、新”农产品区域公用品牌。佛山（云浮）产业转移工业园双东分园2015年实现规模以上工业总产值30.8亿元，增长30.5%；累计入园项目67个，计划总投资205亿元，已建成投产25个，完成投资28.6亿元。总投资60亿元的海尔云浮（罗定）创业园首期工程动工建设。罗定市成为国家循环经济示范县（市）建设地区。

——新兴县。在特色经济方面，大力发展不锈钢制品、果品加工、养殖业、旅游业及禅文化等产业。该县是全国最大的餐厨具生产和出口基地、中国不锈钢餐厨具之乡、国家农业产业化示范基地、全国畜牧养殖业大县、2015年电子商务示范县。全县农业产业化组织销售收入达500亿元，增长26.6%。禅宗文化游、温泉养生游和生态休闲游三大特色旅游品牌较为知名，拥有六祖故里旅游度假区、金水台温泉旅游度假区、天露山旅游度假区等国家4A级旅游景区。2015年，新兴县名列全省县域旅游竞争力第3名，年内共接待游客926.45万人次，增长15%；旅游总收入73.2亿元，增长15%。新兴县已形成五大产业发展平台，佛山顺德（云浮新兴新成）产业转移工业园已入园项目63个，已投产企业35家；2015年实现工业总产值75.6亿元，增长36%；规模以上工业增加值13.1亿元，增长36%；税收1.39亿元，增长52%。

——郁南县。在特色经济方面，全力推动电池、机械、建材、特色农业等产业发展。该县是全国最大的液力传动机械生产基地、电池机械生产基地、县级电池生产基地、省级电池产业集群升级示范区、省电池机械特色产业专业镇，省锑制品生产出口基地。特色农业品牌闻名遐迩，创建了中国无核黄皮之乡、中国柑橘产业龙头县、全国绿色食品原料（砂糖橘）标准化基地等国家级农业品牌。分别在都城镇、大湾镇、南江口镇规划建设产业园区，累计引进项目31个，其中建成投产18个，累计投入27.3亿元；2015年共完成工业总产值40.4亿元，增长25.8%；工业增加值10.1亿元，增长11.2%。

5. 云浮新区规划建设情况。

——经济发展有新增长。云浮新区谋划打造“三个城”（生态绿城、产业名城、现代新城）的建设目标，部署打好“三张牌”（环境牌、产业牌、服务牌）的工作抓手，明确实施“三步走”（一年环境大变化，两年产业有突破，三年新城见成效）的工作任务。2015年，实现规模以上工业增加值28.42亿元，增长21.7%；完成固定资产投资总额159.74亿元，增长11.3%。其中，西江新城起步区实现规模以上工业总产值28.66亿元，增长27%；规模以上工业增加值6.93亿元，增长33.95%；固定资产投资总额66.88亿元，增长18.2%。列入省重点建设项目8个，全年完成投资11.57亿元，完成年度计划的54.6%；列入市重点建设项目（含预备项目）14个，全年完成投资12.06亿元，完成年度计划的26%。

——基础设施建设有新进展。交通设施方面，南广高铁云浮东站运营顺利，自开通以来日平均客流量达1 500人次；云浮大道（新城快线）一期正式通车；新区建成道路达63公里，交通设施等级和通车能力显著提升。服务配套方面，华立学院在校师生达3 000多人；市人民医院西江新城综合门诊部已签订合作协议；220千伏变电站正式投入使用。行政功能方面，市直部门、云安区、新区“三合一”综合行政服务中心建成并顺利运作，市直和云安区有关单位的规划选址工作有序推进。

——产业发展有新成效。新兴产业方面，“云谷”项目各项规划和配套政策不断完善，引进了华为数据中心、神州数码集团等一批优质项目，云计算大数据产业发展迈出了坚实步伐。工业方面，各项经济指标保持了中高速增长，重点工业企业的发展速度不断加快，雷允上药业、爱德克斯、高丘六和、广云铝板带四家企业2015年产值增速分别达100%、44%、43%、7%。

专项篇

一、重大区域发展平台建设

（一）综述

2015年，广东省围绕创新、协调、绿色、开放、共享五大发展理念，加快各类重大区域发展平台开发建设，有力地推动了产业集聚发展和转型升级。重大平台成为各市转型升级和优化发展、促进中心城区扩容提质、推动区域协调发展的重要载体。

——创新体制机制，推动先行先试。一是高标准建设国家级新区。在加快推进南沙、前海、横琴三大国家级新区开发建设的同时，充分发挥新区与自贸试验区政策叠加优势，加快构建国际化、市场化、法治化营商环境，推动更高水平对外开放。二是推进政策创新。省政府印发《关于支持广州南沙新区加快开发建设的若干意见》。积极贯彻落实国家有关部委支持南沙、前海、横琴建设的若干重大事项和政策创新，制订并细化落实方案，在港澳普通民众的通关便利、企业注册登记、车辆跨境通行、社会服务衔接等方面先行先试，创新粤港澳合作模式，深入推进粤港澳服务贸易自由化。

——不断健全规划体系。全省各重大平台已基本完成各类规划的编制工作，形成了以总体规划为统领、专项规划和控制性详细规划为组成部分的完整规划体系，在产业发展定位、产业体系、产业空间布局，道路、市政、能源、信息网络等基础设施建设，绿色低碳生活和生态环境保护等方面，引领重大平台的开发建设。2015年，经省政府同意省发展改革委印发广东东莞粤海银瓶合作创新区、广东珠海西部生态新区、华侨经济文化合作试验区、广东梅兴华丰产业集聚带发展总体规划，规划建设区域发展新平台。

——推动产业集聚高端多元化发展。一是珠三角各市以创新驱动发展为核心战略，统筹规划产业布局，支持重大产业项目优先向新区集中，着重调整和优化产业结构，培育新兴产业，发展现代服务业、先进制造业和高技术产业，促进产业高端集聚发展与转型升级，构建现代产业体系新平台。前海合作区继续扩大对港服务业开放，一大批香港优质企业入驻，跨境双向人民币贷款业务迅速增长，率先实现前海跨境人民币贷款的双向打通。佛山中德工业服务区多领域打造中欧中心产业集聚平台，涵盖生物医药、研发设计、科技及环保服务、知识产权及咨询中介、智能制造等方面。江门大广海湾新区以广东轨道交通产业园为核心载体，统筹打造广东轨道交通产业集群。二是粤东西北各市将产业发展作为新区建设根本，与珠三角地区开展产业共建，促进产业高水平梯度转移与集聚发展。汕尾新区引进深圳市的比亚迪、信利TFT 5 代线等 8 个重点产业项目。清远燕湖新区抓住广清对口帮扶的机遇，积极引入广州市主导的产业项目，重点打造商务经济、创意文化、旅游度假产业。阳江滨海新区主动接受珠江西岸先进装备制造产业带的辐射，重点发展装备制造、金属制品及材料、食品医药产业，打造中国（阳江）高端不锈钢产业基地等六大产业基地。

——加快重大项目建设。一是珠三角各市坚持“市场主体、政府引导”的方针，创新招商引资工作机制和方式方法，采取多种措施加快新区项目开工建设。中新广州知识城充分发挥新加坡的招商经验和国际招商网络的优势，与新加坡联合开展国际招商，共同引进了 21 家企业注册。东莞水乡特色发展经济区重点引进了一大批优质产业项目，共 43 个产业项目纳入市重大建设项目，17 个产业项目纳入市重大预备项目。中山翠亨新区以基建指挥部会议机制统筹协调解决招商引资工作，稳妥推进 PPP 项目落地建设，形成“四个一批”，即一批筹备立项、一批完成立项并进入设计阶段、一批在建、一批完工或结算。二是粤东西北各市借助系列招商引资活动，科学谋划新区招商引资工作，全力促成项目落地，推动实体经济快速发展。汕头海湾新区抓住华侨经济文化试验区成立周年的契机，举行重点项目集中签约、开工、试开业仪式，签约项目共有 30 个，总投资 96 亿元。梅州嘉应新区加快推进义乌小商品城、科伦药业总部等项目建设，已完成林权流转服务中心、强华汽车零部件公司总部等项目供地。

（二）深圳前海深港现代服务业合作区

——全力推进“十大战役”。土地整备、水环境治理、平南铁路改造、航空限高等重大瓶颈问题均取得突破性进展。前海管理局与招商局集团、深国际签订了土地整备的合作框架协议，与中集达成了土地整备的共识；水环境治理拿出了具体方案；平南铁路拆迁工作实质性启动；航空限高问题取得了国家民航局的支持。

——开放格局进一步深化。制订国际投资贸易规则创新、简短版“负面清单”、外商投资国家安全审查3个试点方案；率先实现内资企业“多证合一、一照一码”和外商投资准入“一口受理、多证联办”；率先将国际海员外派范围由香港籍船舶扩大至其管理的所有船舶；率先在粤港澳检测结果互认方面实现红酒等相关产品“一张证书深港直通”；获批开展外债宏观审慎管理试点、货物状态分类监管试点、知识产权投融资试点；国际贸易“单一窗口”上线运行；国务院批准以前海为龙头的深圳跨境电子商务综合改革试验区。

——服务管理模式创新。修订《前海深港现代服务业合作区条例》。在全国率先探索涉港澳台和外国法律查明与适用机制，3大国家级域外法查明机构落户前海。前海合作区人民法院挂牌成立；国际仲裁院外籍仲裁员占比继续全国领先，达到40.6%；落户5家粤港合伙联营律师事务所（全国共7家）。制订《建设国际人才自由港工作方案》，提出“六自由一保障”共38条创新举措。挂牌成立前海人才服务联盟、前海服务业离岸创新创业基地、中国人才网站联盟等。制定《前海深港合作区所得税优惠产业认定操作指引（试行）》《前海深港合作区产业发展资金管理暂行办法》等4部规范性文件；行政审批全面实行网上全流程备案；解决注册难问题，基本实现“零收费”“零罚款”和“零跑动”。

——以金融为核心的高端服务业产业集群初步形成。入驻前海的金融持牌机构已达98家。前海微众银行成为全国第一家民营互联网银行；引进台湾玉山银行。前海招联消费金融有限公司落户，成为首家CEPA框架下开业的消费金融公司。要素交易平台达 19 家，前海股权交易中心首创区域性股权交易中心的挂牌展示模式，深圳排放权交易所是全国唯一允许境外投资者直接参与投资的要素平台，前海金融资产交易所势头迅猛。成功赴港发行首只“前海概念”境外人民币债券。发起成立前海股权投资母基金，1 亿元扶持前海梦工场创业企业。至 2015 年年底，注册前海的金融企业已达 31 352 家，注册资本金达 23 943. 13 亿元，其中商业保理企业占全国 2/3，融资租赁企业占全国 17. 8%。

——深港合作成效明显。汇丰、恒生、嘉里、周大福、金银业贸易场等一批标志性港资企业落户，前海香港商会正式成立，港货中心一期建成营业。出台《前海促进深港合作 2015 年度行动计划》，52 个香港创新创业团队进驻青年梦工场。在工程建设领域进一步扩大对香港专业人士开放，推动香港专业人士前来执业从业。

（三）广州南沙新区

——经济保持快速增长势头。2015 年，南沙新区地区生产总值 1 133 亿元，增长 13. 3%；固定资产投资 620. 55 亿元，增长 54%；一般公共预算收入 71. 25 亿元，增长 13. 3%；货物吞吐量 2. 82 亿吨，增长 11. 7%；集装箱吞吐量 1 177 万标箱，增长 6. 3%；进出口总额 1 526 亿元，增长 18. 2%，其中出口 1 028 亿元，增长 37. 5%；新设企业 7 589 家，增长 320%；新增注册资本总额 964. 8 亿元，增长 255%；合同利用外资 27. 9 亿美元，增长 64. 7%，区域经济引擎作用逐步凸显。

——制度创新取得实质性进展。一是以负面清单为核心的投资管理制度基本建立。实现了对外资和内资项目均实施负面清单管理模式，对负面清单以外的项目（企业）统一实施备案管理，已有 229 家外资企业投资备案。在全市率先推行“一口受理”新模式，实现“十二证三章”联办，市场准入联办证件数量和速度全国领先。实施“一照一码”、综合窗口服务、企业帮办服务、电子税务登记证、国地税“一窗化”等标志性改革，企业办事便利化水平显著提升。二是以贸易便利化为导向的大通关体系建设取得重大进展。国际贸易“单一窗口”一期已上线运行，建立口岸监管“三互”机制。在全国率先启动“互联网+易通关”改革，率先建设检验检疫“智检口岸”，实施快速验放机制、国际转运货物自助通关，试点以政府采购形式支付查验服务费等一系列通关模式改革。三是以政府职能转变为重点的事中事后监管制度进一步完善。深化行政审批改革，市场准入前置审批事项由101项缩减为12项。承接省市下放行政审批权限，实施行政审批动态调整和行政审批标准化操作。加强事中事后监管，推进综合执法改革，对市场主体实施综合监管，对全区商事主体实施了信用分类监管。四是法治环境不断优化。自贸试验区法院已挂牌成立，成为全国第一家专门负责审理涉自贸试验区案件的法院。完善国际仲裁和商事调解机制，组建广州国际航运仲裁院、自贸试验区法律服务中心、广州国际金融仲裁院自贸试验区分院及广州知识产权仲裁院自贸试验区分院，成立广州首家粤港合伙联营律师事务所，法律服务国际化水平明显提升。

——国际航运中心建设迈出新步伐。一是加快建设国际大港。加快推进港口基础设施建设，启动国际航运服务业集聚区建设，新开辟15条国际班轮航线、10个“无水港”业务点和5条“穿梭巴士”支线，集疏运体系更加健全。二是大力发展航运服务业。全年新增航运物流企业1 066家，是自贸试验区获批前南沙航运企业总数的3倍。DIT国际延迟中转、整车进口等创新业务积极推进，汽车平行进口试点已落地实施。三是积极发展航运金融。组建广州航运交易有限公司，广州航运交易所累计完成船舶交易575艘，交易额19.58亿元，增长34.3%和28.1%。成立南沙航运产业基金管理公司，政府首期4亿元注资已到位。四是不断提升国际贸易功能。建立了跨境电商“南沙模式”，迅速形成709家跨境电商企业规模，2015年跨境电商交易额突破13.84亿元人民币。塑料粒交易中心初步形成，出口货物集拼初具规模，完成国际配送货值24亿美元，旅游购物出口78亿美元。

——创新金融迅速发展。一是加快集聚金融机构。2015年新增金融和类金融机构533家，累计达654家，增长440%，包括国内首家专门服务大宗商品交易相关金融业务的广州商品清算中心股份有限公司、广州市首家获金融租赁牌照的珠江金融租赁公司等。二是加快推进金融业务创新。开展了跨境人民币贷款和跨境双向人民币资金池、跨境人民币缴税（费）业务，落实了直接投资外汇登记业务、外商投资企业外汇资本金意愿结汇，已办理22笔人民币跨境贷款备案，涉及金额56亿元。三是大力发展融资租赁。2015年落户融资租赁企业108家，注册资金约360亿元，新增合同金额236亿元，企业数量和业务规模超过全市的一半。渤海租赁首架以SPV方式引进的飞机已交付使用。四是积极推动金融新业态发展。以碳排放为首个品种的创新型期货交易所设立工作取得实质性进展，大宗商品期货保税交割仓库、大宗商品仓单登记交易中心建设加快推进。已推出境外融资、跨境放款、企业货物贸易项下全自动结汇等金融产品业务。

——区域交通枢纽功能进一步提升。港口码头方面，南沙港区三期主体工程已完工，第一条国际邮轮航线正式开通，国际邮轮母港已启动建设，深水航道拓宽工程、江海联运码头、近洋码头等项目建设按计划推进，国际航运枢纽港加快形成。轨道交通方面，地铁4号线南延段加快建设，南沙港铁路南沙先行段开工建设，地铁18号线、22号线已纳入广州轨道网近期建设规划。高快速路方面，虎门二桥主塔基础施工全面完成，广中江高速公路的番中大桥、放马互通立交及其连接线正加快建设，深中通道已明确线位并启动前期工作。商务机场方面，已组建机场投资建设运营主体。

——城市重点组团加快集聚。按照“一核四区”城市功能布局，以明珠湾起步区和蕉门河城市中心区为重点，加快城市重点组团建设。明珠湾起步区已形成146万平方米在建规模，导入了中交城投总部、中铁隧道总部、中化华南总部、省交通集团等一大批重点项目。蕉门河中心区已建成740万平方米，在建610万平方米，南沙一中扩建工程、南沙中心医院二期工程、市民广场中轴线配套道路、进港大道改造提升工程已完工，万达广场、风信子等一批商业综合体已开业，城市功能不断完善。

（四）珠海横琴新区

——基础设施基本成型。连接岛内外的重大交通基础设施建设分批展开，横琴二桥主桥通车，广珠城轨延长线、太澳高速延长线启动建设。岛内基础设施建设取得重大突破，珠海横琴市政基础设施（BT）项目、多联供燃气能源站首期项目建设完成，综合管廊投入使用，建成全国首个电子围网监控系统，横琴“二线”通道封关运作。无缝对接澳门的基础设施建设加快推进，横琴口岸及综合交通枢纽项目前期工作完成，珠澳轻轨无缝接驳技术方案成形，港珠澳大桥延长线启动建设。

——金融、旅游、会展等现代产业发展迅猛。金融业渐入佳境，金融类企业累计2 018家，管理资产超过1.7万亿元。广东首家民营资本发起设立的全国性金融机构——横琴华通金融租赁有限公司、稀贵商品交易中心开业营运，广东金融资产交易中心交易量位列全国第二。港澳居民跨境住房按揭业务累计收汇超过1亿美元，企业申请备案的跨境人民币贷款业务超过28.8亿元，全国率先开展跨境车辆保险业务。休闲旅游业发展良好，长隆国际海洋度假区开业以来接待游客逾2 100万人次，成为国内首个“世界主题公园杰出贡献奖”获得者。高端会展业全面提速，十字门中央商务区展览中心、会议中心投入使用，成功举办2015年珠海ITF国际女子网球巡回赛、WTA超级精英赛、第二届国际马戏节。高新技术产业势头良好，星光中国芯物联网工程一期项目顺利验收，国际中医药创新中心落地，引进中美合作示范项目——国家食品安全创新工程，华南理工大学创新研究院等进驻横琴创新产业基地（创业谷）。

——体制机制改革创新不断。发扬首创精神，推出多项改革创新举措，其中“政府智能化监管服务新模式”案例荣获全国自贸试验区最佳案例。创新政务服务，深化商事登记改革，全国首发“商事主体电子证照卡”和“商事主体电子证照银行卡”，率先推出“三个零”（零跑动、零收费、零罚款）政府服务。创新监管制度，制定港澳项目准入负面短清单，政府部门权力清单，工商行政违法行为提示清单，横琴与香港、澳门差异化市场轻微违法经营行为责任清单，设立综合执法机构集中行使行政处罚权，建立横琴与澳门消费维权合作机制，正式授牌实施“先行赔付”制度的横琴“诚信店”。优化法治环境，建立区内企业年度诉讼情况跟踪分析制度和商事案件专业化审理机制，全国率先实行“类似案件类似判决”引入法庭辩论制度、第三方法官评鉴机制，实施澳门籍人士担任案件陪审员制度，设立知识产权巡回法庭。检察官惩戒（监督）委员会制度和主任检察官引导侦查取证新机制得到最高人民检察院的全国推广。成立珠港澳商事调解合作中心。

——粤澳合作深度发展。至2015年年底，横琴共有港资企业243家、澳（门）资企业330家。与澳门合作项目进展良好，澳门特区政府推荐进入横琴粤澳合作产业园的33个项目，其中12个项目取得用地，10个项目完成立项。对澳交流合作机制不断完善，建立与澳门特区政府金融、通关、基础设施三条直线沟通机制，横琴片区建设珠澳合作机制，与澳门全国人大代表、政协委员及工商界社团定期沟通交流机制，联手澳门贸促局、澳门中联办经济部及澳门投资项目建设机构建立“政企面对面”每月工作例会机制。与澳门要素流动更加便捷高效，横琴口岸全国率先实施旅检通道“一机一台”关检改革，通关效率总体提升30%，实行横琴口岸进出口澳门货物简化归类申报方式。澳门青年创新创业初具规模，设立澳门青年创业扶持基金，建成横琴澳门青年创业谷，入驻项目112个，开设北京大学创业训练营粤港澳台创客特训班，吸引超过1 200名青年参加。

（五）汕头华侨经济文化合作试验区

——新区起步区建设进展顺利。起步区（12平方公里）的东海岸新城新津片区、珠港新城、南滨新城中心区的控制性详细规划已经市政府审批。①东海岸新城。与央企中国交建战略合作开发建设，项目累计完成投资超110亿元。水利工程及围填海已全部完成，正开展各分部工程和单位工程验收。新津片区8条市政道路建设已全部动工建设，同步实施水、电、气配套；连接新津、新溪和塔岗围3个片区，全线长16公里的滨海大道已基本贯通，滨海大道沿线的新津河大桥和外砂河大桥也已合龙贯通。加快新津片区3所学校、一座医院等公共服务设施筹建。截至2015年年底，新津片区累计出让成交7宗用地，总面积1 285.87亩。②珠港新城。黄厝围路（一期）道路及配套已开工建设；珠池港片区市政及配套（一期）工程5条道路总投资6.19亿元，计划今年陆续开工建设。高端住宅总用地面积246.4亩，国瑞地产、长平地产、肇庆市天诚置业纷纷进驻。③南滨新城。汕头海湾隧道主体工程启动招标，并开始动工建设，建成后将成为汕头两座跨海大桥之后贯通内海湾南北两岸的第三条过海通道。潮汕历史文化博览中心项目总投资8亿多元，将建设成为华侨试验区文化地标。

——重点产业项目建设进展顺利。①创设“华侨板”。大力推进区域股权交易市场建设，2015年9月15日试验区获批一周年之际，与广东金融高新区股权交易中心共同创办了全国首个以华侨为核心概念的区域股权交易市场“华侨板”。“华侨板”已挂牌企业386家，累计意向融资额56.1亿元。积极探索金融境外业务，打造“走出去”“引进来”的双向平台。②设立“华融华侨”项目。与全国最大资产管理公司华融资产管理股份有限公司，在资产管理、产业融资、产业基金等方面开展务实合作。双方在汕头签署战略合作框架协议，并举行双方合作平台揭牌仪式。“华融华侨”注册资本5亿元，其中试验区参股9%，首期资产管理规模将达到200亿元人民币，未来五年力争完成1 000亿元的资产管理投资规模。③建设众创大厦。合作建设“华侨试验区大众创业创新（众创）大厦”项目，培养一批IT、云计算、跨境电商、创意设计等新兴产业的青年创业者，同时打造专业孵化器。④建设华润商业综合体。规划总建筑面积约16万平方米（其中商业建筑面积约10万平方米、零售商业约6万平方米），总投资约30亿元，计划2019年建成。

二、海洋经济综合试验区建设

自2011年7月5日国务院批复《广东海洋经济综合试验区发展规划》（以下简称《海洋规划》）以来，全省各地、各部门按照省委、省政府《关于充分发挥海洋资源优势　努力建设海洋经济强省的决定》（粤发〔2012〕13号），努力推进广东海洋经济综合试验区（以下简称试验区）建设，形成了顶层有设计、发展有平台、产业有集聚、转型有成效的发展势头，试验区建设取得了一定成效。

——海洋经济综合实力继续保持全国领先。近五年来，广东海洋生产总值持续增长，年均增长率达13%，2015年全省海洋生产总值达1.5万亿元，增长11.5%，占全省地区生产总值的20.6%，海洋三次产业结构由2010年的2.4∶47.5∶50.1调整为1.6∶46.9∶51.5，提前实现《海洋规划》提出的海洋经济总量和海洋三次产业比例调整目标。2015年渔业经济总产值达到2 535亿元，增长7.8%；水产品总产量857万吨，水产品出口创汇28亿美元。渔民人均纯收入达1.5万元，增长11.9%。

——海洋经济空间布局逐步优化。2015年，省政府办公厅印发了《关于加强我省海岸带保护和科学利用工作方案》，统筹加强海岸带保护开发。启动编制海洋经济发展“十三五”规划、广东省海洋主体功能区规划、广东省海岸带保护和利用规划，不断调整优化海洋经济空间布局。加快广州南沙、深圳蛇口前海、珠海横琴等自贸试验区平台，以及汕头海湾新区、中山翠亨新区、茂名滨海新区等沿海省级新区建设。珠海横琴新区、惠州纯洲片区区域建设用海总体规划上报国家审批。开展海洋经济区域合作探索，与福建省联合编制《粤闽经济合作区发展规划》，共建粤闽经济合作区。与海南省政府签署战略合作框架协议，加强海洋等领域合作。深圳、东莞、惠州、汕头四市签署《海洋经济协调发展战略合作框架协议》。广州、中山与澳门开通粤澳游艇旅游自由行。

——现代海洋产业体系初步建立。一是传统优势海洋产业转型升级步伐加快。海洋交通运输体系不断完善，初步构建起布局较为合理、分工比较明确的集装箱和能源运输系统。2015 年，广东规模以上港口完成货物吞吐量 161 546 万吨，增长 3.1%，完成集装箱吞吐量 5 471.98 万 TEU，增长 3.3%。全省亿吨大港达到 5 个，深圳港、广州港集装箱吞吐量位居世界集装箱港口吞吐量的第三位和第八位。海洋渔业转型升级加快，建立渔船更新改造审核“先建后拆”制度，全省淘汰小、旧、木质渔船 938 艘，新建海洋捕捞渔船 871 艘、南沙骨干渔船 35 艘。大力发展远洋渔业，全省共有 19 家企业、197 艘远洋渔船在外生产。积极发展深远海渔业养殖，全省深水抗风浪网箱数量已发展到 2 035 个，产量 2 万多吨。海洋船舶工业集聚发展，2015 年全省有规模以上船舶工业企业 91 家，年产值 1 亿元以上的企业 18 家，船舶年制造能力约 650 万载重吨。广州的海洋船舶竞争力不断增强，中船广州龙穴 400 万载重吨的世界级船舶制造基地建成投产，珠江口大型船舶修造基地初具规模。二是海洋新兴产业快速发展。广州、深圳市成为国家生物产业高技术产业基地，建成深圳大鹏海洋生物产业园，形成健康元、海王生物等一批海洋生物医药龙头企业。海洋工程装备制造加快发展，依托珠江西岸先进装备制造产业带的开发建设，加快推动海工装备产业快速发展。广州、深圳、珠海等海洋工程装备基地建设进展顺利，珠三角海洋工程装备制造集群正在加快建设。中山海事重工、中铁南方装备制造基地建成投产。海洋可再生能源利用迈出坚实步伐，科学推进海洋可再生能源开发利用，重点推进海上风电发展，已有南网珠海桂山（12 万千瓦）、粤电湛江外罗（20 万千瓦）、华能阳江沙扒（60 万千瓦）等一批海上风电项目开展前期研究。建成完善海岛新能源微电网示范项目，实现对东澳岛等岛屿供电。在万山群岛、饶平等地开展海水淡化及综合利用试点。三是临海产业集聚集约发展。宝钢湛江钢铁基地建成并投入使用，打造钢铁精品基地。临海能源工业顺利推进，全省沿海建成规模以上电厂 20 多家。深圳滨海电厂、阳江抽水蓄能电站获得建设“路条”，珠海横琴等一批天然气热电联产等项目顺利推进，惠州抽水蓄能电站建成投产，国内在建最大的核电项目——阳江核电两台机组建成投入运营，湛江、惠州两个国家石油储备项目获得国家批复。四是滨海旅游业逐步向高端化发展。省海洋渔业局与省旅游局连续两年联合召开全省海岛管理暨旅游工作座谈会。省政府出台加强海岛保护、有序发展海岛旅游的意见，推动广东海岛旅游资源开发。珠海长隆国际海洋度假区一期建成投入使用。深圳太子湾国际油轮母港加快建设。惠东巽寮湾、阳江闸坡等一批滨海旅游休闲带初具规模。阳江海陵岛大角湾成功创建国家5A景区，成为全省首家5A级滨海旅游景区。2015年，全省滨海地区实现旅游总收入7 880亿元，占全省旅游总收入的76%。

——海洋科技自主创新能力稳步提升。建成建筑面积3万多平方米的广东省海洋与水产高科技园，一批国家级海洋研究机构即将进驻。推进海洋科技攻关和成果转化，2012—2015年共争取国家支持广东海洋经济创新发展区域示范专项扶持资金7.5亿元，重点开展海洋生物高效健康养殖、海洋生物医药与制品、海洋装备等技术攻关和成果转化，带动了40亿元社会资金投入海洋科技创新，有力推动了海洋科技创新活动的开展和以企业为主体的自主创新能力的提高。2015年广东区域示范专项项目承担企业中，自主科技研发投入已超过6.5亿元，建设和认证市以上企业科技研发中心、工程技术中心、企业重点实验室、中试基地等产业技术开发应用示范平台共56家，取得创新技术成果180项，一批海洋高技术领域新产品、新技术、新工艺迅速形成生产力并产生了较好的经济效益。

——海洋生态文明建设扎实有效。率先在全国开展美丽海湾建设，确定在汕头青澳湾、惠州考洲洋、茂名水东湾开展美丽海湾建设，下达补助资金9 200万元，开展“蓝色海湾整治行动”。获得国家海域海岛修复资金2.73亿元，开展一批海洋生态修复试点。汕尾龟龄岛生态修复、珠海三角岛开发建设进展顺利。东莞市、汕尾市、揭阳市分别完成威远岛、品清湖、绿洲湾等海岸景观综合整治，潮州市全面实施柘林湾生态修复。制订海洋生态文明建设行动计划。惠州市、深圳大鹏新区成功纳入国家级海洋生态文明示范区，全省国家级海洋生态文明示范区达5个。惠州市建成考洲洋、范和湾海洋生态园，种植红树林4 000多亩。安排1.5亿元在珠海万山等海域建设大型人工鱼礁示范项目。组织汕尾红海湾遮浪半岛、阳西月亮湾申报国家级海洋公园。南澎列岛海洋生态国家级自然保护区被列为国际重要湿地。

——涉海基础设施和海洋公共服务能力建设步伐加快。《海洋规划》确定的海洋交通基础设施全面开工，加快沿海港口5万吨级以上船舶出海航道建设，广州港出海航道三期工程、珠海港高栏港区主航道扩建工程竣工。加快推进疏港和沿海公路建设，广东第一座真正意义上的跨海大桥——南澳大桥建成通车，虎门二桥、港珠澳大桥建设顺利推进。实施千里海堤加固达标工程，截至2015年年底，规划的116宗海堤加固达标工程中，主体完工项目5宗、在建43宗，主体完工和在建项目占规划项目的41%，累计完成投资约37亿元。2015年省财政下达11亿元支持渔港和避风塘建设，全省建成和在建一类渔港15个，在建二、三类渔港16个。创建大亚湾全国海洋减灾示范区，核定全省58个岸段警戒潮位。开展重点保障项目精细化预报，深圳建成15个海洋气象浮标站。启动建设珠江口入海污染物自动在线监测系统。实施省级海洋预警报能力升级改造项目，柘林湾、大亚湾、流沙湾海洋观测浮标建成投入使用。惠州大亚湾建成全国首个国家级危险化学品应急救援基地。

——海洋综合管理和海洋意识宣传得到强化。积极探索海域使用权市场化配置，汕头市、惠州市成功开展养殖用海使用权拍卖。组织开展广东省现代海洋产业集聚区评定，推动现代海洋产业集聚发展。促进开发性金融加大力度支持海洋经济发展，2015年开发性金融支持涉海项目29个，发放贷款140亿元。在湛江市举办了2015中国海洋经济博览会，2 100多家企业参展，达成交易和合作意向300多亿元，参展企业、参观人数和签约项目、金额均超过往届。组织开展海岛旅游资源普查，出版《广东省海岛旅游资源》。编制发布《广东海洋发展报告》。南三岛、海陵岛被评为全国“十大美丽海岛”。成功举办“美丽海岸”“魅力海岛”摄影和微电影比赛，开展广东“十大美丽海岸”评选活动。推动设立了中国海洋报社广东记者站。惠州市开展“魅力海洋·美丽惠州”大型系列宣传。江门市举办“蓝色崛起——江门海洋经济发展巡礼”展示。

三、主体功能区建设

——全面制定省主体功能区配套政策。按照《广东省主体功能区规划配套政策制定工作方案》，省各有关部门积极研究制定相关配套政策。《广东省生态保护补偿办法》《广东省主体功能区产业发展指导目录（2014 年本）》《广东省土地利用总体规划实施管理规定》《关于积极推进广东省农产品主产区发展的若干政策意见》《广东省主体功能区规划配套环保政策区规划》《广东省主体功能配套应对气候变化政策的指导意见》《广东省主体功能区投资政策指导意见》七个配套政策已经出台实施。

——大力推进国家主体功能区建设试点示范。广东境内的南岭生态功能区和清远市列为全国主体功能区建设试点单位后，省有关部门及时组织试点涉及的县（市）制订试点方案，同时联合江西省、湖南省、广西壮族自治区发展改革委及省环境保护厅制订了《南岭山地森林及生物多样性生态功能区建设试点示范方案》。根据国家发展改革委和环境保护部关于试点方案的批复精神，省有关部门按照试点示范工作的主要目标、重点任务、时序安排和改革措施等，及时组织推进试点示范建设。南岭生态区重点探索建设跨省区生态功能区、探索生态特色产业经济发展新模式、探索改善民生和生态保护的有机统一、科学划分三类空间等；清远市重点在优化空间布局、发展生态经济、加强生态保护和民生改善、完善主体功能区建设配套政策等方面开展试点。

——积极申报将相关县（市）调整纳入国家重点生态功能区范围。按照国家发展改革委要求，省有关部门及时组织省级重点生态功能区范围内的连山县、连南县、连州市、阳山县、翁源县、新丰县、信宜市、大埔县、丰顺县、陆河县 10 个县（市）申请纳入国家级重点生态功能区范围，以利于进一步做好生态系统的保护和修复工作，统筹推进主体功能区战略。

——研究制定《广东省国家重点生态功能区产业准入负面清单》。根据国家发展改革委《关于建立国家重点生态功能区产业准入负面清单制度的通知》要求，按照“县市制定、省级统筹、国家备案、对外公开”的工作机制，组织广东已列入国家重点生态功能区的11县（市）开展产业准入负面清单制定工作，形成了《广东省国家重点生态功能区产业准入负面清单》初稿。待《广东省生态发展区产业准入负面清单》基本成稿后，将以其为基础进一步修改完善。

四、县域经济发展

（一）总体情况

2015年，广东省有57个县（市），分布在15个地级市，其中珠三角地区的惠州、江门、肇庆3市有12个，粤东西北12市有45个（粤东8个、粤西10个、粤北27个）。全省县域面积13.22万平方公里，占全省的73.6%；县域人口3 424.98万人，占全省的38.02%。

——经济实力。2015年，广东省县域地区生产总值11 185.49亿元，占全省的15.36%；县均地区生产总值196.24亿元，人均地区生产总值31 056.47元；地区生产总值超500亿元的有普宁市、博罗县、四会市和惠东县，300亿~500亿元、100亿~300亿元的县（市）分别有6个、29个，低于100亿元的有18个。

——产业发展。2015年，县域三次产业结构为18.48∶41.76∶39.76。县域实现工业、农业总产值分别为14 745.8亿元、3 335.7亿元，分别占全省的48.73%、60.43%。

——财政状况。2015年，全省57个县完成一般公共预算收入553.55亿元，增长4.38%；完成一般公共预算支出2 074.48亿元，增长33.25%。省对57个县（市）转移支付总额从2014年的1 135.31亿元增加到1 464.84亿元，增长29.03%。

（二）省财政促进县域经济社会发展情况

为支持县域经济发展，省财政注重发挥财政政策和资金引导作用，不断加大对基层和欠发达地区的支持力度。

——调整完善省以下财政体制，促进区域协调发展。为进一步规范省和市县政府间财政分配关系，完善分税制财政管理体制，广东于2010年调整完善分税制财政管理体制，以促进区域协调发展和推进基本公共服务均等化为出发点；以进一步形成省级与市县财政收入同步增长机制，增强省级调控能力为主要目标；坚持“存量不变，增量调整”和“大稳定、小调整”原则，适度调整增量，在确保各级政府既得利益的同时，适当提高省级财力集中度。将营业税、企业所得税、个人所得税、土地增值税地方收入部分，省与市县分享比例由“四六”调整为“五五”，省级集中的财力主要用于加大对欠发达地区转移支付力度，增强欠发达地区财政保障能力，为推进基本公共服务均等化，实现区域间全面协调可持续发展创造条件。同时，通过制定面向全省的产业发展财政政策，促进珠三角地区提升综合竞争力，增强辐射作用，带动粤东西北地区发展。

——改革完善省对下财政转移支付制度。为深化财税体制改革，加快建立现代财政制度，省政府印发《广东省人民政府关于改革和完善省对下财政转移支付制度的实施意见》。着力优化调整转移支付结构，结合事权划分调整转移支付结构，提高一般性转移支付比重，扩大转移支付支出规模中省级一般性转移支付占转移支付比重，2015年达到60%；完善一般性转移支付体系，发挥保障性转移支付托底作用，加强激励性转移支付的引导效应，完善生态地区转移支付，加大对特殊困难地区转移支付倾斜。同时，清理规范专项转移支付，规范转移支付资金分配，强化转移支付预算管理，提高区域间、级次间财力分布均衡度，促进全省经济社会均衡协调发展。

——稳步推进省直管县财政改革，强化省、市对县级的帮扶作用。省财政厅通过做好省直管县财政改革试点工作，在增强县级财权与事权完整性、协调性的基础上，进一步增强省级帮扶责任和管理力度，优化县域发展环境，增强县域发展动力，努力构建符合广东实际情况的省直管县财政体制。2010—2015 年，全省选取 5 批共 35 个县（市）（不含顺德区，简称试点县）开展省直管县财政改革试点，实行完全意义上的省财政直接对试点县，即在收支划分、转移支付、资金往来、预决算、年终结算五个方面由省财政与试点县财政直接联系。

——调整完善激励型财政机制，促进县域经济加快发展。为提高县级财政增收的积极性，促进县域经济财政发展，于 2013 年调整完善激励型财政机制，印发《广东省人民政府办公厅转发省财政厅关于完善省级财政一般性转移支付政策意见的通知》。按照“保基本”和“强激励”相结合的原则，在确保基本公平的前提下，重点强化激励作用。在“保基本”方面，将现行各项一般性转移支付的基数列入基础性转移支付，基础性转移支付比重保持在 60% 以上。在“强激励”方面，将新增资金用于激励性转移支付，通过运用由经济、财政、民生、生态四个方面指标组成的综合增长率进行考核，对实现协调发展的县（市）予以适当奖励，充分调动欠发达地区的发展积极性。通过财政增量返还和协调发展奖励两项措施加大激励力度，充分调动欠发达地区的发展积极性，2015 年，省财政共落实激励型财政机制资金 58. 91 亿元。

——健全县级基本财力保障机制，保障基层财政运转。2013 年，省财政研究制定《广东省县级基本财力保障机制奖补资金管理办法》，保障范围包括人员经费、公用经费、民生支出以及其他必要支出等，将政策着力点由解决财力缺口问题转向解决财力均衡的问题。同时，进一步增强保障资金的激励引导效应，新的县级基本财力保障机制将保障资金分为市本级奖励、县级新增需求补助、县级加强管理奖励 3 部分。通过实施市本级奖励和县级奖补等措施，促进地方改善县级财力均衡度、缩小市本级与县级财力差距，加强非税收入管理和财政供养人员控制，提高县级财政管理整体绩效。同时，充分考虑区域发展不平衡的突出问题以及欠发达地区县乡财政困难等问题，结合中央对广东的资金分配范围，加大省级资金支持落后地区的政权运转和各项社会民生事业发展。2015 年，省财政共安排县级基本财力保障机制资金 122.91 亿元。

——完善重点生态功能区转移支付机制，加强生态县环境保护。从 2011 年起研究建立补偿和激励相结合的生态保护补偿机制，制定了《广东省生态保护补偿办法》，以促进经济社会全面、协调、可持续发展为目标，以推进主体功能区建设和基本公共服务均等化为导向，对广东国家级、省级重点生态功能区实施激励与补偿相结合的财政补偿机制。一方面，对重点生态功能区为保护生态环境而放缓经济发展予以适当补偿，维持其基本公共服务支出。另一方面，与重点生态功能区保护和改善生态环境的成效挂钩，生态保护越好，获得奖励越多。2014 年，省财政修订完善《广东省生态保护补偿办法》，明确《生态环境保护指标考核实施细则》和《生态保护补偿资金分配实施细则》；建立完善生态环境保护考核指标体系，从水资源、空气、林业、节能减排等方面设置两级共 16 项生态指标，其中引入了社会普遍关注的“可吸入颗粒物（PM10）/细颗粒物（PM2.5）年均浓度”“重点重金属污染物排放量”等指标，对重点生态功能区、禁止开发区实施横向和纵向两个维度的考核评价，突出激励性补偿，引导各地加强生态文明建设。2015 年，省财政依据《广东省生态保护补偿办法》共下达生态保护补偿资金 19.98 亿元，大力推动了生态地区发展。

——积极落实“老少边穷”地区转移支付等各项资金。除省统一的转移支付政策以外，省财政认真落实有关转移支付政策要求，不断加大对原中央苏区、革命老区、民族地区、边境地区等转移支付，促进上述地区各项经济社会事业稳步发展，支持当地改善和保障民生。在分配一般性转移支付时，对少数民族县、原中央苏区县和扶贫开发重点县适用最高档次标准。在安排县级基本财力保障机制、重点生态功能区转移支付资金时，对重点生态功能区县适用最高系数。2015 年，省财政共安排原中央苏区财力补助 38 000 万元、革命老区转移支付 27 500 万元，民族地区转移支付 11 506 万元，边境地区转移支付 9 600 万元。同时，省财政在农村住房、水、路、电、气和互联网等基础设施建设资金均将原中央苏区县纳入补助范围，按规定予以支持。其中，在安排普通公路建设补助资金、山区和农村边远地区义务教育学校教师岗位津贴补助资金与乡镇卫生院医务人员岗位津贴补助资金时，对原中央苏区县按最高标准给予补助。此外，在新一轮扶贫开发中重点支持原中央苏区县和少数民族县。2015 年省财政安排扶贫开发“规划到户责任到人”省级补助资金约 14.9 亿元，助推新一轮扶贫“双到”工作开展，对属于原中央苏区县或少数民族自治县的重点帮扶村按每村 100 万元安排，加快推进精准扶贫、精准脱贫。

表 28　2015 年广东省各县（市）主要经济指标表

	地区生产总值		人均地区生产总值		地方公共财政预算收入		地方公共财政预算支出	
	绝对数（亿元）	增长（%）	绝对数（元）	增长（%）	绝对数（万元）	增长（%）	绝对数（万元）	增长（%）
南澳县	15.77	7.8	25 496	7.2	21 408	13.5	89 637	-5.9
乐昌市	107.09	6.6	26 116	6.0	59 728	-1.4	235 501	11.4
南雄市	126.27	10.9	38 380	10.2	59 963	7.5	277 014	50.2
仁化县	93.40	6.9	45 197	6.4	60 988	0.0	219 540	38.5
始兴县	75.07	8.8	35 425	8.1	38 481	7.3	165 359	43.7
翁源县	89.01	8.3	26 004	7.5	41 223	9.2	213 379	44.7
新丰县	74.03	8.5	34 789	7.8	37 746	9.2	182 452	28.3
乳源县	66.65	10.4	36 351	9.6	52 363	4.6	248 432	76.8
东源县	93.40	3.2	20 412	2.6	79 807	8.5	354 590	19.8
和平县	91.86	9.8	23 600	9.1	49 185	20.3	332 499	38.8
龙川县	122.45	6.1	16 938	5.5	60 859	11.8	472 821	22.0
紫金县	116.65	8.1	17 552	7.5	63 266	10.3	414 656	20.7
连平县	83.29	2.3	23 771	1.7	66 644	3.2	291 120	29.3
兴宁市	153.37	8.7	15 591	8.3	100 053	33.7	592 005	27.7

（续上表）

	地区生产总值		人均地区生产总值		地方公共财政预算收入		地方公共财政预算支出	
	绝对数（亿元）	增长（%）	绝对数（元）	增长（%）	绝对数（万元）	增长（%）	绝对数（万元）	增长（%）
平远县	68.57	10.2	29 365	9.8	65 595	22.3	233 213	31.5
蕉岭县	67.11	10.1	32 032	9.7	70 600	21.1	199 828	24.7
大埔县	72.09	9.7	18 927	9.3	81 857	26.7	324 701	44.5
丰顺县	94.73	10.5	19 385	10.0	73 637	28.1	379 687	43.0
五华县	126.93	9.7	11 769	9.2	55 543	28.8	570 663	40.3
惠东县	520.29	14.5	55 957	14.1	347 173	14.8	654 386	23.9
博罗县	547.12	14.1	51 365	13.5	373 570	10.1	739 819	43.3
龙门县	158.63	15.0	50 144	14.7	109 766	9.7	303 459	42.2
陆丰市	231.72	9.0	16 684	8.3	58 865	-63.8	613 238	30.0
海丰县	263.76	12.1	32 334	11.5	79 003	-48.5	578 491	121.3
陆河县	48.31	8.2	16 803	7.6	26 443	-29.1	225 978	49.9
台山市	328.72	6.5	34 603	6.3	247 639	9.0	436 185	10.6
开平市	287.92	8.2	40 750	7.9	215 356	11.3	338 261	24.9
鹤山市	260.72	9.0	51 941	8.8	242 489	13.1	300 023	26.2
恩平市	150.53	4.8	30 139	4.5	98 898	3.8	248 023	23.4
阳春市	369.74	7.9	42 290	7.2	125 994	7.1	446 923	51.3
阳西县	205.39	8.6	44 166	7.9	73 496	17.2	335 012	72.3
雷州市	254.39	7.7	17 260	7.2	58 675	6.1	553 702	56.7
廉江市	416.36	13.1	27 976	12.6	110 682	16.8	568 829	27.4
吴川市	220.93	8.4	23 042	7.8	68 972	14.9	316 117	34.7
遂溪县	263.07	7.1	28 714	6.6	69 476	13.2	362 115	56.8
徐闻县	144.73	6.5	20 104	6.1	44 664	10.7	317 853	16.2
信宜市	366.86	10.3	38 141	9.5	95 355	8.2	511 057	27.6
高州市	456.81	10.7	33 761	10.0	150 225	30.5	621 545	35.5
化州市	402.57	10.3	32 398	9.5	113 734	2.7	547 973	35.6

（续上表）

	地区生产总值		人均地区生产总值		地方公共财政预算收入		地方公共财政预算支出	
	绝对数（亿元）	增长（%）	绝对数（元）	增长（%）	绝对数（万元）	增长（%）	绝对数（万元）	增长（%）
四会市	543.73	9.0	94 917	8.3	228 744	-6.4	322 336	0.0
广宁县	130.74	7.2	30 014	6.7	77 555	-1.7	231 542	20.5
德庆县	120.75	7.2	34 412	6.7	87 611	2.2	230 394	15.8
封开县	134.48	7.9	32 904	7.5	69 908	-6.9	207 116	7.8
怀集县	218.56	6.8	26 077	6.4	74 418	-31.5	313 268	7.8
英德市	237.42	8.6	24 357	8.0	169 939	-7.2	535 398	18.8
连州市	125.63	8.2	33 030	7.6	72 038	10.0	279 532	50.8
佛冈县	104.60	8.8	33 376	8.2	97 968	7.5	195 413	26.1
连山县	29.39	5.4	31 405	4.9	13 896	5.4	171 205	93.2
连南县	36.57	7.3	27 382	6.7	16 211	3.4	174 300	86.8
阳山县	87.26	6.9	23 704	6.3	51 628	7.8	281 244	55.8
饶平县	226.13	8.6	25 527	10.2	76 162	17.9	445 962	39.7
普宁市	596.48	8.6	28 226	8.0	203 171	0.6	750 697	37.5
揭西县	215.00	8.1	25 301	7.4	51 459	9.4	381 979	37.3
惠来县	245.10	7.1	21 641	6.6	64 074	5.6	399 859	31.7
罗定市	177.78	8.7	18 216	10.3	114 895	13.6	428 492	4.8
新兴县	221.51	8.7	49 784	8.0	159 406	18.1	343 176	34.0
郁南县	98.04	8.5	24 274	7.7	56 979	4.4	236 845	28.0

五、产业园区扩能增效

2015 年，省产业转移园在总体经济增速下滑的巨大压力下，各项经济指标保持了平稳较快增长。全年完成工业项目固定资产投资 1 386 亿元，超额完成年度目标任务；规模以上工业增加值增长 16.6%，是全省平均增速的 2.3 倍；全口径税收增长 23.8%，是全省平均增速的 1.8 倍。省产业转移园占粤东西北地区规模以上工业增加值比重达 25.8%，比上年提高了 6.1 百分点，据测算对粤东西北地区规模以上工业增加值增长的贡献率约 50%。

——加强政策扶持。抓产业园区规划建设，各地围绕高速公路、铁路、港口、机场等交通基础设施规划建设产业园区，全年新批准省产业转移园 11 个，带动建设独立的产业转移集聚地 29 个，园区总体数量达到 80 个，全省基本实现产业园区粤东西北地区县域全覆盖。加大对园区建设的投入，2015 年，安排省产业园专项资金 54 亿元，安排约 1.444 万亩园区专项用地指标。加快推进园区基础配套设施建设，完成建设投资 106 亿元，超额完成年度投资计划。在园区大力推进分布式光伏发电应用，新建成装机容量 30 兆瓦，新推动 5 个园区与光伏投资企业继续洽谈合作装机工作，对 13 个园区实施循环化改造试点，其中湛江产业转移工业园被列入国家园区循环化改造试点并获得国家财政支持。

——实行督查督办和提升服务相结合。推动项目顺利落地。分解下达年度目标任务，建立产业园区月度数据监测通报制度，提前发现和预警问题，并结合目标管理、动态监测、年度考核等手段强化督查督办。建立项目实地核查制度，每月分片对各园区新项目落地情况进行督导。开展专题督导，针对 2015 年上半年产业园区项目落地建设进度不理想的情况，分片区连续召开 4 场专题督导会，及时分析存在问题，梳理工作思路，督导重点项目落地情况。实施精细化管理，对产业园区开展全面摸查，为 4 900 多家入园企业建立了包括 GPS 定位信息、现场照片在内的详细企业数据库，对项目开展精细化管理。推动各地积极提升园区服务，推广“一站式”“一门式”“保姆制”服务模式，15 个示范园中已有 11 个被当地政府赋予相关部门的“二号章”或“三号章”，大大提高了审批服务效率，缩短了项目落地建设周期。2015 年，产业园区的产业竞争力和投资吸引力大大增强，不仅在新落地、新投产企业数量上创出了历年新高，还有湛江宝钢、茂名巴斯夫等一批投资规模大、科技含量高、带动能力强的龙头企业相继投产，河源中兴通讯、汕尾比亚迪、清远金发科技等一批龙头企业先后落地建设。

——加大珠三角产业转移力度，推动省内产业梯度转移。在调研珠三角地区产业转移情况的基础上，制定《鼓励珠三角地区企业向粤东西北地区梯度转移行业目录（试行）》。以行业商协会为桥梁，引导珠三角地区相关企业组团式、集聚式转移，共促成15个园区与行业商协会达成招商合作意向，涉及企业90多家，意向总投资额超过140亿元。筹备“广东省产业转移园承接珠三角产业梯度转移对接大会”，引导各园区积极面向珠三角地区开展招商对接。

——强化园区平台作用，促进区域协调发展。指导各地合理规划工业集中发展区域，发挥园区平台的辐射带动功能，依托省产业转移园带动产业集聚发展。强化区域统筹，河源、梅州、汕尾及惠州东北部产业园区积极承接深圳、东莞等地电子信息产业转移，逐步发展成为珠江东岸高端电子信息产业带延伸拓展区；韶关、清远、肇庆、江门、云浮、阳江等市产业园区积极承接珠三角核心区机械、装备制造产业转移，发展上下游配套企业，初步形成珠江西岸先进装备制造产业带配套区；阳江、茂名、湛江市产业园区围绕钢铁、石化大项目发展上下游产业，打造粤西沿海重化产业带。提升园区发展层次，2015年深圳（河源）、广州（清远）产业转移工业园先后升格为国家级高新区，省产业转移园中国家级园区数量达到4家。园区产业规模发展壮大，2015年产值超过100亿元的园区达到25个，超过300亿元的园区达到6个，分别较上年增加7个和1个。园区规模以上工业增加值占当地比重提高，2015年粤东、粤西、粤北地区省产业转移园占当地规模以上工业增加值比重分别达到15%、31%、36%，分别比上年提高4、7、7百分点。

六、扶贫“双到”工作

为贯彻落实中央“两个大局”战略构想，实现广东省率先全面建成小康社会的奋斗目标，在总结第一轮扶贫“双到”经验的基础上，2013 年，省委、省政府部署启动了第二轮扶贫“双到”工作，组织 3 599 个单位，派出 7 986名干部驻村，帮扶 2 571 个相对贫困村、20. 9 万相对贫困户、90. 6 万贫困人口。三年来，全省各地、各部门坚持用倒逼的办法解决动力问题，用发展的办法解决贫困问题，用改革的办法解决制度问题，全面实现了扶贫“双到”目标任务，被帮扶贫困户生活状况大大改善，被帮扶村村容村貌焕然一新，被帮扶地区经济社会内生动力明显增强、发展速度显著提高。

（一）主要成效

——被帮扶贫困户全部稳定脱贫，贫困农民生活水平显著提高。截至 2015 年年底，全省被帮扶的贫困人口实现年人均可支配收入达 9 220 元，比 2012 年增长近 2. 6 倍，实现了稳定脱贫的既定目标。投入民生保障类资金 19. 53 亿元，实施民生类项目 23 828 项，农村低保最低生活保障标准提高至年人均 3 120 元，五保集中、分散供养标准分别达 8 400 元、6 500 元，缺少自我发展能力的低保户、五保户得到有效救济。贫困家庭适龄子女普遍接受义务教育普及率进一步提升，中等职业教育免学费政策全面落实，对家庭经济困难学生各教育阶段资助体系不断完善，贫困家庭子女就学状况显著改善。

——村集体收入明显提高，贫困村内生发展能力显著增强。全省 2 571 个贫困村村集体经济收入平均 10 万元以上，比 2012 年增长近 7. 8 倍，超过预定村均年收入 5 万元的目标。全省共实施生产经营项目 9 452 个，总投入达 29. 6 亿元，涵盖种养业、加工业、土地租赁和物业出租等项目，产生实际收益达

72.35 亿元。贫困村基本公共基础设施建设全面发展，完善农田灌溉水渠建设 21 892 公里；修筑硬底化道路 12 273 公里；解决了 6 601 宗农户饮水安全问题；新建村公共文化设施 5 695 项。

——被帮扶县域经济发展加快，贫困地区发展环境得到显著改善。截至 2015 年，21 个帮扶重点县县均地区生产总值为 135.2 亿元，年均增长 8.9%，增速高于全省平均水平 1.2 百分点；人均财政收入达 1 792 元；城镇人均可支配收入达 19 290 元；农村人均可支配收入达 8 563 元，四项经济指标比 2012 年分别增长了 32.0%、44.5%、33.5%、39.0%，21 个帮扶重点县城乡居民收入差距为从 2012 年的 1.90：1 降至 1.82：1。产业结构逐步优化，特色优势产业快速发展，生态环境进一步优化，经济与人口、资源、环境协调发展。交通、水利、能源、通信等基础设施建设进一步完善，教育、文化、卫生等公共服务水平明显提高，新型农村社会养老保险、基本医疗保险、农村最低生活保障等制度基本实现全覆盖。

——被帮扶村治理水平不断提高，党在农村的执政基础得到有效巩固。通过帮扶单位与重点帮扶村党支部一对一帮扶，贫困村党组织建设得到强化，村级组织体系健全、运作规范，村“两委”班子致富带富、社会治理能力明显增强。村务公开、财务公开制度不断完善，农村集体产权管理流转服务平台全面建立，自然村监理制度和法律顾问制度有效推开。全省 2 571 个贫困村组织换届顺利，村“两委”班子能力建设和工作成效得到群众认可。各类矛盾得到有效的预防和化解，党群干群关系更为密切、农村社会保持和谐稳定，党在农村的执政基础得到有效巩固和加强。

（二）主要做法

为提高扶贫开发的精准度和有效性，广东按照“一村一策、一户一法”的基本思路，瞄准相对贫困人口，精确配置扶贫开发资源，统筹兼顾，科学发展，推动扶贫开发“双到”与粤东西北地区振兴发展紧密结合，探索走出了一条具有广东特色的精准扶贫新路子。

——坚持政府主导、社会参与，走“三位一体”大扶贫之路。充分发挥政治优势，把扶贫开发作为重大政治任务，纳入粤东西北振兴发展战略框架和各地经济社会发展战略总体规划，落实党政一把手负总责的扶贫开发工作责任制，建立党政领导班子成员挂钩联系制度，实施省负总责、县抓落实、工作到村、扶贫到户的工作机制，形成政府强力推动的新格局。将扶贫开发“双到”工作纳入各行业部门、各帮扶单位重点工作，由行业部门统筹解决贫困地区基础设施、产业发展、民生保障等重点问题，由定点帮扶单位协调解决村内基本公共服务、特色产业、帮扶救济等具体事宜，构建起行业部门与定点帮扶紧密结合、分工明确、各司其职、协同作战的工作推进机制。惠州市级统筹专项行业扶贫资源，统一规划，重点突破，整市推进公共基础设施建设，克服了部门分割扶贫资源、驻村工作组争夺扶贫资源、各贫困村发展不平衡的弊端，破解了扶贫资源长期分割效率低的困局。依托“10·17”国家扶贫日和“6·30”广东扶贫济困日两个平台，引导企事业单位、社会组织、志愿者、爱心人士等积极投身参与扶贫开发事业，2013—2015年共筹集扶贫捐款近80亿元，并按照捐赠人的意愿，重点投向贫困村基础设施建设、教育医疗保障和产业发展领域。政府主导、行业统筹、社会参与的“三位一体”大扶贫做法，强化了扶贫“双到”的政治保障、社会基础和群众自觉，推动扶贫开发从政府行为向社会行为的转变。

——坚持依法扶贫、政策保障，走规范化、制度化扶贫之路。作为东部地区率先推行“依法扶贫”的省，2012年1月1日，广东颁布实施《广东省农村扶贫开发条例》，建立动态扶贫标准、明确农村扶贫对象、规范对象识别程序、强化帮扶方与被帮扶方相应责任、健全资金投入与管理机制，标志着广东扶贫开发正式进入法制化、制度化轨道。制定实施《广东省农村扶贫开发实施意见》《广东省新一轮扶贫开发“规划到户责任到人”及重点县（市）帮扶工作实施方案》和《关于创新机制扎实推进农村扶贫开发工作的分工方案》，对全省扶贫开发工作进行全面系统部署，推动扶贫开发“规划到户、责任到人”模式长期化、制度化。在全国率先实施了扶贫考核制和问责制，出台考评办法，公开考评结果，并将扶贫“双到”成效纳入各级领导干部政绩考核范围，确保各项扶贫措施落地见效。省有关部门制定出台关于选派驻村工作队和驻村工作干部、落实驻村干部待遇保障、加强贫困村基层组织建设、建立健全珠三角和粤东西北对口帮扶机制等配套政策，强化全省扶贫开发工作的制度保障，推动扶贫开发工作迈入规范化、制度化和常态化发展轨道。

——坚持规划到户、责任到人，走靶向疗法的精准扶贫之路。广东在推进扶贫开发“双到”工作中，始终坚持精准扶贫、精准脱贫的总体导向。通过贫困户自主申报、村评议公示、镇审核、驻村工作队核查，确定扶贫对象名单，实现扶贫对象的精准识别；按照“一村一策、一户一法”“规划到户、责任到人”的靶向疗法思路，根据贫困村和贫困户的致贫原因，有针对性地制定落实帮扶措施，做到因地、因村、因人施策，实现扶贫措施的精准发力；立足当地特色优势资源，结合当地脱贫的需要，在帮扶项目设计落实上，先征民意、后筛选、再确定，做到帮扶项目精准甄选；制定详备的扶贫专项资金使用管理办法，强化资金使用日常审计监督，确保专款专用，实现帮扶资金精准使用；制定并不断完善扶贫考核指标体系，囊括扶贫工作责任落实情况，贫困村、贫困户增收脱贫实效，民生和社会保障落实情况，生产生活基础设施建设情况及稳定脱贫长效机制建立情况5大项内容，实现脱贫成效精准评估。强化分类施策，对有劳动能力的贫困户，通过发展产业、培训转移就业、金融扶贫等措施，提高有劳动能力贫困户的自我发展能力，实现稳定脱贫致富；对无劳动能力的贫困户，纳入低保和社会救助体系，确保其不愁吃、不愁穿，落实子女教育、基本医疗、住房安全“三保障”。对重点帮扶贫困村，坚持缺什么补什么，因地因需做好基础设施建设、危房改造、产业发展等事业，促进贫困村发展环境持续改善。

——坚持建档立卡、精细管理，走信息化、阳光化扶贫之路。围绕扶贫开发“双到”工作要求，省、市、县、镇、村五级联动，全面建立覆盖全省的扶贫开发信息管理系统，在全国率先实施扶贫信息电脑联网管理，让扶贫开发工作在阳光下运行。一是建立扶贫对象信息管理档案。粤东西北被帮扶市、县，在摸清楚贫困村、贫困户真实情况的基础上，逐村逐户登记造册，详细记录贫困户基本情况、致贫原因，帮扶责任人，3年帮扶规划，年度帮扶计划，扶持资金投入时间和数额，扶持项目名称、规模等，做到户有卡，村有册，省、市、县（市、区）和镇有数据库，并同步将有关数据录入电脑管理系统，进行信息化、数字化管理。二是健全帮扶工作台账。各定点帮扶单位按照要求并根据帮扶情况，填写《帮扶记录卡》。县、镇扶贫有关部门通过帮扶台账，将挂钩帮扶的单位、责任人、帮扶措施、帮扶内容、帮扶成效等信息记录下来，同步录入电脑成为帮扶动态档案，跟踪贫困村、贫困户的帮扶成效。三是搭建覆盖全省的扶贫信息网。全省建立扶贫信息网，省设主网站、各市（县）搭建子网站，及时对外发布政策信息、扶贫动态、帮扶成效，向社会反映扶贫开发工作情况。四是强化阳光化监督。向全社会开通扶贫投入和成果查询，鼓励各级审计部门、媒体、贫困群众加强扶贫成效监督。及时利用建档立卡数据系统的信息，强化对各地扶贫工作的督促检查、考核督导，确保扶贫工作稳步推进。

——坚持因地制宜、积极探索，走百花齐放的创新扶贫之路。坚持问题导向，尊重扶贫开发内在规律，各地各部门因地制宜创造性开展扶贫工作，从工作推动、增收渠道、利用外力和民生保障上，探索出多种行之有效、特色鲜明的帮扶方式。一是思想扶贫。按照“扶贫先扶志，治穷先治懒”的要求，引导贫困户更新观念，树立自信和自我发展的意识，摒弃消极畏难和“等、靠、要”思想，变“要我脱贫，要我富”为“我要脱贫，我要富”。二是产业扶贫。围绕农业产业化和农产品商品化，在贫困村建立了农产品生产基地，连接终端销售市场、带动贫困农户致富，实施全产业链帮扶，形成“公司＋基地＋农户”的产业扶贫模式。三是智力扶贫。为贫困户提供免费的职业技能培训，并推荐就业；设立奖助学金，资助贫困户子女教育。四是旅游扶贫。充分挖掘贫困地区的自然、人文旅游优势资源，大力发展农家乐、农家客栈、购物观赏长廊等乡村旅游，扩大就业岗位，增加旅游收入，拉动农村经济。五是电商扶贫。以“互联网＋特色农产品”的新形态、新手段，搭建贫困地区特色农产品电商平台，做到网上销售、实体展示相结合，减少中间环节，扩大农产品销路，解决农产品“卖难”问题。六是金融扶贫。探索把扶贫专项资金作为小额贷款担保或者贴息的资金，通过金融杠杆，让这笔扶贫专项资金发挥更大的作用，即通过小额贷款解决资金短缺问题。七是民生扶贫。针对不具备劳动能力的贫困户，积极进行救济，出资为其购买养老保险、办理低保等，加大对贫困户子女教育资助、大病医疗救助和住房改造补助的资助力度。八是整村推进。由帮扶单位牵头推动，以政府投入为主，整合行业、社会扶贫资源，以村为单位实行总体规划、综合整治，改善村内的水、电、路、网等基础设施。九是对口帮扶。珠三角对口帮扶粤东西北地区，派出联合帮扶工作队，制定帮扶规划、共建产业园区、建立农产品产销对接机制、接纳农村劳动力转移，辐射带动贫困户发展生产、增加收入，形成两地互动、共促发展的帮扶新格局。十是党建帮扶。把巩固党在农村基层的政权与扶贫开发有机结合起来，充分发挥村“两委”在推动扶贫开发工作中的积极作用，选好“一把手”、配强领导班子，大力带领群众脱贫奔康，提升村“两委”的战斗力和凝聚力。

七、粤港澳台合作

（一）粤港澳合作

——扎实落实粤港、粤澳合作框架协议。框架协议实施以来，粤港、粤澳分别签署了6份、5份年度重点工作，累计实施473项和309项合作举措，在现代服务业、跨境基础设施建设、重点合作平台建设、社会民生合作等方面取得明显实效，基本完成2015年实现中期目标的任务。一是发挥政府合作机制作用。举行粤港、粤澳高层会晤，就重点合作事项达成共识。在香港召开粤港合作联席会议第18次会议，在江门召开2015年粤澳合作联席会议，分别签署5份和8份合作协议。二是强化对口部门工作机制。发挥粤港、粤澳联络办主任会议机制作用，统筹43个省直单位及珠三角9市与港澳特区政府加强对接，共同推动2015年度90项粤港、69项粤澳重点工作落实到位。

三是开展框架协议中期评估。全面评估“十二五”期间粤港澳合作政策、项目、机制等进展情况，并对各地各部门2015年工作进行考核，形成评估报告，推动合作发展。

——深入实施粤港澳服务贸易自由化。扎实落实CEPA广东协议，出台配套实施意见，优化行政服务改革，建设省级示范基地，切实发挥服务贸易自由化的政策效应。一是出台《深入推进粤港澳服务贸易自由化的实施意见》，在8个服务领域提出27项重点工作任务；在交通运输、会计、教育、文化、旅游等领域出台配套细则、监管措施和办事指南。二是建设首批13个粤港澳服务贸易自由化省级示范基地，制订认定管理办法，到港澳举办专题推介，重点发展跨境电商、国际会展、文化创意等现代服务业项目。三是率先对港澳服务提供者实行备案制度，落实港澳个体工商户130项开放措施，开展政府规章和部门规范性文件清理调整，营造市场化国际化法治化发展环境。四是联合商务部及港澳特区政府举办专题政策宣讲会，在香港举办建筑、工程、会计、医学等业界研讨会，组织行业主管部门到香港培训交流。2015年年底签署的CEPA服务贸易协议，新增10项仅适用于广东自贸试验区的开放措施，新增4个部门完全实现国民待遇。

——携手港澳推进广东自贸试验区建设。依托广东自贸试验区，推动港澳各界参与前海、南沙及横琴等粤港澳合作平台建设。在广州南沙注册的港澳资企业749家，在前海注册的港资企业超过2 000家，在横琴注册的港澳资企业1 097家。一是探索创新与港澳合作模式。广州南沙粤港深度合作区已形成初步总体方案。横琴粤澳合作产业园有18个项目签约落地，粤澳中医药科技产业园有30家企业进驻。二是加强粤港澳青年创新创业合作。前海深港青年梦工场对香港青年创业提供优惠政策。横琴澳门青年创业谷正式启用，两批共90家澳门青年创业团队进驻。南沙建设粤港澳青年创新工场，为港澳专业人才创新创业提供孵化器服务。三是拓展地市与港澳合作平台。中山与澳门签署关于翠亨新区合作的补充协议；务实推进江门大广海湾区等与澳门深化合作。

——加快推进跨境基建及通关便利化。一是推进跨境重大基础设施建设。

截至2015年年底，港珠澳大桥主体工程累计完成投资283.7亿元，完成项目概算总投资的74.4%。广深港客运专线深圳福田站在2015年年底投入使用，内地段全面建成通车。深港东部通道、粤澳新通道等项目正加快推进建设。二是促进区域基础设施互联互通和通关便利化。落实横琴口岸24小时通关、拱北口岸开关时间延长等。广东省先行试点签发电子往来港澳通行证，便利三地市民自助通关。三是落实“两地一锁”流程，使内地海关快速通关模式与香港海关“多模式联运转运货物便利计划”对接，节省货物20工作小时/天查验时间。四是开通粤港澳直升机运营，为大珠三角地区开辟了首条跨境低空空域航线。五是广东全面开通公交一卡通，并实现与香港、澳门公交卡互联互通。

——携手港澳参与“一带一路”建设。粤港澳携手把握“一带一路”战略，发挥港澳“超级联系人”角色，提升经贸合作水平，拓展科技创新合作，强化高等教育及人才交流。一是广东省制订出台参与丝绸之路经济带和21世纪海上丝绸之路建设实施方案，明确依托港澳在金融、贸易、航运、人才等方面优势，联手推进与沿线国家经贸交流合作。二是举办广东21世纪海上丝绸之路国际博览会，积极邀请港澳企业组团参展，组织三地政府部门及商协会开展务实交流，推动建立商会交流联络机制。三是积极推进经贸合作。2015年，粤港进出口贸易总额为2 097.8亿美元，粤澳进出口贸易总额为23.2亿美元；全年香港对广东直接投资项目4 855个，合同金额453亿美元，实际投资204.79亿美元；澳门对广东直接投资项目476个，合同金额17.11亿美元，实际投资7.37亿美元。

——加强科技创新和社会民生合作。加强粤港澳创新合作，为区域长远发展创造条件、夯实基础。一是加强科技创新合作。开展粤港科技创新合作专题调研，推动香港高校创新科技与广东产业对接、科技成果转化合作。二是提升高等教育合作水平。组织香港8大院校校长访问广东，在推动两地高校交流、联合科技创新及香港大学生来粤实习创业等方面取得实效，研究制订了创建粤港澳高校联盟工作方案。三是创新区域环保合作机制。成立粤港澳珠三角区域空气监测网络质量管理委员会，联合发布珠三角空气质量信息，开展粤港澳区域性 PM2.5 联合研究。四是推动民间交流合作。发挥粤港澳合作促进会作用，举办广东省港澳春茗活动、粤港澳合作论坛等，成立了会计专业委员会。五是保障对港澳水、电、气供应稳定和食品安全，加强粤港澳合作宣传，营造合作发展良好氛围。

（二）粤台合作

——稳步推进粤台经贸合作。截至 2015 年年底，全省台资企业累计 26 559家，合同利用台资累计 703.66 亿美元，实际利用台资累计 613.35 亿美元；广东累计有 44 家企业入台投资，投资金额累计 1.68 亿美元；台湾居民个体工商户累计 1 341 家，注册资金累计 8 284.6 万元人民币。2015 年，粤台进出口贸易额 606.2 亿美元，占同期大陆对台贸易总额的 32.15%。

——积极开展粤台经贸交流。2015 年，广东共 1 494 批次、7 025 人次赴台开展经贸交流活动。7 月 5 日至 11 日省台办与商务厅联合组织中山、潮州两市组团赴台开展经贸交流，在台期间举办了“广东（中山）与台湾光电产业合作研讨会”“广东（潮州）与台湾经贸合作交流会”，并拜会台湾相关工商业协会等。成功举办“2015 年第八届两岸专利论坛”“2015 惠州台湾精品博览会”“2015 东莞台湾名品博览会”等系列粤台经贸交流活动。

——不断深化粤台农业合作。2015 年，佛山、湛江海峡两岸农业合作试验区，珠海金湾、汕头潮南、梅州梅江台湾农民创业园和中山、韶关、江门等粤台农业合作园区（省级）基础设施建设进一步完善，对台农资金吸引力进一步加强。截至 2015 年年底，全省台农企业累计 958 家，投资金额累计 17.2 亿美元。经国台办和农业部批准，梅州梅县台湾农民创业园正式更名为梅州梅江台湾农民创业园；元升集团（台资企业）投资 2.5 亿元在韶关粤台农业合作试验区内建设的南雄两岸花博生态园建成开业。

——加快推进粤台金融合作。依托广东自贸区加快推进粤台在银行、保险、证券、融资租赁等金融业的交流与合作。6 月 15 日，在广州成功举办 2015 穗台金融论坛。经银监会批准，台湾银行、台湾中国信托银行在广州设立分行，并分别于8月6日和9月14日开业。台湾玉山银行深圳分行和国泰世华银行深圳投资项目取得重大进展。

八、泛珠三角合作

——加强交通基础设施合作。一是省际高速公路通道进一步完善。广东省规划的33条高速公路出省通道，已建成20条（含港澳），与陆路相邻省份各开通3条以上高速公路省际通道。其中，通福建省3条，通江西省4条，通湖南省4条，通广西壮族自治区5条，通海南省（至琼州海峡）1条，通香港特别行政区2条，通澳门特别行政区1条。二是珠江—西江干线航道建设加快推进。重点打造“三纵三横三线”珠江三角洲高等级航道网和加快西江航运干线及北江、东江、韩江、榕江航道整治工程建设。广东省已启动西江航道（界首至肇庆）扩能升级工作。三是港口合作更加紧密。推动以广州港、深圳港为核心的珠三角港口群，联手香港，打造功能齐全、错位发展、共同繁荣的现代航运物流体系。与香港、澳门建立了粤港澳三地港航合作交流机制。协商共建内陆无水港。广州港和深圳港已在泛珠其他省区共同建设昆明、衡阳、郴州、重庆、赣州、长沙、霞凝和梧州8个无水港。四是区域道路运输一体化取得突破性进展。广东省21个地市全面开通公交一卡通，并与香港、澳门公交卡实现互联互通。进一步深化粤港澳与东盟的合作，继续推进跨境（省）甩挂运输发展。推进交通运输物流信息化建设，整合物流信息资源，开展国家交通物流信息平台广东交换节点建设和物流信息软件标准化工作。与福建省共同研究下放两省毗邻地区跨省道路客运班线审批权。

——加强水利合作。一是强化区域防灾减灾合作。继续落实与湖南、福建、广西、江西四省（区）签订的北江、韩江、西江、东江流域防汛抗旱应急管理合作框架协议，建立健全与湖南、福建、广西、江西四省（区）流域防汛抗旱应急管理联席会议制度，加强省际防汛协商，深化邻省防洪合作。

二是强化水资源管理和保护合作。积极推动建立滇黔桂粤跨省（区）河流水资源保护与水污染防治协作机制，高度重视并积极探索和推进鹤地水库水资源保护工作。三是优化区域水资源配置。先后编制了东江、鉴江流域水资源分配方案并经省政府批复实施。配合水利部珠江水利委员会做好东江、西江、北江、韩江流域省际分水方案编制工作。实施流域全年水量统一调度，继续做好韩江、北江流域水资源分配方案编制工作，积极推进环北部湾水资源配置工程前期工作。四是加强粤港澳供水合作。2015 年全年对港供水 7.7 亿立方米，对澳供水 0.95 亿立方米，各项水质参数符合国标 GB3838—2002 第Ⅱ类水的标准。五是建立健全省际水政执法合作机制。主动加强与广西等交界省份地方水政主管部门之间的沟通与合作，开展联合执法检查行动，严厉打击水事违法行为，共同维护交界河段良好水事秩序。

——深化环保合作。一是积极稳妥推进跨省流域生态补偿试点工作。共同签署《福建省人民政府广东省人民政府关于汀江—韩江流域上下游横向生态补偿的协议》和《广西壮族自治区人民政府广东省人民政府关于九洲江流域上下游横向生态补偿的协议》，将汀江、梅潭河、石窟河和象洞溪四条福建来水纳入考核目标，规定粤桂两省（区）各出资 3 亿共同设立生态补偿资金，用于开展九洲江流域跨省水环境保护合作。二是加强规划引领，健全环境协同保护治理机制。珠江流域已纳入环保部组织编制的国家重点流域水污染防治规划（2016—2020 年）。广东省将珠江—西江经济带生态环保重大政策纳入正在编制的《广东省环境保护“十三五”规划》，推进粤桂环保合作。组织实施《赣闽粤原中央苏区振兴发展规划》，以东江源、新丰江源等江河源头保护为重点，积极推进跨省流域生态环境综合治理合作。三是推进跨省流域联防联治，保证上游水质达标管理。持续强化湘粤跨界流域联防联控合作，开展联合执法活动，排查跨界流域环境风险隐患。桂粤持续推进九洲江流域水污染防治合作，签订跨界河流水污染联防联控协作框架协议，建立省、市两级跨界流域污染防控合作机制。妥善处置跨界流域水质异常情况。四是推动探索区域预警和大气污染防治合作。以粤港澳珠江三角洲区域空气监测网络为基础，推动探索泛珠区域重污染天气空气质量预报预警合作。继续开展粤港澳珠三角区域微细悬浮粒子研究合作。持续实施粤港珠三角空气质素管理管理计划。

——加强产业合作。一是农业合作。联合主办全国荔枝龙眼交易会，参加第十四届中国（广西）荔枝龙眼产销对接活动。继续加强农业交流和产销合作。广东省已成为海南最大的冬种蔬菜销售省和云南主要的蔬菜调入省。此外，贵州、海南、云南的农产品通过广东销往香港和澳门，实现了多省区产品、市场互融互通和互利共赢。积极推动南繁育种基地建设项目。广东科研院校、种子企业已在海南建有相对稳定的科研育种基地2 000亩，每年广东到海南南繁种子企业10多家，常年繁制种面积约3万亩。二是旅游合作。区域旅游交流合作深入推进。推出第一批35家游学旅游示范基地，积极推动港澳青少年学生赴内地游学。区域旅游市场开发不断加强，相互支持重大旅游节庆和展会活动。组织旅游业界参加8个泛珠兄弟省区市举办的旅展，组织开展跨区域旅游促销。联合澳门旅游局赴泰国参加粤港澳“一程多站”旅游线路宣传推广活动。以区域联合促销为具体措施，推动旅游市场开发。

——深化市场环境建设。一是检验检疫合作。进一步优化完善区域检验检疫通关一体化工作机制和制度体系，加大出口直放和进口直通实施力度，进口货物直达广西、海南、贵州、云南等13个直属检验检疫局，出口直放范围扩大至涵盖泛珠区域九省的30个直属检验检疫局。探索实施“产地证签证”一体化。广东肇庆、广西梧州两地检验检疫局签署《关于加强粤桂合作特别试验区协作，促进通关贸易便利化合作备忘录》，简化两地产地证签证手续。深入开展出入境口岸疾病防控合作。全面加强食品农产品安全监管合作。广东与江西、广西、福建等直属检验检疫局签署合作备忘录，对出口柑橘实施“产地检验检疫CIQ铅封+口岸免于查验”的“直通放行”模式。江西、福建、广东三省高速公路部门达成协议，对出口运输车辆实行“绿色通道”政策。积极开展区域检验检疫科技合作，召开了“一带一路”标准化研讨会。加强粤港澳检验检疫通关合作，优化“供港蔬菜的RFID溯源监管系统”。二是工商合作。认真贯彻落实CEPA协议，推进工商注册制度便利化，进一步激发港澳投资者在广东省的投资热情。三是知识产权保护。深化泛珠三角区域知识产权合作，召开泛珠三角区域知识产权部门负责人会议，就知识产权强省建设等八大领域深化合作事宜初步达成共识。大力推进泛珠区域专利执法协作，积极开展案件移送、协办等合作。深化泛珠三角区域专利信息交流合作。加强知识产权交流研讨，联合举办多层次知识产权培训班。举办“首届知识产权珠江论坛”，打造区域知识产权交流合作品牌活动。四是海关方面。全力推进广东自由贸易试验区建设，发挥对泛珠三角区域的辐射和带动作用。在广东自由贸易试验区探索实施了一批可复制可推广的海关监管创新制度。推进泛珠地区海关特殊监管区域及保税监管场所区域通关一体化改革，降低企业通关成本和促进区域物流便捷流动。向企业宣传海关通关一体化改革红利，支持和鼓励区内企业以区域通关一体化模式向海关申报，降低企业通关物流成本。

——推动社会事务领域合作。一是医疗卫生合作。强化泛珠地区中医药区域研究交流合作。广药集团与粤澳中医药科技产业园开发有限公司及澳门大学签署了合作框架协议，携手推动中医药现代化和国际化。粤澳中医药科技产业园先后和贵州省食品药品监督管理局、美国中药联商会、澳门大学国家中医药重点实验室、澳门科技大学国家中医药重点实验室等签署了合作备忘录。广东省中医药科学院与澳门科技大学成立了“中药质量研究国家重点实验室（澳门科技大学）联合实验室”。深化粤港澳传染病疫情防治合作。建立定期交换各地发生的法定报告传染病疫情信息合作机制。落实 CEPA 政策，支持港澳从业者赴粤办医。鼓励港澳医疗机构和服务提供者在广东省设置更多独资、合资或合作医疗机构。二是劳务合作。积极推进人力资源市场信息联网，先后与江西、福建、云南、贵州、广西等省（区）实现人力资源市场信息联网对接，促进供求信息精准匹配。深入开展劳务对接合作，组织基层就业服务机构、企业、技工院校赴泛珠省区劳动力资源比较丰富的市、县、乡镇开展劳务推介、招聘等活动，推动建立长期稳定的劳务合作关系。完善在粤异地务工人员服务，推动 9 省（区、市）成立在粤务工人员服务协会，给予资金扶持。加强劳动监察合作，做好泛珠区域外省份劳动保障监察案件移交。三是社会保障合作。探索泛珠区域异地就医结算合作，逐步建立区域间异地就医协作机制，并按照国家统一部署，推进省平台与国家级平台联网，实现跨省异地就医直接结算工作。推进跨省社保关系转移接续工作，实现参保人在省内外流动就业时养老保险关系顺畅转移，并按规定领取相关待遇。四是人才服务合作。重新升级改造泛珠人才网联盟平台，组织召开泛珠三角区域人才网联网技术研讨会。加强与港澳地区人才服务合作。开展国家职业技能鉴定试点，合作开展“一试多证”培养评价模式，加强职业教育交流学习。积极推进自贸区粤港澳服务业人员职业资格互认，梳理首批在广东内获得能力认定的香港专业能力评估证书及澳门职业技能证明书目录清单。

九、国内经贸合作

——推进广货内销市场。2015 年广东省举办市场开拓及促销活动 127 场，足迹遍及陕西、重庆、云南、湖北、新疆、内蒙古等 10 多个省（区）。组织广东经贸代表团参加第三届中国—南亚博览会、第十一届中国新疆喀什·中亚南亚商品交易会、第二届中俄博览会等重点经贸活动 14 场。2015 年全年广东工业品销售产值 12. 13 万亿元，增长 3. 5%；工业品内销达 8. 87 万亿元，内销占工业品销售产值的比重达 73. 2%，比 2014 年增加 1. 8 百分点。

——推动省际商务交流工作。2015 年，协助黑龙江、云南、陕西等 20 多个省（区）来粤开展对接洽谈和推介会晤 20 多场，先后共组织 1 000 多家企业参与洽谈对接，共达成经贸合作项目 500 多个，签订投资贸易总额 800 多亿元，推动省际商务交流合作不断深化。

——稳步推进广东商会建设，积极发挥其桥梁纽带作用。截至 2015 年 12 月，驻外省广东商会已基本遍布全国，省级广东商会 28 家，副省级广东商会 3 家，企业会员发展已超过 1 200 家，会员企业注册资本达 3 000 多亿元，累计投资超过 2 万亿元。广东商会积极发挥驻地优势，协助广东省经贸代表团及广东企业参加本省（区）商务交流活动，并组织会员企业回广东考察洽谈。

十、对口支援工作

2015年，在党中央、国务院正确领导下，广东省委、省政府坚决执行中央关于对口援藏援疆工作各项决策部署，全省各有关市、有关单位与前方工作机构协调联动，深入推进以民生援建为龙头，产业、智力援建为两翼的对口支援工作，扎实抓好对口支援项目建设，积极推进广东与受援地交往交流交融，科学编制广东“十三五”援藏、援疆、援川规划，高效务实推进各项支援工作，取得了显著成绩。

——扎实推进对口支援项目建设。2015年广东对口支援工作直接投入财政资金36.73亿元，安排和实施项目292个。其中，对口支援新疆喀什25.22亿元（含深圳10.55亿元），安排和实施项目120个（含深圳59个）；对口支援西藏林芝9.62亿元（含总盘子外安排鲁朗国际旅游小镇项目4.7亿元），安排和实施项目95个；对口支援四川甘孜1.89亿元，安排和实施项目39个。项目建设贯彻执行“双审、双签、双管、双覆盖”的管理模式，援建资金全部足额到位，全年项目建设任务圆满完成。重点支持西藏林芝鲁朗国际旅游小镇项目和新疆兵团草湖200万锭广东纺织服装产业园项目建设。鲁朗国际旅游小镇项目已完成了总工程量的80%左右，兵团草湖200万锭广东纺织服装产业园首期30万锭示范项目厂房已完成主体建设。

——高度重视改善受援地民生事业。以改善各族群众生产生活条件为切入点，加大安居富民、医疗卫生、双语教育、扶贫助农、农牧区基础设施及各项社会事业建设的投入力度，项目资金坚持向民生倾斜、向基层倾斜、向农牧民倾斜、向重点地区倾斜。2015年安排对口支援新疆喀什民生类项目资金22.44亿元（含深圳9.64亿元），占资金总量的89%，新建、改扩建安居房26 240户，投入4.6亿元用于电、路、气、暖、绿化等城镇基础设施建设，投入2.3亿余元用于科教文卫基础设施建设，计划外安排1亿元用于塔什库尔干县扶贫攻坚项目。安排对口支援西藏林芝民生类项目资金4.24亿元，占资金总量的86%，实施整村搬迁、安居房建设、31个小康示范村、2个小康示范镇等工程，建成五保户集中供养中心、清洁饮水、水能发电等项目，投入5 955万元建设3所幼儿园，免费救治全市筛选出的13名先天性心脏病患儿和208例白内障患者。安排对口支援四川甘孜民生类项目资金3.24亿元，占资金总量的88%，援建中小学校舍20所、乡镇卫生院18个，实施安居住房建设和慈善救助等项目。

——大力促进受援地产业发展。广东对口支援工作继续以产业发展增强受援地造血功能，帮助更多当地群众实现就地就近就业。一是对口支援新疆方面。落实国家“一带一路”战略和推进新疆丝绸之路经济带核心区建设的战略构想，启动喀什国际经济合作区规划和建设。引进了思科电子、广新棉纺、非一达袜业等一批劳动密集型企业，探索出校企合作及县、乡、村三级就业模式，创造和带动就业岗位近10 000个。重点打造了兵团草湖广东纺织服装产业园、疏附商贸园（广州新城）、伽师工业园、深圳产业园、深圳城等园区基础设施及配套项目，支持受援地培养龙头企业和协助企业上市融资，已帮助5家企业在上海股权托管交易中心Q板挂牌、1家企业在前海股权交易中心挂牌、2家企业在新三板挂牌。二是对口支援西藏方面。继续打造以鲁朗国际旅游小镇为龙头的藏东南旅游精品项目，开通广州至林芝直飞航线，设立援藏发展基金用于景区建设，帮助农牧民开设家庭旅馆378家，扶持农牧民参与旅游增收致富。投入资金、引进技术，支持当地生猪、藏鸡养殖、蔬菜、林果、茶叶、玛卡种植等特色农牧业发展。大力支持藏医药产业发展，引进广东企业落户投资近2亿元开展天麻深加工和市场拓展，带动了全县20%的农牧民群众增收致富；引进广东东阳光集团投资虫草野生抚育和虫草产品研发，200亩虫草科研基地已开工建设，万亩野生虫草抚育基地基本建成。三是对口支援四川甘孜方面。在广州召开甘孜州与粤港企业座谈会，强化粤川两地企业间合作，促成受援地与深圳华侨城、广东华昌铝厂签订了战略合作框架协议，与香港卫视国际传媒集团、融捷投资控股集团有限公司签署了战略合作协议，招商引资35亿多元。在深圳举办四川甘孜藏区旅游宣传推介会，拓展旅游市场，提升甘孜旅游知名度。

——积极推进柔性人才帮扶和智力支援。加大人才智力支援力度，增加柔性人才选派，扩大引进送出培养培训规模，着重加大医疗卫生智力支援。一是对口支援新疆方面。大力实施干部人才工程，共选派764名干部人才进疆，其中计划外柔性援疆人才522人；举办培训班172个，培训干部人才1.9万人；选派161人到广东挂职，“帮带提升”受援地干部人才341人。招聘63名双语教师，推动双语教育全覆盖工程。加大医疗帮扶力度，选派201名医务人员援疆，接诊2.4万人次，实施手术3 000多台，帮带地方技术人才近2 000人；加大对喀什地区第一人民医院的援建力度，组织省内22家三甲医院对口帮扶该院重点专科，协助创建了22个自治区级重点专科和南疆唯一的医学博士后工作站。二是对口支援西藏方面。加强人才培训，邀请教育、医疗、卫生、农牧、科技等专家进藏举办各类培训讲座100余批次，选派党政机关干部、专技人才及农牧民外出培训50余批700余人次。按照中组部、人社部和国家卫计委三部委“组团式援藏”重要部署，从广东三甲医院挑选16名高中级职称医护及管理人员组成“组团式”援藏医疗队到林芝开展业务和培训，共举行全院性相关培训19场次，分片培训辅导或小组、个别培训46场次。已开展妇科腔镜手术10余台，完成胃镜检查60余台，开展了林芝首台无痛分娩手术。三是对口支援四川甘孜方面。通过“引进来、送出去”，帮助受援地培训旅游服务、民族手工艺、农产品加工、畜牧人才、医疗卫生、旅游服务、产业和城镇规划等领域人才，累计完成干部人才交流培训1 991人次。

——加强经贸交流促进合作共赢。一是对口支援新疆方面。组织广东企业参加喀交会、喀什农博会，成功举办了“推动粤新产业合作　共促丝路交融发展”高峰论坛；组织喀什和兵团第三师企业来粤参加国际中小企业博览会、广东旅游博览会、深圳国际文化博览会等展会。二是对口支援西藏方面。广泛动员广东省有实力的企业进藏投资，积极开展招商引资推介活动，促进粤藏企业互利合作，共引进大型项目8个，协议资金20多亿元。三是对口支援四川甘孜方面。广东对口联系市帮助甘孜州对口县大力推介甘孜州特色产品，广州市邀请甘孜州8家企业（其中新龙县1家企业）赴广州参加第23届博览会，惠州市邀请对口联系的丹巴、道孚两县参加在杭州开展的“惠货全国行”展销活动。

——大力推进文化旅游等多种形式交往交流。一是对口支援新疆方面。扶持援疆专业技术人才开展科研课题研究，促进粤喀两地科技人才密切交往。大力推进“百团万人游喀什”活动，协助喀什市“喀什噶尔老城”成功创建国家5A级景区，塔县帕米尔高原景区获评“中国国际高原风情旅游目的地”，举办南疆片区旅游管理人员培训班，广东被评为“十二五”期间全国“旅游援疆突出贡献单位”。实施“五个一”文化援疆工程，拍摄一部大型纪录片《一带一路》，出版一部反映广东援疆干部人才风采的纪实文学著作《吐曼河左岸》，刊发《智力援疆改变南疆》《情满新疆》等汇聚援疆正能量的大型主题宣传报道，制作一部面向草根大众的援疆题材电视剧《外来媳妇本地郎》，开展一次文化志愿者边疆行“春雨工程”活动。继续开展两地青少年“手牵手”活动。二是对口支援西藏方面。开展“爱为梦想插上翅膀”资助活动，共资助受援地贫困学生和困难教师过千名。重视教育公益，发动“让书香飘进雪域高原”捐书活动，为学生提供3.3万册课外书籍。组织赴受援地开展“健康直通车”和送医送药活动。援藏干部还主动领养藏族孤儿，带头捐款救助患大病重病和遭受灾情的群众，特别是救助3名察隅县藏族伤残女孩，引起社会各界广泛关注，共有5名援藏干部获得全国、广东省、西藏自治区和林芝市民族团结模范个人。三是对口支援四川甘孜方面。引导甘孜州相关部门与广东省直部门、高校、企业开展对接联系和考察对接活动。开展捐赠教学设备、资助贫困学生、赞助孤儿等济困助贫活动，广东社会各界计划外向甘孜州捐赠各类设备、物资、经费折合人民币1 018万元。

——圆满完成“十二五”任务，科学编制“十三五”规划。一是圆满完成“十二五”对口支援各项工作。“十二五”期间，广东共投入对口支援西藏、新疆资金117亿元（含深圳对口支援新疆资金32.5亿元），安排和实施援建项目465个，派出援建干部808名，构建了“以民生援建为龙头，以产业、智力援建为两翼”的对口支援工作新格局，抓好抓实鲁朗国际旅游小镇和兵团草湖广东纺织服装产业园等重点项目。到2015年年底，“十二五”期间的援藏援疆资金全部到位、规划任务顺利完成，各项预期目标顺利实现。广东对口支援工作的扎实推进，有力推动了受援地经济社会发展和长治久安。受援地进入了发展速度最快、各族群众得实惠最多、城乡面貌变化最大的时期，“十二五”期间，西藏林芝市生产总值年均增长 15.4%，农牧民人均纯收入年均增长 15.3%。新疆疏附县、伽师县、第三师、喀什市、塔什库尔干县生产总值年均分别增长 14.0%、15.9%、17.0%、19.4%、23.0%，农民人均纯收入年均分别增长 19.0%、16.1%、13.1%、14.9%、11.3%。根据中央要求，广东自 2014 年起对口支援四川省甘孜藏族自治州。省委、省政府高度重视，迅速启动和做好考察对接、资金筹措、项目安排、前方工作组选派等工作，各项工作迅速顺利推进。下达实施 2014—2015 年两年项目投资计划，安排教育、医疗卫生、藏区新居、供水、慈善资助、创业就业、人才交流、产业扶持等 77 个项目，资金 3.69 亿元。二是科学编制“十三五”对口支援规划。按照国家要求，编制广东“十三五”对口支援新疆喀什和兵团第三师、西藏林芝、四川甘孜经济社会发展规划。三个规划充分体现中央有关会议精神要求，突出民生、就业、教育、人才、扶贫、交流交往交融等重点工作，坚持向基层倾斜、向保障和改善民生倾斜、向贫困地区和贫困群体倾斜，使基层群众直接受益、广泛受益、持久受益，努力为当地补齐民生、教育、卫生、扶贫等方面的短板，支持受援地 2020 年与全国同步建成小康社会。

附　录

一、政策文件

（一）国家发展改革委关于进一步加强区域合作工作的指导意见

国家发展改革委关于进一步加强区域合作工作的指导意见

发改地区〔2015〕3107号

各省、自治区、直辖市及计划单列市、副省级省会城市、新疆生产建设兵团发展改革委、区域合作主管部门，有关区域合作组织：

加强区域合作是实现区域协调发展的重要途径之一。党中央、国务院高度重视区域合作工作，对促进各地区协调发展、协同发展、共同发展，作出重大决策部署、提出明确工作要求。近年来，全国区域合作系统紧紧围绕加强区域合作、促进协调发展，主动适应形势发展变化的需要，切实加大工作力度，不断拓展合作领域，着力完善合作机制，各方面工作取得积极成效。为进一步加强对区域合作工作的指导，提出以下意见。

一、总体要求

（一）指导思想。全面贯彻党的十八大和十八届二中、三中、四中、五中全会精神，深入贯彻落实习近平总书记系列重要讲话精神，按照党中央、国务院决策部署，牢固树立和贯彻落实创新、协调、绿色、开放、共享的发展理念，深入实施区域发展总体战略，以推动实施“一带一路”建设、京津冀协同发展、长江经济带建设三大战略为引领，不断拓展合作领域、丰富合作形式、创新合作机制，努力构筑各地区比较优势充分发挥、各类要素有序自由流动和优化配置、地区间良性互动的区域发展格局。

（二）基本原则。

围绕中心、突出重点。落实区域发展总体战略，围绕加强区域合作、促进协调发展目标，强化规划引领和政策引导，着力推进统一市场建设，加强基础设施、产业发展、科技创新、生态环保、社会事业等领域合作，加大对口支援（协作）工作力度。

加强联动、形成合力。更好发挥政府宏观指导引导作用，加强系统上下联动和部门间协调配合，不断创新完善合作机制。充分发挥区域合作组织、科研机构、社会团体以及市场主体积极作用，形成推动区域合作工作的合力。

统筹内外、完善格局。以“一带一路”建设为引领，充分发挥各地比较优势，统筹推进对内合作与对外开放工作，以开放促合作、以合作促开发，构建内外联动、合作共赢的区域合作格局。

创新方式、丰富手段。尊重基层首创精神，支持各地开展先行先试，积极探索加强区域合作的新路径、新方式，力争在重点领域和关键环节取得突破，丰富区域合作工作的手段。

二、积极贯彻落实三大国家战略

（三）大力推进“一带一路”建设。支持各地发挥比较优势，贯彻落实“一带一路”建设顶层设计以及各省（区、市）参与建设“一带一路”实施方案。支持发挥西部地区向西开放前沿阵地、沿海地区龙头引领和内陆腹地战略支撑作用，打造陆海内外联动、东西双向开放的全面开放新格局。重点打造新疆丝绸之路经济带核心区和福建21世纪海上丝绸之路核心区。结合六大国际经济合作走廊建设，支持各地深化与沿线国家（地区）交流合作，共建境外产业集聚区，有针对性地培育打造一批共建走廊试点示范省（区、市）。

（四）积极推动京津冀协同发展。全面贯彻落实《京津冀协同发展规划纲要》，支持三省市制定各自方案和支持政策，稳妥有序推动北京非首都功能疏解，推进交通一体化、生态环保、产业发展三个重点领域率先突破，协调推动体制机制改革、创新驱动发展和试点示范。发挥京津冀协同发展辐射带动作用，促进环渤海地区合作发展，支持建立由北京市牵头的环渤海地区合作发展协调机制，加快基础设施互联互通、生态环境联防联治、产业发展协同协作、市场要素对接对流、社会保障共建共享等重点领域合作。

（五）加快推进长江经济带建设。贯彻落实《国务院关于依托黄金水道推动长江经济带发展的指导意见》（国发〔2014〕39号），认真组织实施即将出台的《长江经济带发展规划纲要》。支持沿江11省市建立和完善地方政府协商合作机制，高起点高水平合作建设综合交通运输体系，推进沿江产业有序转移和优化升级，加强流域生态环境保护和建设，推动上中下游地区协调发展、沿海沿江沿边全面开放。发挥长三角区域合作组织作用，加快推进长三角一体化，带动长江经济带协调发展。

三、深入推进重点领域合作

（六）优化区域经济发展格局。以区域发展总体战略为基础，以三大战略为引领，积极推动珠江—西江经济带等经济支撑带建设，形成沿海沿江沿线经济带为主的纵向横向经济轴带。发挥城市群辐射带动作用，鼓励其他地区借鉴京津冀协同发展做法，提高东北地区、中原地区、长江中游、成渝地区、关中平原等城市群内部协同发展水平。推进重点地区一体化发展，支持有条件地区积极探索同城化。根据环境容量和生态空间，探索人口经济密集地区优化开发新模式。探索建立毗邻省份发展规划衔接机制，推动空间布局的协调和时序安排同步进行。

（七）推进统一市场建设。深化行政管理体制改革，清理和废除妨碍全国统一市场和公平竞争的各种规定和做法，打破地区封锁和行业垄断，矫正要素配置扭曲，促进各类要素有序自由流动，提高资源配置效率。推动区域信用体系建设联动合作，依托全国统一的信用信息共享交换平台，促进信用信息互通、互认和互用，完善失信惩戒机制。推动建立相对统一的市场执法标准，实现市场监管信息共认共享，市场监管措施联动，依法坚决打击地方保护、行业垄断和不正当竞争行为。强化跨部门、跨区域的内陆沿海沿边通关协作，推进口岸管理相关部门信息互换、监管互认、执法互助。

（八）加快基础设施互联互通。统筹推进重大基础设施建设，支持毗邻省份间加强沟通协调，加快铁路、高等级公路、内河航道等交通干线建设，优先打通缺失路段，畅通瓶颈路段，提升道路通达水平，构筑紧密协作、高效便捷、互联互通的综合交通运输网络。加强能源基础设施建设合作，支持合作共建重要的支撑电源点，加强区域电源与电网联网建设，完善油气输送管道网络，提高能源保障能力。加强跨区域水利基础设施建设，建设综合防洪、抗旱、减灾体系，提高水利保障能力。促进信息网络设施共建，优化省际骨干网络，推进网络基础设施升级。逐步推动同一城市群内取消手机漫游收费。在铁路、公路、水运、航空等交通枢纽建设多式联运物流监控中心，创新多式联运监管体系，发展江海、铁水、陆航等多式联运。

（九）加强产业对接协作。结合实施三大战略，进一步优化产业空间布局，支持建立区域产业链条上下游联动机制，促进产业组团式承接和集群式发展。积极推进区域协同创新，支撑引领区域产业协调发展。坚持绿色发展，根据资源环境承载力优化产业布局，调控发展规模，推动转型升级。坚持市场导向，尊重企业在产业转移中的主体地位。支持中西部和东北地区发挥自身比较优势，在落实国家各项支持政策的同时，自行出台配套政策措施，推动重点产业布局优化调整和产业转移。支持有条件地区发展“飞地经济”，鼓励各地通过委托管理、投资合作、共同组建公司管理园区等多种形式合作共建各类园区。

（十）推动科技合作与协同创新。鼓励引导区域间加强创新要素对接流动。推动企业、高等学校、科研院所跨区域开展产学研合作、共建创新平台基地，实现互利共赢发展。推动国家自主创新示范区、高新区、农业科技园区等加强东部与中西部、东北地区对接合作，发挥各自比较优势，共建科技园区。支持区域间合作共建技术转移中心、成果转化基金，加快技术转移和成果转化。推动区域间围绕生态建设、环境治理、医疗健康及产业发展等问题，开展联合攻关，共享创新成果。深入推进对口科技援助，鼓励东部地区与西部省份合作创新，探索欠发达地区创新驱动发展新路径。

（十一）推进生态环境保护合作。鼓励开展跨行政区的生态环境保护和建设，加强生态环境综合治理，促进形成绿色生产方式和消费方式。加大生态保护和建设力度，协同推动重点生态功能区的生态系统保护和修复，加强跨行政区自然保护区建设和管理，联合构建生态安全屏障。支持建立污染防治区域联动机制，开展区域大气污染和江河湖海水环境联防联治，统一规划、统一标准、统一环评、统一监测、统一执法，建立会商机制，健全公开透明的信息发布制度，推进环保信用体系建设。强化应急联动机制合作，共同应对区域突发性生态环境问题。探索区域一体的废弃物回收利用体系，推动完善再生资源在线交易系统。支持有条件的地区在建立碳排放权、排污权等管理和交易制度方面开展先行先试。

（十二）深化社会事业领域合作。加强统筹协调和衔接配合，推动建立健全有利于资源要素优化配置、流转顺畅的公共服务体系。支持有关地区推进优质教育资源、医疗卫生资源和科技资源共建共享，加强区域协同创新。加快推进各类社会保险关系在不同省份间无障碍转移接续，科学设定并逐步统一各地社会保险缴费基数核定标准。建立健全覆盖城乡的公共就业创业服务体系，加强各地区人才交流和劳务合作，促进人力资源的合理配置和无障碍流动。健全公共安全体系，加强食品药品安全区域联动监管，建立跨区域联合执法和协同处置的制度。支持有条件的跨省交界地区全面开展社会事业合作。

（十三）加大对口支援（协作）工作力度。贯彻落实中央决策部署，深入推进对口支援西藏、新疆和青海等省藏区工作，进一步加大对民族地区、革命老区、集中连片特殊困难地区以及相关库区的对口支援或帮扶力度。优化对口支援和帮扶工作体制机制，充分发挥支援方在资金、技术、人才、体制、理念等方面的优势，创新帮扶形式，拓展工作领域，突出改善民生，加强支援方与受援方互动，促进受援地区经济社会又好又快发展。强化东西扶贫协作，建立刚性约束机制，支持以企业合作为载体，推动东西部人才、资金、技术、市场等要素有效对接。鼓励各地区自行开展对口支援和结对帮扶工作。

四、充分发挥合作平台作用

（十四）建设好各类合作园区。支持安徽皖江城市带等承接产业转移示范区建设，完善产业协作体系，充分利用信息化手段推动区域产业结构优化调整，鼓励发展新业态、新模式。支持中西部和东北有条件地区建设承接产业转移示范区。推进国家东中西区域合作示范区建设，完善合作服务体系，建设产业合作基地，创新合作机制，促进共同发展。支持省际交界地区开展合作试验，大力推动晋陕豫黄河金三角示范区、粤桂合作特别试验区和铁岭、四平、通辽协同创新合作区建设，积极探索统一规划、统一管理、合作共建、利益共享的合作新机制。支持新型工业化产业示范基地发挥示范带动作用，通过技术、品牌、管理经验输出等方式，加强园区合作。鼓励地方研究建立各种类型的合作园区。

（十五）创新发展合作平台。支持依托国家级新区、国家综合配套改革试验区、自由贸易试验区、产城融合示范区等功能平台，积极探索有利于加强区域合作的新模式、新路径，深化对内对外开放合作。顺应“互联网＋”发展趋势，依托现代信息技术拓展合作方式和平台，支持泛珠三角区域合作信息网等网络合作平台建设。充分发挥中介组织、社会团体、科研机构的桥梁和纽带作用，更好发挥国家级、省际间大型经贸投资洽谈会、论坛、博览会等会展作用，形成社会参与、共同促进区域合作的良好局面。支持组建跨区域行业协会（商会）联盟，鼓励相关行业协会（商会）开展合作。推进海关特殊监管区域的整合优化，推动区域产业升级。

（十六）支持内地与港澳台侨合作平台建设。推动深圳前海深港现代服务业合作区、广州南沙新区、珠海横琴、平潭综合实验区、汕头华侨经济文化合作试验区等内地与港澳台侨合作平台建设，加强与港澳台地区的交流，深化经济、社会、文化等领域合作。充分利用多层次的沟通协调机制，推动解决相关合作平台在政策落实、项目安排、体制机制创新等方面的重大事项，不断丰富和完善政策体系。支持有条件的地方探索建立与港澳台侨合作新平台。

（十七）完善国际合作平台。推动国家重点开发开放试验区、中国图们江区域（珲春）国际合作示范区以及喀什、霍尔果斯经济开发区建设。支持边境经济合作区加快发展，提高中哈霍尔果斯国际边境合作中心、中老磨憨—磨丁经济合作区发展水平，稳步推进中越、中蒙等跨境经济合作区建设。支持中德（沈阳）高端装备制造产业园、中日韩循环经济示范基地和中马、中印、中孟、中韩产业园以及马六甲临海工业园区、西哈努克港经济特区、瓜达尔自由区等国际产业园区合作发展。鼓励和支持相关地区开展中欧区域政策合作试点。支持各地充分发挥博览会、经贸投资论坛等平台作用，深化与有关国家的交流合作。根据“一带一路”建设需要，支持设立新的国际区域合作平台。

五、创新区域合作机制

（十八）建立区域合作资金保障机制。鼓励和支持设立由政府出资的区域合作引导基金，发挥财政资金杠杆放大效应，引导社会资本投入区域合作重点项目。积极推广政府和社会资本合作模式，拓宽项目融资渠道。中央预算内投资加大对跨省（区、市）的重大基础设施、流域环境治理、协同创新体系建设等项目支持力度。鼓励和支持开发性金融机构发挥资金、智力、产品等优势，在促进区域合作的重大项目建设、合作规划编制、推进产业承接转移等方面发挥积极作用。

（十九）创新利益分享与保护补偿机制。支持研究建立跨行政区产业合作的利益分享机制，探索“飞地经济”园区利益分配模式。完善对重点生态功能区的生态保护补偿机制，支持地区间建立横向生态保护补偿制度，探索碳排放权跨区域交易。支持探索完善区域合作利益分配模式。

（二十）强化区域互助机制。支持援受双方充分发挥比较优势，创新对口支援（协作）体制机制和工作方式方法，拓展工作领域，着力增强受援地区自我发展能力，促进受援地区经济社会发展。支持相关地区在推动对口支援从单向支援向互利合作转变方面开展探索实践。

（二十一）建立健全法治环境。健全并完善促进区域合作发展的法律法规和规章制度体系，营造更加自由、公平、透明的法治环境。深化促进区域合作法规体系建设的基础问题研究，探索推进有利于深化区域合作的法治建设工作。

六、切实加强组织领导

（二十二）加强统筹协调。国家发展改革委会同有关部门加强对区域合作的统筹指导协调，支持有关地方创新合作方式、拓宽合作领域，在重点领域、关键环节改革创新方面开展先行先试。推动建立健全有利于促进区域合作的长效机制和跨地区、跨部门重点项目、重大事项协调推进机制。

（二十三）强化上下联动。国家发展改革委会同有关部门积极参与和指导地方政府及区域合作组织开展活动，充分听取地方区域合作系统意见建议，加强地区间学习交流，及时总结推广相关地区和合作组织在加强区域合作中的成功经验和有效做法。充分发挥地方在区域合作中的主体作用，地方区域合作主管部门要完善工作机制，加强与国家有关部门的沟通衔接，研究解决区域合作中遇到的问题和困难，重大问题及时报告，推动区域合作工作不断深化。

（二十四）推动区域合作系统建设。发挥政府对区域合作的引导作用，结合本地实际，建立健全区域合作管理体制，区域合作主管部门要加强与同级政府部门、有关金融机构和社会组织的沟通衔接，共同推进各项重点任务贯彻实施。充分发挥省部联席会议、地方行政首长联席会议以及各层面沟通交流机制的作用，强化对合作的统筹协调和督促落实。加强区域合作系统能力建设，支持开展各类培训交流活动。支持有条件的地区在区域合作监督约束、绩效评估和考核体系建设方面开展研究探索。

国家发展改革委

2015 年 12 月 28 日

（二）中共广东省委关于制定国民经济和社会发展第十三个五年规划的建议

中共广东省委关于制定国民经济和社会发展第十三个五年规划的建议

（2015年11月26日中国共产党广东省第十一届委员会第五次全体会议通过）

粤发〔2015〕13号

“十三五”时期，是完成我们党确定的全面建成小康社会任务、实现“两个一百年”奋斗目标的第一个百年奋斗目标的决胜阶段，将为实现第二个百年奋斗目标、实现中华民族伟大复兴的中国梦奠定更加坚实的基础。按照“四个全面”战略布局和习近平总书记对广东提出的“三个定位、两个率先”的期望，制定好经济发展新常态下我省第一个五年规划，意义重大，影响深远。中共广东省委贯彻落实党的十八大和十八届三中、四中、五中全会精神，就制定我省国民经济和社会发展第十三个五年规划提出以下建议。

一、率先全面建成小康社会，迈上率先基本实现社会主义现代化新征程

（1）“十二五”时期我省经济社会发展取得重大成就。“十二五”时期是广东发展极不平凡的五年。面对国际经济深刻调整、国内经济发展“三期叠加”的影响，在党中央、国务院的正确领导下，省委、省政府团结带领全省人民，紧紧围绕“三个定位、两个率先”目标，紧扣科学发展主题和加快转变经济发展方式主线，全面深化改革开放，全力推进经济结构战略性调整，顺利完成“十二五”规划的主要目标和任务。经济实力显著增强，地区生产总值超过1万亿美元，人均地区生产总值超过1万美元，进出口总额超过1万亿美元；经济结构持续优化，实施创新驱动发展战略取得良好开局，珠三角地区优化发展和粤东西北地区振兴发展格局初步形成；重点领域和关键环节改革走在全国前列，对外开放合作实现新突破，设立中国（广东）自由贸易试验区，粤港澳紧密合作、泛珠三角区域合作务实推进并取得重要成果；人民生活水平明显提高，城乡收入差距持续缩小，社会大局保持和谐稳定；生态文明建设稳步推进，节能减排全面完成国家下达的任务；依法治省扎实推进，党的建设全面加强。“十二五”时期我省经济社会发展取得的重大成就，为“十三五”时期我省继续前进创造了重要优势、打下了坚实基础。

（2）“十三五”时期我省经济社会发展面临新常态下的深度调整和转型攻坚。党的十八大以来，以习近平同志为总书记的党中央毫不动摇坚持和发展中国特色社会主义，勇于实践、善于创新，深化对共产党执政规律、社会主义建设规律、人类社会发展规律的认识，形成一系列治国理政新理念新思想新战略，为在新的历史条件下深化改革开放、加快推进社会主义现代化提供了科学理论指导和行动指南。

和平与发展仍是时代主题，世界多极化、经济全球化、文化多样化、社会信息化持续推进。我国发展仍处于可以大有作为的重要战略机遇期，同时战略机遇期的内涵发生深刻变化。新一轮科技革命和产业变革正在孕育兴起，以信息技术革命为先导，生物技术、新能源和新材料技术、空间利用和海洋开发技术等不断取得重大突破，与经济社会发展深度融合，对生产生活方式带来前所未有的深刻影响。世界经济环境依然复杂，产业结构和经贸规则深刻调整，经济竞争日趋激烈，各种风险隐患增加，我省发展面临发达国家“再工业化”和发展中国家与地区利用低成本优势承接产业转移的“双向挤压”。

我国经济发展步入新常态，经济增长速度从高速增长转向中高速增长；经济发展方式从规模速度型粗放增长转向质量效率型集约增长；经济结构从增量扩能为主转向调整存量、做优增量并举的深度调整；经济发展动力从传统增长点转向新的增长点。经济发展长期向好的基本面没有变，经济结构调整优化的前进态势没有变，新的经济增长动力正在加快形成，发展前景十分广阔。我省经济总量位居全国前列，转型升级迈出重大步伐，综合实力和核心竞争力得到重大提升。同时，我省发展水平与发达国家和地区仍有较大差距，自身发展还面临不少突出问题和挑战：经济社会发展不平衡不协调矛盾依然突出，亟须充分发力补齐率先全面建成小康社会的短板；社会主义市场经济体制仍不够完善，亟须克难攻坚推动全面深化改革取得决定性进展；对外开放合作格局仍不够开阔，亟须加快构建全球视野全方位开放发展新格局；经济发展方式仍比较粗放，亟须以创新驱动产业转型实现凤凰涅槃、浴火重生；资源环境约束依然趋紧，亟须加快形成绿色低碳循环发展的生产生活方式。增强忧患意识，强化责任担当，推动经济发展新常态下的深度调整与转型攻坚，实现经济社会持续健康发展，是摆在全省面前长期而艰巨的使命任务。

“十三五”时期，“两个一百年”奋斗目标承前启后、继往开来，具有重大的里程碑意义。我们要保持战略定力，增强发展自信，坚持稳中求进、稳中提质，推动经济增长保持中高速，产业结构迈向中高端，加快形成引领经济发展新常态的体制机制和发展方式，为我国经济增长和结构调整提供支撑，走出一条质量更高、效益更好、结构更优、核心竞争力更强的发展新路，奋力开创广东社会主义现代化建设新局面，继续走在全国发展前列。

（3）“十三五”时期我省经济社会发展的指导思想。高举中国特色社会主义伟大旗帜，以马克思列宁主义、毛泽东思想、邓小平理论、“三个代表”重要思想、科学发展观为指导，深入贯彻习近平总书记系列重要讲话精神，全面贯彻党的十八大和十八届三中、四中、五中全会精神，坚持全面建成小康社会、全面深化改革、全面依法治国、全面从严治党的战略布局，坚持发展是第一要务，坚持创新、协调、绿色、开放、共享的发展理念，围绕“三个定位、两个率先”目标，以全面深化改革为根本动力，以提高发展质量和效益为中心，以创新驱动发展为核心战略，以依法治省为根本保障，推进经济结构战略性调整和产业转型升级，促进珠三角地区优化发展和粤东西北地区振兴发展，构建高水平开放型经济新格局，促进文化繁荣发展，建设绿色生态美丽家园，切实增进民生福祉，加强党的领导，确保率先全面建成小康社会，迈上率先基本实现社会主义现代化新征程。

（4）“十三五”时期我省经济社会发展的原则。如期实现率先全面建成小康社会奋斗目标，推动经济社会持续健康发展，必须遵循以下原则。

——人民主体，成果共享。坚持人民是推动发展的根本力量和以人民为中心的发展思想，把增进人民福祉、促进人的全面发展作为发展的出发点和落脚点，保障人民平等参与、平等发展权利，更加公平地共享改革发展成果，发展人民民主，促进共同富裕，充分调动人民积极性、主动性、创造性。

——科学发展，创新驱动。发展是硬道理，发展必须是科学发展。坚持以经济建设为中心，正确把握发展新特征，把发展基点放在创新上，把经济增长动力转到依靠创新驱动发展上，推动实现更高质量、更有效率、更加公平、更可持续的发展，打造广东经济升级版。

——深化改革，增强动力。坚持发挥市场在资源配置中的决定性作用和更好发挥政府作用，增强改革意识，继续先行先试，加大各方面体制改革力度，加快构建有利于科学发展的体制机制，使各方面制度更加成熟更加定型，为经济社会发展注入强大动力。

——依法治省，公平正义。坚持党的领导、人民当家作主、依法治国有机统一，坚决维护宪法法律权威，加快建设法治经济、法治社会、法治政府，依法维护人民权益，维护社会公平正义，维护社会大局稳定，为经济社会发展提供可靠保障。

——扩大开放，融入全球。坚持以开放促发展促改革促创新，综合运用国际国内两个市场、两种资源，重视国内国际经济联动效应，积极应对外部环境变化，更加积极主动融入全球发展，加快构建全方位开放发展新格局。

——党委领导，政治保证。切实加强各级党委对经济社会发展的领导核心作用，提高党领导经济社会发展的能力和水平，不断增强党的创造力、凝聚力、战斗力，为“十三五”规划的顺利实施提供坚强政治保证。

二、“十三五”时期广东发展的主要目标和基本理念

（5）“十三五”时期我省经济社会发展的主要目标。综合考虑未来发展趋势和条件，我省“十三五”时期经济社会发展要实现如下主要目标。

——率先全面建成小康社会。确立2018年为我省率先全面建成小康社会的目标年。经济保持中高速增长，地区生产总值年均增长7%；到2020年地区生产总值约11万亿元，人均地区生产总值约10万元。城乡居民收入增长与经济增长同步。转方式与调结构取得重大进展，工业化和信息化深度融合，消费对经济增长贡献明显加大，户籍人口城镇化率加快提高，迈进创新型省份行列。人民生活水平和质量普遍提高，就业、教育、文化、社保、医疗等公共服务体系更加健全，率先实现基本公共服务均等化和社会保障城乡一体化，全面完成扶贫开发任务。到2018年全省小康指数达到97%以上，力争提前实现地区生产总值和城乡居民人均收入比2010年翻一番。

——基本建立比较完善的社会主义市场经济体制。深入贯彻落实党的十八届三中全会关于推进全面深化改革的总体部署，全面完成中央和省委提出的各项改革任务，发挥经济特区和中国（广东）自由贸易试验区在全面深化改革中的示范引领作用，率先在经济社会发展重要领域和关键环节改革上取得决定性成果，打造市场化国际化法治化发展环境，形成系统完备、科学规范、运行有效的制度体系。

——基本建立开放型区域创新体系。加快建设创新驱动发展先行省，构建创新型经济体系和创新发展新模式。全面推进科技创新取得重大突破，初步形成开放型区域创新体系和创新型经济形态，国家级高新技术企业大幅增长，自主创新能力居全国前列，综合指标达到创新型国家水平。

——基本建立具有全球竞争力的产业新体系。现代服务业和先进制造业发展水平不断提高，战略性新兴产业快速发展，农业现代化取得明显进展，基本建成产业新体系，三次产业结构进一步优化。

——基本形成绿色低碳发展新格局。单位生产总值能耗水耗、单位生产总值二氧化碳以及主要污染物排放的控制水平处于全国前列。城市集中式饮用水源水质高标准稳定达标，空气质量总体保持良好。耕地保有量保持稳定，森林覆盖率进一步提高。

（6）“十三五”时期我省经济社会发展的基本理念。实现“十三五”时期发展目标，必须按照中央要求，牢固树立创新、协调、绿色、开放、共享的发展理念。

坚持创新发展，形成核心竞争力。创新是引领发展的第一动力。必须把创新摆在我省发展的核心位置，让创新贯穿党委、政府一切工作，让创新在全社会蔚然成风，加快实现从要素驱动向创新驱动切换、从跟随式发展向引领型发展转变，走出一条创新立省、创新兴省的路子，抢占新一轮发展制高点。

坚持协调发展，增强发展协调性和整体性。协调是持续健康发展的内在要求。必须正确处理发展中的重大关系，大力促进珠三角地区和粤东西北地区协调发展，促进新型工业化、信息化、城镇化、农业现代化同步发展，促进经济与社会、物质文明与精神文明协调发展，形成均衡协调发展新格局。

坚持绿色发展，建设美丽广东。绿色是永续发展的必要条件和人民对美好生活追求的重要体现。必须坚持节约资源和保护环境的基本国策，坚持可持续发展，坚定走生产发展、生活富裕、生态良好的文明发展道路，加快建设资源节约型、环境友好型社会，建设绿色美好家园，促进人与自然和谐共生。

坚持开放发展，增创国际竞争新优势。开放是国家繁荣发展的必由之路。必须坚持开放发展不动摇，坚持内外需协调、进出口平衡、引进来和走出去并重、引资和引技引智并举，加快融入全球化的步伐，发展更高层次的开放型经济，提升国际竞争力，构建开放发展新格局。

坚持共享发展，增进民生福祉。共享是中国特色社会主义的本质要求。必须坚持发展为了人民、发展依靠人民、发展成果由人民共享，努力解决人民群众最关心最直接最现实的利益问题，让人民在共建共享发展中有更多获得感，增强发展动力，增进人民团结，朝着共同富裕方向稳步前进。

坚持创新发展、协调发展、绿色发展、开放发展、共享发展，是关系我国发展全局的一场深刻变革，是经济发展新常态下广东发展的根本遵循。必须把基本理念贯彻落实到全省经济建设、政治建设、文化建设、社会建设和生态文明建设中去，统一思想，协调行动，引领和指导广东发展迈上新征程、开创新局面。

三、坚持创新发展，推动转型升级，着力构建以创新为主要引领和支撑的经济体系和发展模式

以创新驱动发展为核心战略，坚定不移推进经济结构战略性调整，形成促进创新的体制架构，全面推动科技创新、产业创新、企业创新、市场创新、产品创新、业态创新、金融创新、管理创新等，塑造更多依靠创新驱动、更多发挥先发优势的引领型发展。

（7）强化经济增长和结构调整两个支撑。培育发展新动力，拓展发展新空间，保持经济中高速增长，推动经济总量上新台阶，巩固综合经济实力全国领先地位。坚持以提质增效为导向，深入推进经济结构战略性调整，着力加强供给侧结构性改革。优化劳动力、资本、土地、技术、管理等要素配置，促进经济增长由主要依靠投资、出口拉动向依靠消费、投资、出口协调拉动转变，由主要依靠第二产业带动向依靠第一、第二、第三产业协同带动转变，由主要依靠增加物质资源消耗向主要依靠科技进步、劳动者素质提高、管理创新转变，形成广东经济新的竞争优势，为国家经济增长和结构调整提供有力支撑。

（8）加快构建具有国际竞争力的产业新体系。落实《中国制造2025》和我省的实施意见，加快实现由制造大省向制造强省转变。重点发展智能制造装备、船舶与海洋工程装备、轨道交通、航空制造、卫星应用、精细化工、精品钢材等先进制造业。提高珠江东岸电子信息产业带综合竞争力，加快建设珠江西岸先进装备制造产业带，做强做优沿海重化工业基地。实施加快发展现代服务业行动计划，促进服务业优质高效发展，重点发展金融、现代物流、电子商务、商务会展、信息服务、科技服务、工业和建筑设计、文化创意、服务外包、现代保险等生产性服务业，以及健康养生、现代医疗、残疾康复、旅游休闲、文体娱乐等生活性服务业。强化广州、深圳中心城市高端服务功能，建设华南地区服务中心。积极发展新业态和新商业模式，培育龙头企业和服务平台。做大做强战略性新兴产业，培育下一代互联网、物联网、大数据、云计算、智能机器人、3D打印、可穿戴设备等新兴产业，推动高端新型电子信息、生物医药、半导体照明（LED）、新材料、新硬件等产业成为新的支柱产业，扶持新能源、节能环保、新能源汽车等产业成为优势产业。构建现代海洋产业体系，提升海洋空间资源开发利用水平，建设海洋经济强省。加快建设珠三角海洋经济优化发展区和粤东、粤西海洋经济重点发展区。加强海洋综合管理，创新海洋资源开发管理方式。

（9）改造提升传统产业。深入实施新一轮技术改造，全面提高产品技术、工艺装备、能效环保等水平。大力实施工业强基工程，加强质量基础建设，开展质量品牌提升行动。加快运用信息技术改造提升传统产业，推进工业化与信息化深度融合。推广应用自动化、数字化、网络化、智能化、供应链管理等先进制造技术装备和管理服务。实施一批节能降耗减排治污技术改造项目。加强产业集群共性技术攻关和创新平台建设。运用市场机制和经济手段化解产能过剩，完善企业退出机制。

（10）大力提升创新驱动发展能力。强化企业创新主体地位，实施高新技术企业培育计划，建立高新技术企业培育后备库。完善科技企业孵化育成体系，推广新型孵化模式，鼓励发展众创、众包、众扶、众筹空间。发挥金融创新对技术创新的助推作用，鼓励发展风险投资、天使投资等各类创业投资基金，探索建立股权众筹平台。发展知识产权金融、科技银行、科技保险等新业态，完善产权交易市场。支持小微企业创业创新基地城市示范建设，完善创新服务体系。实施重点实验室倍增计划，争取更多国家实验室落户广东。在大中型工业骨干企业普遍建立省级以上工程技术研究中心、企业技术中心、重点实验室、工程实验室等研发机构。建设一批国家级制造业协同创新中心。发挥高等学校、科研院所基础研究和源头创新优势，重点聚焦面向产业的核心技术、关键共性技术、重大装备和标准的研发攻关，重视颠覆性技术创新。加快国家大科学装置和工程的建设和应用。促进省部院深入合作，建立产业技术创新联盟。办好广东省科学院，努力将其打造成为在国内外有重大影响力的科技平台。大力发展新型研发机构，增强服务企业和孵化科技成果的能力。实施重大科技专项，研发推广一批关键技术和重大战略产品。推动专业镇转型升级，形成一批创新型产业集群。加快构建开放型创新体系，争取国内外重大创新平台落户。

（11）统筹推进珠三角国家自主创新示范区建设和全面创新改革试验试点省建设。开展系统性、整体性、协同性改革先行先试，统筹推进科技、管理、品牌、组织、商业模式创新，加快形成经济社会发展新引擎。发挥广州全面创新改革试验核心区和深圳创新型城市的创新引领作用，打造国际产业创新中心，推动形成珠三角各市创新驱动发展各有特色、一体联动格局。实施高新区升级行动计划，促进高新区集聚发展和辐射带动。依托广州科学城、中新知识城、深港创新圈、东莞松山湖高新技术开发区、惠州潼湖生态智慧区等创新平台，建设珠江口东岸科技创新走廊。支持珠海高栏港经济区、中山翠亨新区、江门大广海湾经济区、肇庆高新区等建设，推动珠江口西岸地区产业集聚和创新发展。发挥粤东西北地区后发优势，加强与先进地区产业技术合作，走有特色的创新驱动发展道路。

（12）推进农业现代化。加快转变农业发展方式，推进农业结构调整，走产出高效、产品安全、资源节约、环境友好的农业现代化道路。落实最严格的耕地保护制度，全面划定永久基本农田，编制实施土地整治规划，大力推进高标准农田建设，保障重要农产品有效供给。做强做优特色农业，加快发展农产品精深加工业和流通业，大力发展休闲观光农业、农家乐、乡村游等新业态。加强农业基础设施建设，建立农业投入稳定增长机制，扩大政策性农业保险覆盖面，加快建立农业担保体系。培育发展各类新型经营主体，构建复合型现代农业经营体系。培养新型职业农民。加快农业标准化建设，提高农产品质量安全水平。大力发展特色林业经济。加强粮食仓储设施建设，完善粮食储备制度，提升粮食安全保障水平。稳步推进农村综合改革。坚持农村土地集体所有，扎实推进土地承包经营权、农村集体建设用地使用权、宅基地使用权等确权登记颁证工作。探索完善农村股份合作制，健全资产收益分配制度，有序推动集体经济股权内部流转。加强农村集体“三资”监管，健全覆盖县镇村的农村产权流转管理服务平台体系。推进农村金融改革创新，实施普惠金融村村通工程，加快农村信用体系建设。深化供销合作社综合改革，推进农垦改革发展。

（13）以信息化建设拓展发展新空间。坚持信息化先导发展，超前建设高速、移动、安全、泛在的新一代信息基础设施，建立自主可靠的信息技术创新体系。扩容升级互联网骨干网和城域网，全面提升光纤宽带接入能力，大力推进4G网络，积极布局5G网络，实现无线局域网在珠三角重要区域和公共场所全覆盖。深入开展三网融合建设，加快建设珠三角世界级智慧城市群。实施“互联网+”行动计划，发展分享经济，推动互联网新理念、新模式、新技术与经济社会各领域深度融合。深化信息技术在制造业的应用，推动生产过程智能化。支持企业建设开放式网络创新平台，实现集中式、大规模的个性化产品定制。打造一批互联网创新集聚区，培养一批互联网经济领军企业。积极培育物联网新业态，推进云计算应用服务市场化，带动服务外包等产业发展。推进电子政务体系建设，构建规范统一的省网上办事大厅，加快建立企业法人专属网页和市民个人网页。实施大数据战略，发展大数据公共服务，建设全省统一的政务数据信息资源库和政务数据互连共享机制。加强信息安全保障，完善信息安全基础设施，建设政务信息安全监管平台。

（14）深化改革走在全国前列。深化科技体制改革，健全鼓励原始创新、集成创新、引进消化吸收再创新的体制机制。健全技术创新的市场化导向和管理机制，推动政府职能从研发管理向创新服务转变。完善政府科技资源投入机制，建立公开统一的科技管理平台，提高政府科技资源的配置效率。改革科研立项机制，推动高等学校、科研院所主动围绕市场需求和产业发展需要确定科研课题和攻关项目。完善创新人才和科研成果评价激励机制，推进科技成果处置权改革，制定落实科技成果收益分配、期权股权激励政策。建立健全政府采购创新产品、绿色产品的政策机制。强化金融支撑机制，建立从实验研究、中试到生产的全过程科技创新融资模式，推动科技、金融、产业融合发展。创新人才培养模式，改革大学教育和职业教育，提高人才创新能力和综合素质。面向国内外招才引智，引进创新创业团队和领军人才。优化创新环境，营造鼓励创新、宽容失败的社会氛围。强化知识产权应用和保护，完善知识产权执法管理体制。

推进行政管理体制改革。加快政府职能转变，强化政府公共服务、市场监管、社会管理、环境保护等职能，优化政府职能配置。深化行政审批制度改革，实施省市县三级政府部门权责清单制度。优化审批流程，压减前置审批环节和事项，推进审批后监管制度化建设。深化乡镇行政体制改革，完善基层治理体系。全面推进政务公开。深化事业单位分类改革，推进政事分开、管办分离，推动公办事业单位去行政化，建立事业单位法人治理结构。推进行政事业性收费改革。深化商事制度改革，加强事中事后监管，建立现代市场监管体系。

加快经济体制改革。毫不动摇巩固和发展公有制经济，不断增强国有经济活力、控制力、影响力、抗风险能力。依法保护各类市场主体的产权和合法利益，规范国有产权交易流转。分类推进国有企业改革，调整优化国有资本布局结构，完善现代企业制度和国资监管体制，发展混合所有制经济，鼓励国有经济和其他所有制经济交叉持股、相互融合。支持优质国有企业上市，试行混合所有制企业经营者和员工持股。毫不动摇鼓励、支持、引导非公有制经济发展，把非公有制经济的活力、创造力更好发挥出来。废除各种形式的不合理规定，消除各种隐性壁垒，为民营经济健康发展创造良好环境。开展降低实体经济企业成本行动，优化运营模式，增强盈利能力。积极开展市场准入负面清单制度改革试点。激发企业家精神，依法保护企业家财产权和创新收益。鼓励优势企业并购重组，培育一批具有自主品牌、竞争力强的民营骨干企业。减少政府对价格形成的干预，全面放开竞争性领域商品和服务价格。完善各类商品交易市场，提升广东价格指数影响力。建立城乡统一的建设用地市场，有序推动农村集体经营性建设用地入市改革。做好交通运输综合改革试点工作。构建现代金融市场体系，支持发展多层次资本市场体系。加快社会信用体系和市场监管体系建设，规范市场秩序。深化财政体制改革，建立现代财政制度，建立省以下事权和财政支出责任相适应的运行机制。改革专项资金使用管理办法，加强政府性债务管理。增加一般性转移支付比例，加大对经济欠发达地区的支持力度。推进财政投融资体制改革，实施财政经营性资金股权投资管理改革。深化企业投资管理体制改革，对企业投资项目实行准入负面清单、行政审批清单、政府监管清单管理。推进政府投资管理体制改革，完善政府投资决策、管理与监督机制，建立健全责任追究制度。

创新投融资机制，推进公共资源开发利用竞争性配置。推广政府与社会资本合作。鼓励发展有利于吸引社会资本投入、发挥财政资金杠杆作用、放大财政资金使用效应的各类基金。

四、坚持协调发展，强化统筹兼顾，着力形成城乡区域一体化发展新格局

坚持区域协同、城乡一体，深入实施珠三角地区优化发展战略和粤东西北地区振兴发展战略，统筹推进各类基础设施建设，加快新型城镇化步伐，推动城乡协调发展取得新突破，在协调发展中拓宽发展空间，在加强薄弱领域中增强发展后劲。

（15）推进基础设施建设增强发展后劲。科学布局建设综合交通运输体系，加快建设高速公路网，实现国家高速网广东段基本贯通，出省通道和粤东西北连接珠三角、相邻地市间通道便捷畅通，珠三角城市群内部快速化通道体系完备。加快高速铁路网建设，推进珠三角地区城际轨道交通建设，实现2020年市市通高铁目标。优先发展城市公共交通，鼓励发展多层次公共交通服务。制定实施民用机场发展规划，发挥广州白云机场国际航空枢纽作用。统筹推进珠三角、粤东、粤西三大港口群协调发展，积极推动沿海港口深水港航道和疏港铁路、公路建设。改善全省内河航道等级结构和通达水平，重点抓好北江、西江航道扩能升级工程。发展综合运输，构建综合客货运枢纽体系，积极发展公铁水联运、江海联运等，建设海陆空综合运输大格局。建设清洁低碳、安全高效的现代能源体系，大力发展清洁能源，安全高效发展核电，积极发展风电、蓄能、太阳能光伏发电，开发利用地热能。加强电源建设，完善电源布局，优化电网结构，合理规划全省电厂建设，推进智能电网和分布式能源系统建设。加强天然气、油品和煤炭等能源储备，逐步形成统一高效的能源输配网络和应急储备体系。建立现代化水利支撑保障体系，构建珠三角地区水利现代化体系和粤东西北地区水利综合保障体系。夯实农田水利基础设施，推进大中型骨干灌区改造和整县小型农田水利工程建设。实施农村饮水安全提质增效工程，推进村村通自来水工程建设，强化水资源节约保护，加强区域水资源调度管理及相关工程建设，提升水资源管理和调配能力。加强江河湖库生态治理和管理，构建水生态安全保障体系。加强防灾减灾基础设施建设，提升抗灾救灾能力。

（16）巩固提升珠三角城市群核心竞争力。全面完成《珠江三角洲地区改革发展规划纲要（2008—2020年）》的目标任务，实现珠三角地区“九年大跨越”。全面提升珠三角综合实力和核心竞争力，在实施创新驱动发展战略、发展先进装备制造业、实施“互联网+”行动计划、推动加工贸易转型升级上走在全国前列。深入推进珠三角一体化发展，充分发挥广州、深圳中心城市的辐射带动作用，积极推进“广佛肇”“深莞惠”“珠中江”三大经济圈一体化建设，加快基础设施建设、基本公共服务等领域的一体化进程。加强珠三角地区与粤东西北地区双向交流与合作，带动韶关、河源、汕尾、阳江、清远、云浮等环珠三角市融入珠三角发展。

（17）加快推进粤东西北地区振兴发展。以交通基础设施建设、产业园区建设和中心城区扩容提质为三大抓手，把粤东西北地区培育成新增长极。大力推进粤东西北地区高速公路、铁路项目和内河航道、港口建设，加快形成水路、公路、铁路相衔接、功能完善的综合交通运输体系，促进产业跨区域转移承接及融合发展。推动产业园区扩能增效，促进主导产业发展壮大、产业链集聚延伸，推动特色优势传统产业转型升级。扎实推进粤东西北地区地级市中心城区扩容提质，提升粤东西北地区城镇化发展水平。加大对原中央苏区县、欠发达革命老区县、边远山区和少数民族地区，以及老工业基地、资源枯竭型城市的支持力度，强化珠三角地区对粤东西北地区的对口帮扶。

（18）推动城乡协调发展。积极稳妥推进以人为核心的新型城镇化。坚持以人为本、四化同步、优化布局、生态文明、文化传承，全面实施省新型城镇化规划，创建国家新型城镇化示范省。科学界定城镇开发边界，优化城镇化布局和形态。统筹推进户籍制度改革，实现基本公共服务逐步覆盖全部常住人口，建立健全财政转移支付与农业转移人口市民化挂钩机制强化广州国家中心城市和深圳全国性经济中心城市的作用，提升珠三角城市群发展质量，携手港澳打造珠三角世界级城市群。大力推进广佛同城化、广清一体化、汕潮揭城市群建设，支持湛江建设环北部湾中心城市，发展壮大湛茂阳沿海经济带，促进粤北地区城镇集约发展。深化经济发达镇行政管理体制改革，促进中小城市和小城镇协调发展。突出加强地下综合管廊等城市基础设施建设，推进“三旧”改造和棚户区改造，全面提升城镇综合承载力和公共服务水平。加快新农村建设，推动城镇公共服务向农村延伸。编制完善县（市）全域城乡建设规划，提高村庄规划覆盖率和有效性。推进省级新农村连片示范工程、名镇名村和幸福村居建设，加强历史文化名镇名村名居和传统村落保护。推进农村危房改造，加强人居环境综合整治，建设有岭南特色的美丽乡村。

（19）推动物质文明和精神文明协调发展。坚持社会主义先进文化前进方向，坚持用邓小平理论、“三个代表”重要思想、科学发展观和习近平总书记系列重要讲话精神武装全党、教育人民，用中国梦和社会主义核心价值观凝聚共识、汇聚力量。传承优秀岭南文化，弘扬新时期广东精神，广泛开展文明城市、文明镇村、文明窗口行业等群众性精神文明创建活动。加强思想道德建设，增强国家意识、法治意识、社会责任意识，倡导科学精神，弘扬中华传统美德。加强廉政文化建设，努力营造廉荣贪耻的社会氛围。牢牢把握正确舆论导向，健全社会舆情处置和引导机制。实施网络内容建设工程，发展积极向上的网络文化，净化网络环境。推动传统媒体和新兴媒体融合发展，做强主流舆论阵地。严厉打击“黄赌毒”，坚决抵制低俗丑陋现象。健全社会信用体系，推进政务诚信、商务诚信、社会诚信和司法公信建设。构建广泛参与、形式多样、活动经常、机制健全的社会志愿服务体系。增强国防观念，加强后备力量建设，推进双拥共建工作，积极支持国防建设和军队改革，推动经济建设和国防建设融合发展。

五、坚持绿色发展，保障生态安全，着力增强发展可持续性

坚持走生态文明发展道路，把绿色发展理念融入经济社会发展各方面，强化资源节约集约循环利用，大力推进生态环境保护，构建科学合理的城市化格局、农业发展格局、生态安全格局、自然岸线格局，促进绿色低碳循环发展，建设天蓝、地绿、水净的美好家园。

(20) 加快形成主体功能区格局。发挥主体功能区作为国土空间开发保护基础制度的作用，全面落实主体功能区规划，推动各地区依据主体功能定位发展。加快建设国家主体功能区试点示范市（县）。强化主体功能区分区管控，严格执行差别化的政策措施，推动重点开发区域提高产业和人口集聚度，落实重点生态功能区产业准入负面清单制度，实施差异化绩效考核评价办法，完善重点生态功能区、禁止开发区的生态补偿机制。建立健全空间规划体系，以主体功能区规划为基础统筹各类空间性规划，推动“多规合一”和空间“一张图”管理。实施珠三角全域空间规划，优化珠三角城市群发展格局。

(21) 加强环境保护和污染治理。推进多污染物综合防治和环境治理，深入实施大气、水、土壤污染防治行动计划。持续改善水环境，加强饮用水源保护，推进重点流域特别是跨界河流污染治理。推进大气污染综合治理，加大对工业源、尾气排放、扬尘等治理力度，实行区域联防联控。加强土壤污染防治，严格土壤环境监管，实施典型区域土壤修复工程。加快污水收集处理、生活垃圾无害化处理、固体废物安全处置等环保基础设施建设，对供水、供电、道路、通信等公共基础设施实施绿色化改造。

(22) 推进生态修复和生态建设。坚持保护优先理念，加强生态环境建设、修复和综合治理，实施山水林田湖生态保护和修复工程，维护生态系统完整性和生物多样性。严格落实生态控制线、林业生态红线。深入开展新一轮绿化广东大行动，推进林业四大重点生态工程建设，大力建设珠三角国家森林城市群，推进珠三角地区绿色生态水系建设。完成国有林场改革，推动生态公益林扩面提质。加强森林和湿地保护管理，构建省域森林公园、湿地公园和自然保护区体系。开展蓝色海湾整治行动，加强海岛生态保护，推动有序开发，强化海洋污染防治和生态管控，构建蓝色生态屏障，强化围填海管理。开展雷州半岛生态修复，重建热带森林体系。开展海岸带和海岛综合整治修复，推进美丽海湾建设。

(23) 推进低碳循环发展。建立全省碳排放总量控制分解落实机制，开展碳强度年度目标责任评价考核，珠三角地区实施近零碳排放区示范工程。推广应用节能低碳技术，强化工业、建筑、交通运输等重点领域节能减排。主动控制碳排放，加强高能耗行业管控。推进交通运输低碳发展，实行公共交通优先。实施新能源汽车推广计划，提高电动车产业化水平。提高建筑节能标准，推广绿色建筑和建材。加快发展节能环保产业。探索发展绿色金融。制定循环发展引领计划，大力发展循环经济，积极构建循环型产业体系。推进企业循环式生产、产业循环式组合、园区循环式改造，减少单位产出物质消耗。加强生活垃圾分类回收和再生资源回收的衔接，推进生产系统和生活系统循环链接。

（24）全面促进资源节约高效利用。坚持节约优先，树立节约集约循环利用的资源观。加快转变资源利用方式，加强全过程节约管理，提高利用效率和效益。强化约束性指标管理，力争在实行能源和水资源消耗、建设用地等总量和强度双控行动中走在全国前列。强化能源消耗强度控制，做好能源消费总量管理，加快实现化石能源消费峰值，提高非化石能源在能源消费结构中的比重。实施全民节能行动计划，提高节能、节水、节地、节材、节矿标准，开展能效、水效领跑者引领行动。实行最严格的水资源管理制度，以水定产、以水定城，建设节水型社会。坚持最严格的节约用地制度，全力推进节约集约用地示范省建设，调整建设用地结构，严格土地用途管制。推进佛山市南海区农村集体经营性建设用地入市改革试点。

（25）倡导绿色生活方式。开展节能减碳全民行动，倡导绿色低碳的生活方式和消费模式。加强城乡生态环境建设，开展绿色建筑行动，创建低碳生态城市和美丽乡村。积极开展生态文明宣教活动，倡导低碳出行、绿色居住，探索推进碳普惠制试点。加强绿色低碳产品的推广与应用，提高生产比例和市场占有率，列入政府优先采购目录。实行绿色规划、设计、施工标准。加强资源环境国情省情和生态价值观教育，培养公民环境意识，推动全社会形成绿色消费自觉。

（26）建立健全生态文明制度体系。落实中央《生态文明体制改革总体方案》，到 2020 年，构建起由自然资源资产产权制度、国土空间开发保护制度、空间规划体系、资源总量管理和全面节约制度、资源有偿使用和生态补偿制度、环境治理体系、环境治理和生态保护市场体系、生态文明绩效评价考核和责任追究制度等八项制度构成的生态文明制度体系。改革政绩评价考核机制，将资源消耗、环境损害、生态效益指标纳入地方党委、政府考核评价体系，建立生态环境损害责任追究制。打造一批国家级生态文明示范市（县）。改革环保管理体制，建立严格监管所有污染物排放的管理制度，实施污染物排放总量控制，完善跨区域环境污染治理和管控机制。建立健全用能权、用水权、排污权、碳排放权初始分配制度，积极开展排污权、水权等交易试点。探索独立开展环保监管执法，实行省以下环保机构监测监察执法垂直管理制度。完善碳排放管理和交易制度，争取建立区域性碳交易市场。深化资源性产品价格和税费改革，建立健全居民用电、用水、用气阶梯价格制度。

六、坚持开放发展，拓展互利合作，着力提升经济国际竞争力

把握国家推进“一带一路”建设与中国（广东）自由贸易试验区建设的重大机遇，全面参与全球经济合作和竞争，深化粤港澳合作，加快建立与国际接轨的开放型经济新体制，强化内外联动，提高开放水平，构建全方位开放发展新格局，形成广东参与国际竞争的新优势。

（27）高标准建设中国（广东）自由贸易试验区。营造法治化、国际化、便利化营商环境，构建与国际高标准投资、贸易、管理规则接轨的自由贸易园区。在实行准入前国民待遇加负面清单管理制度、国际贸易功能集成、口岸通关监管模式创新、人民币资本项目可兑换、跨境人民币业务、融资租赁等方面先行先试，加快形成可复制、可推广的制度框架和经验做法。广州南沙新区片区重点建设以生产性服务业为主导的现代产业新高地和具有世界先进水平的综合服务枢纽；深圳前海蛇口片区重点建设我国金融业对外开放试验示范窗口、世界服务贸易重要基地和国际性枢纽港；珠海横琴新区片区重点建设文化教育开放先导区和国际商务服务休闲旅游基地，促进澳门经济适度多元化，打造与葡语系、西语系国家经贸合作新平台。

（28）建设“一带一路”战略枢纽和经贸合作中心。以经贸合作为重点，加强与“一带一路”沿线国家合作，在陆海内外联动、东西双向开放的全面开放新格局中发挥重要引擎作用。支持企业积极走出去建设营销网络、生产基地和区域总部，参与大型基础设施工程承包，加强资源能源联合开发利用。支持广州、深圳、珠海、汕头、湛江等重要支点城市与沿线友好城市共建空港联盟或港口联盟，推动海上物流大通道、海上丝绸之路空中走廊和数字海上丝绸之路建设。建设广东（石龙）铁路国际物流中心，打通丝绸之路经济带进出口双向铁路货运通道。促进粤东西北地区扩大对外开放，发挥汕头华侨经济文化合作试验区、广东（湛江）奋勇东盟产业园等重要载体作用。深化与南太平洋岛国合作，力争成为我国与南太平洋岛国合作的示范省。

（29）提升与欧美等发达国家及新兴市场经济体合作水平。加强与欧美发达国家的多层次经贸合作，以引进先进技术、高端人才和优质管理为重点，集聚高端生产力，培育有全球影响力的先进制造基地和经济区。重点加强与欧盟在高端装备制造、新能源汽车、生物医药、节能环保、工业设计等领域的合作，推动与美国在高端制造、电子信息、金融服务、科技服务、电子商务等现代服务业和战略性新兴产业领域的合作。提升中德（佛山）工业服务区、中德（揭阳）金属生态城等平台开发建设水平。挖掘与东欧、非洲、拉美等新兴市场合作潜能，加强在能源资源、农业、旅游、基础设施建设等领域的经贸合作。

（30）深化粤港澳紧密合作。创新粤港澳合作机制，打造粤港澳大湾区，形成最具发展空间和增长潜力的世界级经济区域。全面落实粤港、粤澳合作框架协议，深入实施 CEPA 有关协议，推进粤港澳服务贸易自由化，重点在金融服务、交通航运服务、商贸服务、专业服务、科技服务等领域取得突破。鼓励引进港澳创新人才和创新资源，建设粤港澳人才合作示范区。发挥港珠澳大桥等跨境基础设施功能，辐射带动珠江西岸地区加快发展。深化粤台在高新技术产业、新兴产业、服务业和现代农业等领域的合作。

（31）推进外经贸发展转型升级。坚持优进优出并重、货物贸易和服务贸易并重，推进内外贸一体化发展，实现从外贸大省向贸易强省转变。稳定传统优势产品出口，扩大自主知识产权、自主品牌、自主营销网络和高技术含量、高附加值、高效益产品出口。深入推进国家加工贸易转型升级示范区和外贸转型升级示范基地建设，培育发展跨境电子商务、外贸综合服务等新业态，创新和完善多种贸易平台。建立金融、商贸、物流等政策支撑体系，拓宽进出口企业融资渠道。积极应对国际贸易摩擦。健全服务贸易促进体系，扩大服务贸易规模，优化服务贸易结构。加快发展电子口岸，建立国际贸易单一窗口。培育大型本土跨国公司，支持企业开展跨国经营，以联合投资等多种方式参与全球资源配置。推进自主对外投资促进体系建设，打造境外重点经贸合作区或产业合作园区。鼓励企业以参与承包工程带动装备、技术、标准和服务走出去。全面推进以备案制为主的对外投资管理方式改革，落实放宽境外投资外汇管理和企业人员出入境管理政策。加强境外投资信息、法律等配套服务，建立走出去风险评估、预警和应对机制。

(32) 深化泛珠三角等区域合作。贯彻《泛珠三角区域深化合作共同宣言(2015—2025年)》，务实推进基础设施、产业投资、商务贸易、旅游、农业、人力资源、科教文化、医疗社保、环境生态、信息化建设、金融等重点领域合作。加快区域交通运输一体化进程，推进跨省（区）铁路、公路项目和珠江—西江黄金水道建设，加强区域间口岸合作，共建内陆无水港和沿海飞地港。强化跨省（区）江河流域水环境协调保护和治理，共同建设粤赣湘桂南岭山地森林及生物多样性生态功能区。深化以西电东送、西气东输为重点的能源合作。以珠江—西江经济带、武广高铁经济带、贵广高铁经济带、南广高铁经济带以及粤桂合作特别试验区、粤桂黔高铁经济带合作试验区、湛江—北海跨省特别经济合作区、闽粤经济合作区、广州南站泛珠省会城市合作示范区为重大区域发展平台，加强沿海、沿江、沿路经济带和合作园区建设。

七、坚持共享发展，促进社会公平，着力增进民生福祉

按照人人参与、人人尽力、人人享有的要求，坚守底线、突出重点、完善制度、引导预期，注重机会公平，保障基本民生，增加公共服务供给，率先实现基本公共服务均等化、社会保障城乡一体化，加快建设文化强省，努力交出物质文明和精神文明两份好答卷。

(33) 促进就业创业。坚持就业优先战略，实施更加积极的就业政策，鼓励多渠道多形式就业。完善城乡均等的公共就业创业服务体系，推进就业创业服务规范化、标准化和信息化发展。完善创业优惠政策，优化创业环境，建设创业公共服务平台，形成政府激励创业、社会支持创业、劳动者勇于创业的新机制。落实高校毕业生就业促进和创业引领计划，带动青年就业创业。推行工学结合、校企合作的技术工人培养模式，推行企业新型学徒制，落实终身职业技能培训制度，实施新生代农民工职业技能提升计划。完善职称评定制度，推广专业技术职称、技能等级等与大城市落户挂钩做法。健全劳动关系协调机制，畅通职工表达合理诉求渠道，构建和谐劳动关系。深化薪酬制度改革，健全工资正常增长机制。健全资本、知识、技术、管理等由要素市场决定报酬机制。多渠道增加居民财产性收入。探索实现居民收入增长与经济发展同步、劳动报酬增长和劳动生产率提高同步的长效机制，缩小城乡居民收入差距，形成合理有序的收入分配格局。健全科学的工资水平决定机制、正常增长机制、支付保障机制，完善最低工资增长机制。

(34) 实施脱贫攻坚工程。充分发挥政治优势和制度优势，坚决打赢脱贫攻坚战。实施精准扶贫、精准脱贫，因人因地施策，提高扶贫实效。强化对口帮扶工作，落实干部驻村帮扶。完善扶贫考评标准和考核机制，建立减贫目标责任制，调整扶贫开发重点县考核指标体系。完善财政扶贫资金增长机制。加强贫困地区基础设施建设，提高基本公共服务水平。健全金融扶贫服务机制，增强对贫困地区的信贷投放。探索对贫困人口实行资产收益扶持制度，建立健全农村留守儿童和妇女、老人关爱服务体系。办好扶贫济困日等社会扶贫活动，充分调动社会各界参与扶贫开发积极性。扎实推进对口援藏援疆等工作，为推进西藏、新疆和有关省藏区经济社会持续健康发展和长治久安作出新的贡献。

(35) 提升教育事业发展水平。深化教育领域综合改革，着力促进教育公平，大力提高教育质量和办学水平，率先基本实现教育现代化。落实立德树人根本任务，把增强学生社会责任感、创新精神、实践能力作为重点任务贯彻到国民教育全过程。积极发展学前教育，完善学前教育办园体制和布局，鼓励普惠性幼儿园发展。均衡优质标准化发展义务教育，缩小区域、城乡、校际间差距，逐步推动常住人口子女平等接受义务教育。推进普通高中优质特色多样化发展，高水平高质量普及高中阶段教育。加快推进高等教育结构调整，推动高等教育内涵式发展。落实和扩大高等学校办学自主权，着力推进高水平大学建设和高水平理工科大学建设，鼓励具备条件的普通本科高校向应用型转变。完善现代职业教育体系建设，创建现代职业教育综合改革试点省。深化考试招生制度改革和教育教学改革，建立个人学习账号和学分累计制度，积极推进高校考试招生制度综合改革，完善分类考试、综合评价、多元录取考试招生制度。完善资助方式，对家庭经济困难学生实现资助全覆盖，率先从建档立卡的家庭经济困难学生实施普通高中免除学杂费，逐步分类推进中等职业教育免除学杂费。加强高素质专业化教师队伍建设，推进城乡教师交流。积极发展继续教育，加快建立以提高劳动者素质和技能为目标的终身教育服务体系。稳步推进教育领域开放合作，促进面向世界的教育合作交流。鼓励和引导社会力量兴办教育，促进民办教育规范特色发展。推进特殊教育改革发展。积极发展老年教育。

（36）强化社会保障体系。坚持保基本、兜底线、促公平、可持续方向，加快建立更加公平更可持续的社会保障制度。扩大社会保险覆盖面，实现社会保障城乡并轨，促进城乡、区域、行业和群体间保障标准水平衔接平衡，完善社会保险关系跨区域转移接续政策。提高城乡居民最低生活保障、农村五保供养等底线民生保障水平，完善救助管理服务体系，全面开展重特大疾病医疗救助工作，健全临时救助制度。坚持社会统筹和个人账户相结合的基本养老保险制度，完善个人账户制度，健全多缴多得激励机制。开展应对人口老龄化行动，大力发展社会养老，全面建设以居家为基础、社区为依托、机构为补充的覆盖城乡的多层次养老服务体系，推动医疗卫生和养老服务相结合。实施统一的城乡居民医疗保险制度，全面推进城乡居民大病保险，实现省内异地就医联网即时结算，鼓励发展商业健康保险。大力发展福利慈善事业，做好优抚安置工作，健全面向低收入家庭的住房保障体系。坚持男女平等基本国策，保障妇女和未成年人权益。支持残疾人事业发展，健全扶残助残服务体系，保障和改善残疾人民生，加快推进残疾人小康进程。帮扶存在特殊困难的计划生育家庭。

(37）增强人民健康保障。加快构建与经济社会发展水平相适应、与居民健康需求相匹配的医疗卫生服务体系。深化医药卫生体制改革，统筹推进基本医疗、公共卫生、基本医保、药品保障、监督管理等重点改革，建立覆盖城乡的基本医疗卫生制度和现代医院管理制度，建设卫生强省。坚持公益属性，推进公立医院综合改革。完善卫生投入保障机制，推进医疗卫生资源布局调整，促进医疗资源向基层和农村流动。理顺医疗服务和药品价格，破除以药补医，建立科学合理的补偿机制。坚持计划生育的基本国策，推进计划生育服务管理改革创新，全面落实一对夫妇可生育两个孩子政策。大力发展社会办医，推进非营利性民营医院和公立医院同等待遇，加快推进医师多点执业。切实加强人口健康信息化建设，发展远程医疗服务应用。建立医疗责任保险机制，依法化解医患矛盾。深入推进中医药强省建设，提高中医药服务能力。加强心理健康服务。实施食品安全战略，形成严密高效、社会共治的食品安全治理体系。加强药品监管，保障用药安全。倡导健康文明生活方式，广泛开展全民健身活动，大力发展体育产业。

(38）完善公共文化服务体系。整合各类公共文体设施和服务资源，加快形成覆盖城乡、便捷高效、保基本、促公平的现代公共文化服务体系。加强文化及体育设施建设，完善五级公共文化设施网络，建成城市“十分钟文化圈”和农村“十里文化圈”。鼓励社会力量参与公共文化服务体系建设。着力加强欠发达地区公共文化服务供给，满足群众基本文化需求。坚持以人民为中心的创作导向，积极打造文艺精品。加强对文化遗产的保护，重视优秀传统文化传承。大力推进全民阅读，建设学习型社会。建立健全社会志愿服务体系。实施重大文化工程，大力发展文化产业，发展骨干文化企业和创意文化产业，培育新型文化业态，把文化产业培育成国民经济支柱性产业。深化文化管理体制机制改革，推动政府部门由办文化向管文化转变。扩大对外文化交流合作，增强文化创造力、传播力、影响力。

(39）切实维护社会和谐稳定。加强维护国家政治安全工作，有效防范敌对势力渗透。加强维稳形势分析研判、矛盾纠纷排查化解、矛盾纠纷基础台账管理等制度建设。加大重点领域和重大社会矛盾化解力度，加强重点领域矛盾纠纷专项治理，坚持在法治框架下化解矛盾。健全公共安全体系，深入推进平安广东建设，建立健全常态化公共安全监管机制，完善社会治安立体防控体系，深入开展禁毒人民战争，防范、打击严重危害社会安全的各种违法犯罪活动，努力创造人民群众满意的平安环境。依法规范信访秩序，强化信访问题源头治理，妥善解决群众合法合理诉求，深化涉法涉诉信访制度改革，把信访纳入法治化轨道。牢固树立安全发展观念，完善和落实安全生产责任和管理制度，建立健全党政同责、一岗双责、失职追责的安全生产责任体系，落实企业安全生产主体责任，坚决遏制重特大安全事故发生。

八、加强党对经济社会发展的领导，为顺利实现“十三五”规划提供坚强保证

全面加强和改善党的领导，落实全面从严治党各项措施，提高各级党委领导经济社会发展的能力，推进治理体系和治理能力现代化，更好推动经济社会发展。

（40）提高领导经济社会发展的能力。切实加强党委领导经济社会发展工作的制度化建设，提高专业化能力和法治化水平。充分发挥党委总揽全局、协调各方的领导核心作用，加强党委对人大、政府、政协、司法机关以及人民团体的领导，支持和保证这些机构依法依章程履行职能，动员人民群众团结奋斗，形成齐心协力推进经济社会发展的合力。

（41）加强干部人才队伍建设。树立正确用人导向，选好配强各级领导班子，增强凝聚力和战斗力。注重培养选拔政治强、懂专业、善治理、敢担当、作风正的领导干部。落实推进领导干部能上能下的规定，完善从严管理干部队伍制度体系。加强基层党组织带头人队伍建设，培养基层党组织书记后备人选。加强干部教育培训，完善实践锻炼制度。健全党管人才工作机制，实施人才强省战略，着力发展、培养、集聚战略科学家、科技领军人才、企业家人才、高技能人才队伍，积极实施“千人计划”，优化提升“珠江人才计划”“扬帆计划”“广东特支计划”，大力引进和用好海外人才，培养本土高

层次人才和青年拔尖人才。

（42）全面推进依法治省。加强和改进地方立法，健全有立法权的人大主导立法工作的体制机制，做好立法和改革的衔接工作，保障重大改革于法有据、有序进行。加强法治政府建设，依法设定权力、行使权力、制约权力、监督权力，实现政府活动全面纳入法治轨道。推进政府机构、职能、权限、程序、责任法定化，健全依法决策机制，深化行政执法体制改革。加快建设法治社会，推动领导干部带头学法、模范守法，加强社会主义法治文化建设和群众性普法教育，建设覆盖城乡居民的公共法律服务体系，深化基层组织、部门、行业依法治理。加强和创新社会治理，推进社会治理精细化，构建全民共建共享的社会治理格局。保持城乡基层社会治理基本架构稳定，坚持党组织对其他基层组织的领导，增强社区服务功能，全面落实乡镇（街道）领导干部驻点普遍直接联系群众工作和“两代表一委员”直接联系群众制度。推进司法体制改革，落实中央赋予的司法体制改革试点任务，加快探索形成可复制、可推广的经验。

（43）深入推进党风廉政建设和反腐败斗争。坚持有腐必反、有贪必肃，始终保持惩治腐败的高压态势。落实党风廉政建设主体责任和监督责任，落实“三严三实”要求，严明党的纪律和规矩，锲而不舍贯彻落实中央八项规定精神，健全改进作风长效机制，构建不敢腐、不能腐、不想腐的有效机制，努力实现干部清正、政府清廉、政治清明。加大纪律审查力度，加强党内监督，推进巡视全覆盖。严肃党内政治生活，健全督促检查、绩效考核和监督问责制度，确保党的路线方针政策和各项决策部署落实到位。

各级党组织、广大共产党员和全省人民要更加紧密地团结在以习近平同志为总书记的党中央周围，高举中国特色社会主义伟大旗帜，按照“四个全面”战略布局，开拓创新、艰苦奋斗，努力完成我省“十三五”规划任务，为实现“三个定位、两个率先”的目标而奋斗！

中共广东省委办公厅
2015 年 12 月 1 日印发

（三）广东省人民政府关于广东省贯彻落实赣闽粤原中央苏区振兴发展规划实施方案的批复

广东省人民政府关于广东省贯彻落实赣闽粤原中央苏区振兴发展规划实施方案的批复

粤府函〔2015〕38号

韶关、河源、梅州、潮州市人民政府，省发展改革委：

省发展改革委《关于上报〈广东省贯彻落实赣闽粤原中央苏区振兴发展规划实施方案〉（修改稿）的请示》（粤发改区域〔2015〕71号）收悉。现批复如下：

一、原则同意《广东省贯彻落实〈赣闽粤原中央苏区振兴发展规划〉实施方案》（以下简称《实施方案》），请认真组织实施。

二、加快我省原中央苏区振兴发展，要深入贯彻落实党的十八大和十八届三中、四中全会精神，按照中央和省委、省政府的有关部署安排，进一步深化改革、扩大开放、改善民生，着力加强基础设施建设，促进产业结构优化升级，加快新型城镇化进程，推进生态文明建设，推动社会事业进步，统筹城乡和区域协调发展，努力走出一条欠发达地区实现跨越式发展的新路子，尽快改变贫困落后面貌，让原中央苏区广大人民早日过上富裕幸福生活，确保与全省同步实现全面建成小康社会的奋斗目标。

三、韶关、河源、梅州、潮州市人民政府要研究制定落实《实施方案》的具体措施，加强组织领导，完善工作机制，落实工作责任，奋力攻坚克难，确保《实施方案》确定的目标任务如期实现。省有关部门要按照职能分工，在政策实施、项目建设、资金投入、改革创新等方面对我省原中央苏区地区给予积极支持，并大力向中央对口部门争取政策和资金倾斜。其中，省发展改革委要牵头指导、督促各相关地区、相关单位认真落实《实施方案》，重点做好跨市、跨省重要基础设施建设和重大协作事项的综合协调，适时对实施效果进行评估。《实施方案》中涉及的重大项目要按程序报批，重要情况及时向省人民政府报告。

广东省人民政府

2015 年 3 月 13 日

广东省贯彻落实《赣闽粤原中央苏区振兴发展规划》实施方案

为全面贯彻落实国务院批复的《国务院关于支持赣南等原中央苏区振兴发展的若干意见》（国发〔2012〕21 号）（以下简称《振兴发展的若干意见》）和《赣闽粤原中央苏区振兴发展规划》（国函〔2014〕32 号）（以下简称《振兴发展规划》），加快我省原中央苏区振兴发展，提出如下实施意见：

一、全面把握《振兴发展的若干意见》和《振兴发展规划》的总体部署

（一）充分认识重大意义。我省原中央苏区为中国革命做出了重大贡献，付出了巨大牺牲。目前我省原中央苏区经济社会发展总体上仍然滞后。《振兴发展规划》将我省梅州市梅江区、梅县区、兴宁市、大埔县、丰顺县、五华县、平远县和蕉岭县，河源市龙川县、和平县、连平县，潮州市饶平县，韶关市南雄市共 13 个县（市、区）纳入支持范围，体现了中央对我省原中央苏区振兴发展的高度重视和极大关怀。加快振兴发展我省原中央苏区，对于探索革命老区扶贫攻坚新路子、进一步加快原中央苏区科学发展跨越发展、确保与全省同步实现全面建成小康社会的奋斗目标，具有十分重要的意义。这不仅是一项重大的经济任务，更是一项重大的政治任务。各级政府和各部门要把思想和行动统一到中央的决策部署上来，统一到省委、省政府落实《振兴发展的若干意见》和《振兴发展规划》的安排部署上来，切实增强责任感和紧迫感，牢牢抓住原中央苏区振兴发展的历史机遇，奋力攻坚克难，尽快改变贫困落后面貌，逐步缩小区域发展差距，推动我省原中央苏区实现跨越式发展。

（二）准确把握总体要求。《振兴发展的若干意见》和《振兴发展规划》是原中央苏区发展的行动纲领和编制相关专项规划、布局重大项目的重要依据，内容丰富，政策含金量高，为加快我省原中央苏区经济振兴发展指明了前进方向。各级政府和各部门要全面贯彻落实《振兴发展的若干意见》和《振兴发展规划》的要求，进一步解放思想、深化改革、扩大开放、开拓创新，着力加快基础设施建设，推动产业结构优化升级，不断推进新型城镇化进程，加强生态文明建设，推动社会事业发展，统筹城乡发展，努力走出一条欠发达地区实现跨越式发展的新路子，进一步促进区域协调发展，使原中央苏区广大人民早日过上富裕幸福生活，确保全省实现“三个定位，两个率先”的目标。

（三）统筹发展空间布局。培育壮大新型电子、新能源、新材料、生物医药四大产业集群，促进梅州中心城区扩容提质，把梅州市打造成潮汕平原北上开拓腹地的枢纽、广东省绿色崛起先行市和文化旅游特色区、生态文明先行示范区。建设赣深客专、鹰梅铁路、浦梅铁路和连接江西、福建的高速公路，加强和江西、福建中央苏区的交通基础设施建设，扩大梅州、河源腹地；经广梅汕客专、梅河高速，向东经饶平打通出海口，向西联动龙川、和平、连平、南雄等山区县，打造海陆联动的城镇密集带。

（四）全面实现发展目标。到2020年，13个县（市、区）综合经济实力显著增强，人均地区生产总值、城镇居民人均可支配收入、农村居民人均纯收入等经济指标接近全国平均水平，人均基本公共服务水平基本达到全省平均水平。落实国家给予原中央苏区的一系列优惠政策，省内建立对口支援长效机制。基础设施体系趋于完善，特色优势产业集群进一步壮大，新型城镇化进程明显加快，生态建设和环境保护取得显著成效，单位生产总值能耗及污染物排进一步降低，人民生活水平不断提高，努力实现城乡基本公共服务均等化，与全国同步实现全面建成小康社会目标。

专栏1：广东省原中央苏区主要规划指标表		
指标 \ 时间	2013 年	2020 年
三次产业比重（%）	18：45：37	10：50：40
城镇化率（%）	44	61
地方公共财政预算收入（亿元）	93. 36	333. 26
人均 GDP（万元）	1. 97	6
城镇居民人均可支配收入（元）	19 117	38 000
农村居民人均纯收入（元）	9 597	19 000
城镇年新增就业人数（万人）	4. 54	5. 39
城镇生活污水处理率（%）	75. 9	≥90
城镇生活垃圾无害化处理率（%）	77. 4	100
森林覆盖率（%）	72. 2	74
水土流失治理面积（平方公里）	404	727

二、主要任务

（一）构建现代产业体系。

1. 积极发展特色农林业。做强和平—梅县—龙川甜（蜜）柚等柑橘产业，推进标准化有机果园建设，着力打造柑橘产业基地。加快推进特色农产品采后商品化处理、贮藏保鲜、产品初精深加工和仓储物流配送体系建设，打造国家南端猕猴桃生产基地，推动特色农产品产业化发展。加快发展乌龙茶、特色客家绿茶等茶产业，大力提升茶叶品质，建设全国重要的茶产业基地，扩大茶产业市场规模。实施油茶低产林改造和高产林示范工程，打造全国重要的油茶深加工基地。大力发展林下经济，积极培育铁皮石斛、金线莲、梅片树、仙草等特色药材，实施示范药场建设、中药材研发和精深加工工程。积极发展设施农业和森林生态旅游业，加快培育农业产业化龙头企业、农民合作社和家庭农场。支持建设国家现代农业示范区。（省农业厅牵头，省林业厅、梅州、河源、潮州、韶关市政府配合）

专栏2：特色农林业
柑橘。做强和平－梅县－龙川甜（蜜）柚和碰柑、翠种植示范基地项目，建设龙川金橘加工基地，建设标准化有机果园，打造柑橘产业基地。 茶叶。建设中国岭头单丛茶产业基地、名优乌龙茶生产基地、特色客家绿茶生产基地，打造绿色和有机茶生产基地，培育建设茶文化休闲产业园项目，扩大茶叶产业及市场规模。 油茶。实施油茶低产林改造和高产林示范工程，打造国家油茶产业带、粤东北高产油茶星火产业带、绿色无公害植物油原材料种植产业带，建设油茶深加工基地，支持油茶种植加工项目。 中草药。建设珍稀中药材铁皮石斛产业基地、金线莲产业基地、中草药生产加工基地、梅片树（提取冰块）培育加工基地、半枫荷林药两用特用林示范基地、广东南药种植生产加工基地、仙草种植加工基地、细坳镇药材种植基地，实施示范药场建设、中药材研发和精深加工工程。 特色农业。打造南端猕猴桃星火产业带，建设毛竹种植基地、腐竹加工生产基地、粮食战略仓储中心、水产品养殖基地、生态猪场基地、禽标准化规模养殖场，培育名优特蔬菜示范项目、林下经济种植项目、现代渔业产业园项目，打造健康渔业示范园区。

2. 提升发展优势矿产业。以梅州为核心，建设具有较强国际竞争力的稀土产业基地。支持建设以梅州为核心的稀土高新材料产业基地。积极推动资源整合重组，建设南方离子型稀土战略资源储备基地。加快连平钨、梅县铜、五华钼、饶平锡、蕉岭铷等矿产基地建设。发挥高岭土资源优势，建设全国重要的陶瓷产业基地。（省经济和信息化委牵头，省国土资源厅、梅州、河源、潮州市政府配合）

专栏3：矿产业
稀土产业基地。建设稀土永磁材料生产加工基地、稀土战略资源储备基地、稀土新材料深加工基地、稀土回收利用产业园，支持钕铁硼磁性材料生产项目和稀土矿扩界整合项目。 有色金属产业基地。建设石英矿开发工程、铜矿产业基地、铷矿产业基地、钨矿产业基地、钼矿产业基地、锡矿产业基地、黑曜岩深加工基地，推广稀有金属钕铁硼项目、钕铁硼永磁材料技术改造项目、锡锑矿矿井改造项目和钨矿深加工项目。 陶瓷产业基地。建设陶瓷，玻璃陶瓷产品基地、瓷土深加工基地和高档釉下青花瓷生产基地，特陶科技工业园。

3. 加快制造业升级。加快关键技术研发，培育引进龙头企业，建设梅州电子信息产业基地。依托新能源汽车驱动电机、锂电动力电池和专用永磁材料等产业基础，培育建设梅州新能源汽车及零部件生产基地。促进兴宁水电装备、梅县精密机械、饶平水族机电、南雄电气机械和精细化工、和平县钟表、龙川县空气能和新材料等产业集群化发展。大力发展平远木制品、五华和梅县工艺品等轻工纺织产业，壮大一批轻工产业集群。加快中成药、西药、保健食品及化学原料药、医药化工等企业集聚，推动梅州医药产业发展。培育壮大梅州绿色节能照明等产业，加快核心技术自主创新，支持新能源产品推广综合利用。（省经济和信息化委牵头，省发展改革委、省科技厅、梅州、河源、潮州、韶关市政府配合）

专栏4：制造业
电子信息。建设梅州电子信息产业基地，打造南和电子产业园、互联网产业园、永旺实业电子科技工业园和PCB高端产业园、培育电子科技产业基地、多媒体电子生产基地。 汽车产业。建设新能源汽车及零部件生产基地，培育BPW车轴扩产和车轴配件出口项目和汽车配件生产项目。 机械制造。建设钟表集聚基地、精密机械产业基地、水电装备产业基地、电气机械制造基地，推广微特电机研发项目、机械制造项目、精密模具生产线项目和火板生产项目，打造机械电子科技产业园和机械高新技术产业园。 食品加工。建设饲料产业基地和蔬菜、水果、禽畜肉类农产品加工产业基地。 医药产业。培育生物技术药品生产项目、中成药生产项目、医药产品（艾灸）生产项目，建设医药产业工业园区。 新能源产业。推动新能源汽车新型电机的研发及产业化，培育绿色节能照明企业。

4. 大力发展服务业。加大革命遗址保护和修缮力度，加强对原中央苏区爱国主义教育基地、中共党史教育基地的建设，大力发展红色旅游业，高起点建设梅县叶剑英元帅纪念馆等一批红色旅游精品景区和经典线路。发挥南岭山等生态优势，深入挖掘红色历史文化、生态及乡村旅游资源，重点推进南岭生态旅游区、珠玑古巷·梅关古道文化旅游区等特色景区建设，支持梅州市、河源市加快建设生态文化旅游特色区建设，积极发展休闲农业，加快

建设龙川县现代服务业及古邑文化旅游产业集聚区。（省旅游局牵头，省文化厅、梅州、河源、潮州、韶关市政府配合）

支持符合准入条件的民营企业发起设立民营银行、金融租赁公司、消费金融公司和金融担保公司，鼓励符合准入条件的发起人设立新型农村金融机构，继续支持符合条件的农村信用合作社改制成为以县（市）农村商业银行，支持符合条件的小额贷款公司转为村镇银行。（广东银监局牵头，省金融办、梅州、河源、潮州、韶关市政府配合）

充分发挥再贷款、再贴现、差别准备金动态调整机制的引导作用，鼓励县域法人金融机构将新增存款一定比例用于当地贷款，提供普惠性金融创新服务。（人行广州分行牵头，省金融办、梅州、河源、潮州、韶关市政府配合）

积极开发新的保险品种，支持保险资金投资基础设施和重点产业项目。（广东保监局牵头，梅州、河源、潮州、韶关市政府配合）

探索社会资本多样化融资模式，支持符合条件的企业上市。（省发展改革委牵头，广东证监局、省金融办、梅州、河源、潮州、韶关市政府配合）

完善口岸服务功能，促进区域通关资源共享，加快发展公铁海空联运。推动建设物流园区、物流通道、枢纽场站等物流基础设施，打造一批区域性物流中心。（省商务厅牵头，省交通运输厅、梅州、河源、潮州、韶关市政府配合）

充分挖掘红色文化、客家文化、茶文化等特色文化资源，开发具有核心竞争力的特色文化产品和服务，做大做强一批骨干文化企业，推动建设梅州麓湖山等文化产业园。（省文化厅牵头，梅州、河源、潮州、韶关市政府配合）

大力发展信息服务业，推动梅州市创建国家电子商务示范城市。推动“互联网+行动”，加快发展县城电子商务，扶持一批农村电商的发展。（省发展改革委牵头，省经济和信息化委、梅州市政府配合）

培育发展健康服务业及相关支撑产业。积极发展社区健康养老、中医药医疗保健、康复护理和家庭护理等服务业，推动创建一批居民服务示范社区。（省卫生计生委牵头，省民政厅、省发展改革委、梅州、河源、潮州、韶关市政府配合）

专栏5：服务业
旅游业。推动珠玑古巷基础设施及文化馆建设，支持“红色旅游”建设及革命遗址修复项目、革命战争史迹遗址修复项目，全力打造重点文化旅游区、生态旅游度假村、生态旅游区、森林公园、地质公园。 金融业。设立广州—梅州投资基金项目，支持拓宽企业融资渠道项目、小额担保贷款项目和产业集聚区产业发展基金项目。 物流业。加强物流基地建设，建设名贵木材集散基地、粤东水产品物流中心、特色产品商贸物流园和商贸物流配送中心、支持第三方物流项目及现代物流产业园建设。 文化产业。推广红色文化、客家文化、茶文化等特色文化资源，开发具有核心竞争力的特色文化产品和服务。 新兴服务业。规划建设国家级、省级工程技术研发开发中心。 传统服务业。积极发展家政服务业，建设居民服务示范社区。 健康服务业。推进建设医疗养生保健中心和康复中心。

（二）加快基础设施建设。

1. 构建现代交通运输网络。加强对外铁路通道建设，加快推进广梅汕客专梅州至潮汕段、鹰潭至梅州铁路、浦城至梅州铁路项目前期工作，力争“十二五”末开工建设，争取赣州至深圳客运专线在“十三五”初期动工建设，争取广梅汕客专梅州至河源段、梅州至龙岩铁路扩能工程、韶关至柳州铁路项目和潮州港疏港铁路在“十三五”期间动工建设，规划研究赣州至韶关铁路复线项目。（省发展改革委牵头，广东省铁路投资集团、广州铁路（集团）公司、梅州、河源、潮州、韶关市政府配合）

专栏6：铁路建设重点项目
梅州市：广梅汕客专梅州至潮汕段，鹰潭至梅州铁路，浦城至梅州铁路，广梅汕客专梅州至河源段，梅州至龙岩铁路扩能工程。 河源市：赣州至深圳客运专线。 潮州市：潮州港疏港铁路。 韶关市：韶关至柳州铁路，赣州至韶关铁路复线。

加强国省道改扩建，积极推进通县二级公路建设和红色旅游景区公路建

设，加快梅州中心城区与产业园区（产业集聚区）快速干道建设。大力推进济（南）广（州）高速公路平远至兴宁段、大（庆）广（州）高速公路连平至从化段一期（省界至新丰段）、宁（波）（东）莞高速粤闽界至潮州古巷段、汕（头）昆（明）高速龙川至英德段、武（汉）深（圳）高速公路仁化至博罗段、汕（头）湛（江）高速揭西至博罗段、兴宁至汕尾高速公路兴宁至五华段（含畲江、华阳支线）等国家及省级高速公路网项目建设进度，确保按计划建成通车；确保2015年开工建设河（源）惠（州）（东）莞高速龙川至紫金段、梅州至平远高速公路，将大埔至潮州港（含大埔至漳州支线）、兴宁至汕尾高速公路五华至陆河段、大（埔）丰（顺）五（华）高速丰顺至五华段、梅州东环高速等省高速公路网项目作为省重点预备项目加快推进前期工作，力争早日开工。（省交通运输厅牵头，省发展改革委、梅州、河源、潮州、韶关市政府配合）

专栏7：公路建设重点项目
高速公路项目。济（南）广（州）高速公路平远至兴宁段、大（庆）广（州）高速公路连平至从化段一期（省界至新丰段）、宁（波）（东）莞高速粤闽界至潮州古巷段、汕（头）昆（明）高速龙川至英德段、武（汉）深（圳）高速公路仁化至博罗段、汕（头）湛（江）高速揭西至博罗段、兴宁至汕尾高速公路兴宁至五华段（含畲江、华阳支线）、河（源）惠（州）（东）莞高速龙川至紫金段、梅州至平远及梅州东环高速、大埔至潮州港高速（含大漳支线）、大（埔）丰（顺）（五）华高速丰顺至五华段。
国道项目。G205线梅县金盘桥至宪梓中学段改线；G205线龙川县城段改线；G205线东源县热水之埔前段改线；G206线梅县金盘桥至梅江区湾下段改线；G206线宁松陂至丰顺北斗石桥头段改建；G323线始兴县城段改线；G206线梅城至畲江段（梅畲快速）公路。
省道项目。S120线五华华阳至安流段改建；S225线平远大拓至石正段改建；S225线兴宁国道205平交至梅河高速互通段改建；S231线潮州文祠至意溪段改建；S232线潮州大道口至汕头交界段改建；S242线河源市区东江大桥改建（旧路）；
S242线紫金县城段改线；S248线韶关市区黄金至韶钢段改线；S248线韶关市区犁市至黄冈段改线；S258线乳源鸭麻湖至英德交界段改建；S331线平远湍溪至八尺段改建；S333线梅江区湾下至梅县梓宪中学段改线；S347线新丰横江至梅坑段改建。

加快建设韩江、东江沿线客货运码头。完善潮州港基础设施，建设潮州港扩建货运码头，提升潮州港客货运通过能力，加快潮州港公用航道一期工程等公用基础设施建设，大力扶持培育临港产业项目，提高港口开发利用水平。（省交通运输厅牵头，省发展改革委、梅州、河源、潮州市政府配合）

专栏8：航运建设重点项目
加快建设梅州市五华县蒌富、布头、梓皋、赛洞等4个渡口和8个码头、梅县松口货运码头、梅江中心游船码头、潮州港扩建货运码头、潮州港公用航道一期工程。

做好梅县机场迁建前期工作，争取纳入国家“十三五”规划。（省机场管理集团牵头，省发展改革委和梅州市政府配合）

2. 提高能源保障能力。有序发展火电，建设粤电大埔电厂“上大压小”工程、梅州抽水蓄能电站、梅州风电、华电（南雄）等电源项目，支持饶平县大唐电厂“直供电”扩大试点工作。加快推进天然气供应基础设施建设。建设惠来—梅州—赣州成品油管道和梅县、潮州港成品油仓储基地。积极推动创建国家新能源示范城市和国家绿色能源示范县，加快饶平县国家绿色能源示范县建设。推进广东省天然气管网三期工程。（省发展改革委牵头，梅州、河源、潮州、韶关市政府配合）

专栏9：重点能源建设项目
电力项目： 潮州市：广东大唐三百门电厂#5、#6机组，饶平县大唐电厂“直供电”扩大试点项目。 河源市：连平、和平、龙川县等风力发电项目，和平县地热资源深度开发利用与保护项目，和平县水电站建设工程。 梅州市：梅州市500千伏电网建设工程，梅州市220千伏电网建设工程，梅州市110千伏及以下配电网建设、电网改造工程，梅州市220千伏叶塘（兴宁神光山）输变电工程，梅州兴宁110千伏刁坊输变电工程，梅州兴宁110千伏城西输变电工程，兴宁市园区供电工程，粤电大浦电厂“上大压小”工程（一期），华润电力（兴宁）有限公司：2×660 MW超临界纯凝火力发电项目，梅州（五华）抽水蓄能电站，大埔县舟角院水电站工程，大埔、平原、丰顺、五华、蕉岭县及梅江区风力发电项目，兴宁市德融太阳能发电项目，兴宁市华润太阳能发电项目，兴宁市南粤太阳能基地，光伏发电项目。

成品油项目： 潮州市：建设潮州港成品油仓储基地，支持华瀛润裕粤东LNG配送项目，实施潮州港怡化石化油品仓储工程。 梅州市：建设惠来－梅州－赣州成品油管道和梅县成品油仓储基地，支持梅县中海油新能源产业园项目。 天然气项目： 广东省天然气管网三期工程。 潮州市：华丰LNG应急调峰储备站，华丰丙烷、丁烷深加工项目，石油、天然气管道及仓储建设工程。 梅州市：梅州市焦华工业园区管道天然气、汽车加气（燃气）站项目，蕉岭县天然气汽车加气站项目，五华县综合性天然气服务站项目。

3. 加快水利设施建设。提高城市和重点城镇防洪能力与供水保障能力，加快实施规划内大中型病险水库（闸）除险加固，“十二五”期间全面完成规划内小型病险水库除险加固。支持梅江、东江上游防洪工程建设，推进韩江高陂水利枢纽、梅州梅南水利枢纽、平远凤池、丰顺龙峡水库等一批大中小型水库项目建设，推进灌区续建配套与节水改造工程与中小河流治理等工程建设。加快推进引韩济饶供水等水资源配置工程。支持深山地区建设小微型农田水利设施。（省水利厅牵头，梅州、河源、潮州、韶关市政府配合）

专栏10：水利重点建设项目
水资源配置工程。建设引韩济饶供水工程项目。 水库工程。重点推进中小型水库除险加固工程建设，支持水库除险加固工程、水库加固扩建工程、水库改造工程建设，加快水库自然保护区建设。 水利枢纽工程。推进韩江高陵水利枢纽、梅州梅南水利枢纽项目建设。 灌区工程。中小型灌区改造工程和节水灌溉工程建设。 其他。韶关、河源和梅州市中小河流治理工程。

4. 提升信息化水平。实施数字城市、智慧城市等重大工程，建设数字化城市管理平台。推进光纤宽带网络建设，实现“十二五”末所有乡镇都有互联网宽带接口和学校等社会公益机构宽带网络接入，城市和农村家庭宽带接入能力基本达到20Mbps和4Mbps，学校宽带接入能力达到10Mbps以上。实施移动通

信网络升级工程，实现3G移动通信网络覆盖城乡、4G移动通信网络建设稳步推进。全面推进电信网、互联网和广播电视网“三网融合”，推动创建国家信息消费试点示范市和下一代互联网示范城市，运用信息化推动工业化，运用信息化推进“三网融合”，打造信息化体系。加快公共信息服务平台和业务应用平台建设。（省经济和信息化委牵头，梅州、河源、潮州、韶关市政府配合）

专栏11：信息化建设项目
实施村村通信息通信工程，建设县级信息中心平台，加快公共信息服务平台和业务应用平台建设，推进地理信息化项目，支持3G、4G网络及数字城市、智慧城市项目建设，全面推进电信网、互联网和广播电视网“三网融合”。

（三）加强生态环境保护。

1. 加强生态建设。支持各市（县）扩大省级生态公益林面积，加快生态景观林带、森林碳汇、森林进城围城、乡村绿化美化四大重点工程建设，加大森林抚育、资源管护投入力度，加强天然林资源保护。支持各级自然保护区、风景名胜区、森林公园、湿地公园建设，加大野生动植物保护力度。推进低碳生态城市建设，支持有条件的市（县）积极创建生态文明示范工程试点市（县）。（省林业厅牵头，省环境保护厅、梅州、河源、潮州、韶关市政府配合）

加大水土流失综合治理力度，推动梅州和有条件的县申报建设国际水土保持生态文明综合治理工程。（省水利厅牵头，梅州、河源、潮州、韶关市政府配合）

推进北江、东江、韩江源头县（市）补充纳入国家重点生态功能区范围。（省发展改革委牵头，梅州、河源、潮州、韶关市政府配合）

开展河流生态保护与修复治理，加快以小流域为单元的坡耕地水土保持综合治理和崩岗治理，加快农村电气及小水电代燃料项目建设。（省水利厅牵头，省环境保护厅、梅州、河源、潮州、韶关市政府配合）

加快生态移民搬迁、地质灾害移民搬迁步伐，尽快完成“渔民上岸”工程。区域联合开展空间管控试点工作，统筹城乡空间布局，合理划定生态控制线，构建区域生态安全格局。（省住房城乡建设厅牵头，省国土资源厅、省环境保护厅、梅州、河源、潮州、韶关市政府配合）

专栏12：环境保护治理项目

水环境综合治理项目：

韶关市：南雄市五大水库县级自然保护区。

河源市：连平县小溪尾水小流域水土保持工程，连平县下坪水小流域水土保持工程，连平县生态文明水资源保护工程（水功能保护），连平县西门河上游水资源保护工程，连平县大湖水上游水资源保护工程，和平县水土保持工程项目，和平县生态，环境综合治理工程技术集成与示范项目。连平县、龙川县、和平县水流域综合治理工程。

梅州市：韩江流域上游水质保护，梅州城区饮用水源保护建设项目，平远县饮用水保障工程，兴宁市合水水库水资源保护工程，神光山水资源保护工程，五华县三渡水水库水资源配置工程，五华县水土保持科技示范园二期建设工程，丰顺县水土保持治理工程，兴宁市水土保持治理工程。梅州市流域综合治理工程。

污水处理项目：

潮州市：饶平县三饶污水处理厂，饶平县城南污水处理厂，潮州临港产业转移工业园污水处理工程。

河源市：龙川县城南区污水处理厂，连平县忠信镇污水处理厂及管网，连平县城污水处理厂二期工程，和平县工业污水处理中心，和平县生活污水处理厂建设项目。

梅州市：平远县县城生活污水处理工程，大埔县污水处理厂，蕉岭县蕉城污水处理厂二期项目，梅州市蕉华工业园区污水处理厂（含配套管网）项目，梅县雁洋、畲江、松源镇污水处理厂项目，梅县圩镇污水处理设施建设项目，梅县区新城水质净化厂二期工程，梅县区新城水质净化厂配套集污管网工程项目，五华县工业园区污水处理厂，五华县污水处理厂管网工程，五华县华城镇污水处理厂，五华县安流镇污水处理厂，五华县龙村镇污水处理厂，五华经济开发区污水处理厂建设工程，兴宁市污水处理工程，丰顺县中心镇级污水处理厂。

生活垃圾处理项目：

潮州市：农村生活垃圾转运处理设施建设。

河源市：龙川县松仁下无害化垃圾处理场二期建设项目、连平县县城无害化垃圾填埋场，和平县县城垃圾无害化处理填埋场项目。

梅州市：梅州市环保能源（生活垃圾焚烧）发电项目，梅州市工业固定废物综合处置工程，梅州市城区卫生保洁和农村垃圾收运工程项目，大埔县生活垃圾填埋场，兴宁市垃圾场改造，兴宁市生活垃圾综合处理场，兴宁市片区生活垃圾综合处理基地，平远县生活垃圾填埋场二期，平远县城卫生保洁和农村垃圾收运项目。

农村环境综合整治项目：

河源市：龙川县全县农村环境连片整治工程，龙川县全县农村环境连片整治工程、和平县生态公益林质量提升工程，和平县废弃（稀土）矿山环境专项治理工程，和平县大尖山铅锌矿重金属污染源综合整治项目，生态复绿示范工程建设项目。

梅州市：梅州市蕉华工业园区（北坑、老场、莲塘华侨新村等地）农村环境整治项目，兴宁市铁山嶂地质灾害防治和矿山地质环境治理工程，蕉岭县农村环境综合整治示范县项目，梅江区环境污染综合整治工程项目，兴宁市大坪镇农村环境整治项目，梅县区雁洋镇旅游核心区连片村庄环境综合整治工程，梅县区丙村镇沿河村庄环境综合整治项目，梅县区松口镇周边村庄环境综合整治项目，梅县区农村环境整治工程，梅县美丽乡村建设项目，平远美丽乡村建设项目。

2. 强化环境综合整治。加强梅江、韩江、东江、新丰江等重点流域水环境综合整治，推进跨流域、跨区域生态环境协同保护。大力推进矿山生态环境保护与恢复治理，完成梅州市历史遗留矿山环境综合治理。加快污水处理设施、污泥处理处置工程及配套管网建设，加强城乡饮用水水源保护。加快城乡生活垃圾处理设施建设，提高城乡生活垃圾无害化水平。推进清洁农村工程、测土配方施肥和土壤有机化提升工程，支持发展农村沼气，加大农村环境综合整治、农业面源污染防治力度。（省环境保护厅牵头，省国土资源厅、省住房城乡建设厅、省农业厅、梅州、河源、潮州、韶关市政府配合）

3. 提高资源集约节约利用水平。建立和完善节能减排统计、监测和考核体系，强化固定资产投资项目节能评估审查、环境影响评价、水资源论证，鼓励发展节能环保产业。实行最严格水资源管理制度，加强水源地保护和用水总量管理，深入开展节水型企业创建，确保区域发展与水资源承载能力相协调。（省发展改革委牵头，省经济和信息化委、省环境保护厅、省水利厅、梅州、河源、潮州、韶关市政府配合）

积极发展循环经济，推动国家级开发区和省各类园区实施循环化改造，支持创建国家循环经济示范城市（县）。（省发展改革委牵头，省经济和信息化委、省商务厅、梅州、河源、潮州、韶关市政府配合）

推进土地资源节约利用，实施“三旧”改造，加大稀土废弃矿区综合治理及城镇、工业园区用地发展造成矿山压复的资源回收利用支持力度，盘活利用存量建设用地。建设绿色矿山、发展绿色矿业，建立和完善再生资源回收体系，深入开展共伴生矿、尾矿和大宗工业固体废弃物综合利用，促进城乡生活垃圾和建筑垃圾资源化利用。（省国土资源厅牵头，梅州、河源、潮州、韶关市政府配合）

专栏 13：资源集约节约利用项目
韶关市：南雄市生态修复及走廊建设、南雄市高标准基本农田建设项目、南雄市农业综合开发土地治理项目。 河源市：连平县莲田建筑节能环保项目、龙川县全县联村连片农田农业基地建设、连平县高标准基本农田建设及旱涝保收项目、和平县农村土地整治高标准农田建设项目、和平县低碳发展示范县建设项目、和平县稀土废料回收加工基地。 梅州市：梅州市再生资源产业（物流）园区，五华县再生资源产业区，兴宁废弃旧塑料再生利用产业园，梅县水资源节约与保护工程，平远县水资源节约与保护工程，兴宁市、镇两级环境检测、监察、信息能力建设项目，兴宁市重点企业污染源在线监控建设项目，大埔县环境应急检测能力建设项目，大埔县空气自动站升级改造建设项目。

（四）推进社会事业发展。

1. 优先发展教育事业。加快发展学前教育，提高学前教育入园率，推进幼儿园规范化发展；推进城区义务教育学校扩容和标准化、农村义务教育薄弱学校改造和边远艰苦地区农村学校教师周转宿舍建设，扎实推进解决小学、初中大班额和寄宿生住宿问题。加快推进教育信息化“三通两平台”工程建设，充分利用信息化手段扩大优质教育资源覆盖面，促进优质教育资源延伸到农村学校。加快发展现代职业教育，实施职业教育能力建设工程，办好职业院校和技工院校，打造职业培训实训基地。规划布局建设本科院校，提高高等教育办学水平，推动嘉应学院、韩山师范学院和韶关学院等高等学校与国内知名高等学校合作办学，进一步加强与国外高校的交流合作，扶持优势特色学科专业建设。（省教育厅牵头，省人力资源社会保障厅、梅州、河源、潮州、韶关市政府配合）

专栏 14：教育项目
学前教育。推进幼儿园扩建工程，建设规范化幼儿园。 义务教育项目。推进中小学扩容提质工程，加快中小学调整改造升级，实施中小学校舍危房改造工程，建设农村学校教师周转宿舍。 职业教育项目。建设职业技术学院、就业培训指导中心、回乡创业青年培训中心和农村妇女技能培训中心，设立技工教育及劳动力技能晋升培训网点，打造职业培训实训基地。 高等教育项目。规划布局建设本科院校，推动本科院校与国内高等院校合作办学。

2. 提升卫生计生服务水平。加强医疗卫生服务体系建设。积极推进公立医院改革，巩固完善基层医疗卫生机构综合改革，鼓励和引导社会资本举办医疗机构。支持有条件的地市建设具有区域影响的综合医院，根据需要规划设置儿童、精神、妇产、肿瘤等专科医院（含中医类专科医院）。加强县级医院专科建设，支持有条件的县（市）建设专业特色医院，加快基层医疗卫生机构建设，提升乡镇卫生院、村卫生站和社区卫生服务中心（站）医疗装备水平，全面提升县域医疗服务水平。加强专业公共卫生机构建设，促进区域公共卫生服务资源整合，提升重大传染病、地方病、职业病等防治能力和水平。（省卫生计生委牵头，梅州、河源、潮州、韶关市政府配合）

专栏 15：卫生计生服务项目
综合医院项目。建设地级市人民医院综合住院大楼、嘉应学院医学院附属医院住院大楼、梅州市鸿惠医院。支持县级人民医院建设。实施中医医院扩容升级改造工程。 乡镇卫生院项目。建设镇级卫生院、社区卫生服务中心，标准化建设村级卫生站和社区卫生服务站。 专业公共卫生机构和专科医院项目。建设疾病预防控制中心、职业病防治院、慢性病防治站、妇幼保健院、精神病院以及儿童医院和肿瘤医院。

3. 强化人才引进和培养工作。加大引才聚才力度。积极探索原中央苏区县引进高层次人才办法，通过提高待遇、简化程序等方式畅通急需紧缺高层次人才引进的“绿色通道”。按照中共中央组织部、中共中央统一战线工作部

和国家民族事务委员会的统一安排，每年重点从原中央苏区县选派党政领导班子成员到中共中央直属机构单位挂职锻炼。开展区域干部交流，鼓励省直和珠三角地区有关部门干部到原中央苏区县任职或挂职锻炼。建立健全农村急需的专业技术型、市场经营型人才引进和常驻机制。深入推进“三支一扶”、大学生村官、选调生和科技人才下乡工作，鼓励更多高素质青年人才到村镇工作，为基层经济社会发展提供智力支持，并通过完善人才培养、评价、选拔、使用、流动、配置等人才工作政策体系，确保高素质人才下得去、稳得住、干得好、留得下。继续完善事业单位岗位设置和人员聘用的有关办法，坚持公开、平等、竞争、择优的原则，进一步规范事业单位公开聘用工作。（省委组织部牵头，省人力资源社会保障厅、梅州、河源、潮州、韶关市政府配合）

4. 加强就业和社会保障。进一步稳定和扩大就业。加大就业和社会保障服务设施建设力度，2015 年前实现县级就业和社会保障服务平台基本覆盖，2020 年前实现市、县、乡、村四级公共就业和社会保障服务平台全覆盖。大力发展农村特色产业和小微企业，努力增加就业岗位。开展农村富余劳动力转移就业培训工作，加强劳动力技能培训，结合当地特色经济、劳动者培训意向和知识基础开展技能培训，加快市农民工培训和技工教育实训基地建设，构建覆盖城乡的职业技能培训网络。有序组织劳动力输出，精心组织“南粤春暖”和高校毕业生专场招聘会，在珠三角输出地建立外出务工人员工作站等，促成用工务工有效快速对接。深入开展创业带动就业。支持农民工返乡创业，加快创业带动就业孵化基地建设和落实创业小额担保贷款贴息支持政策。大力发展家庭服务业，加强家庭服务业从业人员培训，挖掘家庭服务业促进就业增长点。大力开展就业援助，帮助就业困难人员和零就业家庭解决就业。对企业吸纳就业困难人员就业的，按规定给予相应的社会保险补贴和岗位补贴。建立完善统筹城乡的社会保障体系，实现基本养老保险、基本医疗保险制度和人群全覆盖，完善城乡居民大病保险制度，提高社会保障卡应用管理水平，逐步实现社会保障一卡通。（省人力资源社会保障厅牵头，梅州、河源、潮州、韶关市政府配合）

加大抚恤补助资金支持力度，有效保障优抚对象等人员各项抚恤待遇落实。完善城乡低保制度，适当提高资金补助比例，实现应保尽保，合理提高低保标准和补助水平，健全残疾人社会保障和服务体系。完善城乡医疗救助制度。依托现有资源或引入市场、社会力量，加快社会福利体系建设，实现每个县建设一所综合性社会福利中心，每个乡镇建设一所敬老院，对原有的敬老院进行扩建和升级改造。建立健全殡葬基本服务保障制度。（省民政厅牵头，梅州、河源、潮州、韶关市政府配合）

加强保障性安居工程建设，扩大利用住房公积金贷款支持保障性住房建设试点范围，加大棚户区改造投入力度。（省住房城乡建设厅牵头，梅州、河源、潮州、韶关市政府配合）

专栏 16：社会保障服务项目
职业技能培训项目。打造就业扶贫培训中心、回乡农民综合性培训基地，加大劳动力培训转移就业综合基地建设力度。 社会福利项目。支持综合福利院、老年人社会福利中心、儿童福利中心、居家养老服务中心和家庭服务中心、残疾人托养中心和社会救助站建设。 殡葬基本服务项目。建设和完善火葬场、殡仪馆配套工程设施及公墓、骨灰楼（堂）、树葬区等骨灰存放设施。 安居工程建设。实施棚户区改造工程。

5. 加快文化体育事业发展。支持市县图书馆、文化馆（艺术馆）、博物馆及乡镇街道综合文化站、村及社区文化室、农家书屋等文化基础设施建设。加快建设城乡阅报栏（屏）。鼓励社会力量捐助和兴办公益性文化事业。加快实施广播电视村村通等文化惠民工程，支持高山无线发射台站建设，统筹有线电视、直播卫星、地面数字电视等多种覆盖方式，提高广播电视覆盖水平和入户率，争取到2020年实现户户通广播电视。重点做好各级文物单位的保护工作。加强国家和省级历史文化名城、名镇、名村及历史文化传统街区保护，保护具有历史文化价值的传统村落、文物古迹和非物质文化遗产，加大对地方剧种的扶持力度。支持城乡公共体育设施建设，支持有条件的地区发展特色体育产业。（省文化厅牵头，梅州、河源、潮州、韶关市政府配合）

专栏17：文化体育事业项目
文化基础设施项目。建设市县图书馆、文化馆（艺术馆）、博物馆及乡镇街道综合文化站、村及社区文化室和农家书屋、打造城乡阅报栏（屏）。 广播电视项目。实施广播电视“户户通”工程和农村电影放映工程，支持高山无线发射台站建设，建设县级广播电视综合大楼和镇级广播电视站，支持城乡数字电视整体转换项目。 文物保护项目。加强历史文化名城名镇名村保护、传统村落保护、非物资文化遗产保护，实施革命烈士纪念园、纪念碑、遗址旧址修复工程。 体育设施建设项目。建设县级体育中心、体育馆、健身广场、青少年足球训练基地、体育公园、文体活动中心和老干部活动中心。

6. 加大扶贫开发力度。实施教育扶贫工程，加大易地扶贫搬迁、整村推进等工程投入力度，加快改善贫困农村生产生活条件。加大行业扶贫力度。开展贫困村庄旅游扶贫试点项目工作。启动返贫救助计划，对因灾、因病返贫的困难群众给予救助。实施扶贫小额贷款，积极发展贫困村互助资金组织，开展农村贫困户劳动力就业技能培训。创新支农资金管理体制机制，整合各类扶贫资金，鼓励对口帮扶地区采取多种形式加大扶贫帮扶力度，引导民间组织和企业参与扶贫开发。鼓励以“公司+基地+农户”或合作社的形式，扶持公司或合作社发展龙头企业，带动农户增产增收。（省扶贫办牵头，梅州、河源、潮州、韶关市政府配合）

7. 强化对口帮扶机制。整合集中优势资源对我省原中央苏区进行重点帮扶。广州、中山、东莞、深圳市分别对口帮扶13个原中央苏区县所在的梅州、潮州、韶关、河源市。对口帮扶双方分别成立帮扶指挥部，选派帮扶干部，建立县（区、镇）对接帮扶关系，深化合作，取长补短，携手共赢。（省扶贫办牵头，广州、中山、东莞、深圳、梅州、河源、潮州、韶关市政府配合）

（五）推动新型城镇化建设。

1. 做大做强区域中心城市。推进梅州市中心城区扩容提质，适当扩大梅州城市规模，强化辐射带动作用。加快建设梅州嘉应新区，推进产城融合，强化产业集聚区生活服务功能。加强城市公共交通、供电、供排水、供气、园林绿化、污水垃圾处理等市政基础设施建设，完善教育、卫生计生、文化等公共服务设施，提升综合服务功能。（省住房城乡建设厅牵头，省发展改革委、梅州、河源、潮州、韶关市政府配合）

2. 促进县域经济发挥比较优势。积极参与区域产业分工，壮大主导产业，加快培育特色鲜明的县域经济。提升开发区发展水平，积极推进产业园区建设，培育壮大一批骨干企业和产业集群。开展省直管县和扩权强县改革试点，赋予县级政府更大发展自主权，建立县级财政稳定增长机制，具备条件的可依法依规适时适度增设县级市。（省发展改革委牵头，省编办、省经济和信息化委、省财政厅、省民政厅、省商务厅、梅州、河源、潮州、韶关市政府配合）

按照城市规划建设标准推进县城建设，引导公共资源配置向县城倾斜，完善城镇服务功能，培育形成一批各具特色的小城市。实施小城镇建设示范工程，支持条件较好的重点镇加快发展，打造一批工业强镇、商贸特色镇、旅游名镇和美丽宜居小镇。（省住房城乡建设厅牵头，梅州、河源、潮州、韶关市政府配合）

深化小城镇综合改革建设试点，探索对吸纳人口多、经济实力强的镇赋予同人口和经济规模相适应的管理权。（省编办牵头，省发展改革委、省住房城乡建设厅、梅州、河源、潮州、韶关市政府配合）

3. 建设美丽宜居乡村。加强村庄规划建设，加大空心村整治力度，加大农村泥砖瓦房改造力度，优化居住点布局。大力实施村村通自来水工程，支持有条件的农村地区发展规模化集中供水。加强农村电网建设与改造，加快解决农村供电设施超负荷、电压低等突出问题。继续推进农村公路建设，提高补助标准，加快推进县乡道建设和新农村公路路面硬化，对原中央苏区新农村公路路面硬化补助标准提高到每公里 18 万元。加大农村公路养护力度，做好危桥改造和完善安保工程。优先安排资金推进农村人居环境整治，全面改善农村生产生活条件，因地制宜开展垃圾收运处理和生活污水处理设施建设，推进农村生活垃圾分类减量工作，建立农村保洁机制，健全农村保洁队伍，建立完善的农村生活垃圾收运处理长效机制。推动传统村落保护发展，实施农村河道治理。积极推进农村社区建设和美化绿化建设。（省住房城乡建设

设厅牵头，省发展改革委、省交通运输厅、省水利厅、省农业厅、梅州、河源、潮州、韶关市政府配合）

4. 加快城乡一体化。加大统筹城乡力度，合理安排城镇建设、村落分布、产业集聚、农田保护和生态涵养空间。推动城镇公共设施网络向乡村延伸，规划建设城乡统一的就业服务、社会保障、社会救助等公共服务设施，促进城乡基础设施共建共享。进一步完善城乡公交和客运网络，巩固和完善农村客运三个“百分百”，推进农村客运网络化和线路公交化，逐步建成覆盖城乡、方便快捷的城乡公交体系。统一城乡户口登记制度，促进城乡居民在就业、就学、就医等方面享受同等待遇。（省住房城乡建设厅牵头，省公安厅、省人力资源社会保障厅、省交通运输厅、省农业厅、梅州、河源、潮州、韶关市政府配合）

专栏18：城乡建设项目
市政基础设施项目。大力推进新型城镇化建设。实施三旧改造工程及自来水厂扩建及管网改造工程、加强街道硬底化、排污、排水等设施建设，实施城路灯升级改造工程和城园林绿化改造工程，支持城乡电网改造升级。 农村危房改造项目。推进农村危房改造项目建设。

（六）扩大区域开放合作。

加快闽粤经济合作区建设步伐，培育新的经济增长极，促进诏安—饶平等省际边界县经济合作。稳步推进潮州港、诏安湾港口建设，重点在跨省基础设施共建、产业联动协同发展、国际市场共同拓展、合作机制创新、区域政策叠加共享等方面开展先试先行，在跨省生态共建、环境联合治理、资源利用等方面加强合作。进一步拓展闽粤对外开放的广度和深度，充分发挥闽粤两省作为海洋经济综合试验区的优势，加强与台湾在海洋渔业、水产品精深加工、海洋生物医药、临港工业、海洋文化等方面的合作，完善以台港澳、海峡西岸经济区以及海上丝绸之路沿线国家为重点的开放合作体系建设。（省发展改革委牵头，省商务厅、潮州市政府配合）

加快构建赣粤产业合作区。加快发展区域性商品、产权交易和人力资源市场，加强科技资源、信用体系、市场准入、质量互认、社会保险等对接。

加强跨省重大基础设施的统筹规划、协同建设，开展高速公路等收费项目联网结算。在区域专项规划编制、政策协调、生态环境联防联治、联合执法等领域探索建立合作新机制。进一步发挥赣闽粤跨省区域协作组织的作用，完善市长联席会议机制。加强民间交流力度，积极推动共建招商平台。强化与珠三角、厦漳泉、长三角等沿海地区的经贸联系。全面深化与台港澳地区在农业、环保、电子信息及服务贸易等领域的合作交流，大力推进产业对接专业园区建设。提升梅州航空口岸对外开放水平。（省发展改革委牵头，省经济和信息化委、省商务厅、梅州、河源、潮州、韶关市政府配合）

鼓励潮州港与相关沿海地区加强区域合作，全面深化区域通关业务改革，提升对外开放水平。支持符合条件的地区按程序申请设立综合保税区，推进电子口岸建设，实现“一站式”通关服务。（省商务厅牵头，梅州、河源、潮州、韶关市政府配合）

支持符合条件的省级开发区按程序申请升级为国家级经济技术开发区（省商务厅牵头，梅州、河源、潮州、韶关市政府配合），支持符合条件的开发区申报认定省产业转移工业园区，推动梅州、河源、韶关依托产业园区带动产业集聚发展，加快承接产业转移。支持梅州加快“丰华兴梅”产业集聚带规划建设，加强与广州等珠三角地区的产业合作，探索产业规划、基础设施规划、土地利用总体规划和环境保护规划等多规协调统一，打造成为广东苏区振兴发展的示范区、省对口帮扶的示范产业园区和省级经济开发区。（省经济和信息化委牵头，省发展改革委、省国土资源厅、省环境保护厅、省住房城乡建设厅、省商务厅、梅州、河源、潮州、韶关市政府配合）

专栏19：产业园区建设工程项目
梅州市：规划建设丰华兴梅产业集聚区，建设广州（梅州）产业转移工业园、东莞塘厦（平远）省级产业转移工业园。 河源市：建设深圳南山（龙川）产业转移工业园二期工程、和平县产业转移工业园二期。 韶关市：建设东莞大岭山（南雄）产业转移工业园（二期）。

（七）推动体制机制创新。

深化行政审批制度改革，推进行政审批事项公开化、透明化、标准化和信息化。（省编办牵头，梅州、河源、潮州、韶关市政府配合）

支持发展非公有制经济和中小企业，鼓励民间资本参与基础设施、公用事业和社会事业等领域建设。探索非上市公司股权转让的有效途径。（省发展改革委牵头，梅州、河源、潮州、韶关市政府配合）

加快推进农村集体建设用地使用权确权登记发证工作，完善农村集体经营性建设用地流转机制。加快建设农村土地承包经营权流转服务体系，全面完成农村土地承包经营权确权登记颁证。（省国土资源厅牵头，省农业厅、梅州、河源、潮州、韶关市政府配合）

深化集体林权制度改革，推进林权抵押贷款，健全林业要素市场，加快林木、林地规范有序流转。（省林业厅牵头，梅州、河源、潮州、韶关市政府配合）

积极开展节能量、水权交易试点，按照省政府统一部署积极推进碳排放权交易试点工作。支持有条件的地方建设跨区域碳交易市场。建立绿色经济核算体系，推动开展环境保护费改税试点。（省发展改革委牵头，省经济和信息化委、梅州、河源、潮州、韶关市政府配合）

建立健全生态保护补偿机制，加大对重点生态功能区、禁止开发区补偿力度。（省财政厅牵头，梅州、河源、潮州、韶关市政府配合）

加快改革户籍制度，全面放开小城市和建制镇落户限制，有序放开中等城市落户限制，逐步把符合条件的农业转移人口转为城镇居民。（省公安厅牵头，梅州、河源、潮州、韶关市政府配合）

建立省直单位和大型国企对口支援原中央苏区县专门机制，切实加强人才、技术、产业、项目等方面帮扶。（省扶贫办牵头，省国资委、梅州、河源、潮州、韶关市政府配合）

（八）加大政策扶持力度。

对我省纳入《振兴发展规划》的 13 个县（市、区），国家在安排中央预算内投资和国外优惠贷款等资金时，参照执行西部地区政策。积极争取我省

13个原中央苏区县（市、区）与赣南、闽西原中央苏区县享受同样的财税、金融、产业、交通、水利、国土资源、人才等方面的优惠政策。对符合条件的产业项目优先规划布局；充分考虑原中央苏区内重大项目、城市扩容提质（含新区）、工业园区（含省级产业园区）建设等的用地需求，对所在地市给予用地指标支持并按规定进行土地利用总体规划修改，省级有关部门做好相关业务指导工作。进一步加大对公路、铁路、水路、民航、水利等建设项目的投入力度。适当调整地方法人金融机构宏观审慎政策参数，合理满足其信贷投放需求。（省发展改革委牵头，省国土资源厅、省财政厅、梅州、河源、潮州、韶关市政府配合）

积极争取中央地质勘查基金、国土资源调查评价工程资金投入，继续确保省地质勘查基金的资金投入。矿业权所得价款地方分成部分由省市县按规定比例分配，县分成部分要充分照顾矿业权所在地镇村利益。实行土地差别化政策，对新建高速公路、国省道干线公路升级改造给予用地指标支持，按照规定进行土地利用总体规划修改。省立项的公路项目用地指标由省统筹解决，市及市以下立项的公路项目用地指标由市统筹解决。在国家的统一部署下，支持适时开展土地利用总体规划调整完善工作，合理调整各类用地规模、结构和布局。（省国土资源厅牵头，省财政厅、梅州、河源、潮州、韶关市政府配合）

要加大财政投入，省财政一般性转移支付要对原中央苏区予以倾斜，将相关扶持资金纳入预算安排；省有关部门的专项资金要在同等条件下优先支持。对纳入《振兴发展规划》范围的13个县（市、区），从2015年起，每年每县安排专项补助资金1 000万元（共1.3亿元）并纳入年度预算安排；在安排省重点项目资本金及民生项目资金时，对于已经明确县级负担比例的国省道“迎国检”项目给予减半配套政策，对尚未明确市县配套比例的项目维持现行政策；在明确划分省、市、县事权与支出责任的基础上，对于新出台的属于省与市县共同承担支出责任的事项，原中央苏区县（市、区）应负担比例的一半由省财政承担。涉及省级资金安排事项，由省财政厅专题研究提出意见，按程序确认。省财政在现有专项资金中优先对符合条件具有重大价值和纪念意义的苏区革命遗址、文物纪念馆、纪念碑进行抢救、整理、保护和维修。优先支持原中央苏区产业、基础设施和社会民生项目申报。（省财政厅牵头，梅州、河源、潮州、韶关市政府配合）

参照国家重点帮扶连片特困地区的做法，集中资源对我省原中央苏区、海陆丰地区、乐昌市、始兴县、仁化县、紫金县、惠东县等县（市、区）进行连片重点帮扶。（省扶贫办牵头，省财政厅、梅州、河源、潮州、韶关、汕尾、惠州市政府配合）

三、工作要求

（一）加强领导，统筹推进。省建立促进原中央苏区振兴发展工作协调机制，负责统筹协调规划实施中的重大问题，重点协调跨市、跨省的重大基础设施建设和重大事项的协作问题，具体工作由省发展改革委承担。原中央苏区所在地级市、县（市、区）要相应建立协调机制，安排专人专岗开展工作，确保高质高效完成工作任务。

（二）用足政策，付诸行动。原中央苏区所在地级市、县（市、区）及省有关部门要大力弘扬苏区精神，向贫穷宣战，积极主动谋划，认真梳理研究《振兴发展的若干意见》和《振兴发展规划》提出的各项政策措施，深刻领会其内涵，找准切入点和对接点，提出衔接和落实的具体措施，积极探索，用好用足各项政策，努力发挥政策的最大效应，将国家政策支持转化为经济发展动力，力争脱掉贫困县的帽子。

（三）加强沟通，争取支持。省有关部门要加强与国家有关部门的沟通联系，积极争取《振兴发展的若干意见》和《振兴发展规划》中涉及我省的重大政策和重大项目逐一落实。同时，要加大对原中央苏区的支持力度，在相关规划编制、政策实施、项目和资金安排、体制创新等方面给予积极支持，指导和帮助解决实施过程中遇到的问题。

（四）细化任务，落实责任。原中央苏区所在地级市、县（市、区）和省有关部门要增强责任意识、大局意识，按照《振兴发展的若干意见》和《振兴发展规划》确定的目标和任务，紧密结合各自实际，明确工作重点，细化任务分工，落实工作责任。各牵头单位要加强统筹协调，各参与单位要积极配合，确保各项工作任务和政策措施落到实处。

（五）强化督查，确保落实。原中央苏区所在地级市、县（市、区）和省有关部门要定期对《振兴发展的若干意见》和《振兴发展规划》的实施情况进行认真总结，研究解决实施过程中的困难和问题。省发展改革委要牵头会同有关部门组织开展专题督促检查，跟踪分析并通报实施情况。对于造成重大污染的违法违规行为（特别是跨界水污染），要追究相关部门的责任。要注重研究新情况、解决新问题，重大问题及时向省政府报告。

二、2015 年广东区域经济发展大事记

1 月

1 月 1 日，省委常委、常务副省长徐少华赴珠三角城际轨道项目现场调研，强调打好攻坚战，全力推进交通项目建设。

1 月 1 日，广东首座跨海大桥——南澳大桥建成通车。

1 月 4—6 日，中共中央政治局常委、国务院总理李克强在广东广州、深圳考察。

1 月 7—8 日，国家调研组在我省开展战略性新兴产业区域集聚发展试点工作情况调研。

1 月 19 日，省政府常务会议审议通过《广东省贯彻落实〈赣闽粤原中央苏区振兴发展规划〉实施方案》。

1 月 26 日，省政府办公厅印发《珠江西岸先进装备制造产业带布局和项目规划（2015—2020 年）》。

1 月 27 日，国务院批准同意《珠海市城市总体规划（2001—2020 年）》（2015 年修订）。

1 月 30 日，以“同享海上丝路新商机，共建汕头华侨试验区”为主题的中国（汕头）华侨经济文化合作试验区推介会在香港会展中心举行。

2 月

2 月 1 日，“公交一卡通”覆盖全省 21 个地市，并与香港、澳门、新加坡实现互联互通。

2 月 8 日，广佛肇经济圈市长联席会议在广州举行，决定将 2009 年成立的广佛肇经济圈扩大到广佛肇清云经济圈。

2 月 17 日，省政府常务会议审议通过《关于支持广州南沙新区加快开发

建设的若干意见》。

2月27日，全省科技创新大会在深圳召开，强调全省动员，把创新驱动发展作为推动经济结构调整的总抓手和核心战略大力实施。

3月

3月3日，国务院印发《关于在广东省对香港、澳门服务提供者暂时调整有关行政审批和准入特别管理措施的决定》。

3月13日，省政府批复《广东省贯彻落实〈赣闽粤原中央苏区振兴发展规划〉实施方案》。

3月18日，省长朱小丹主持召开省政府常务会议，研究推进广东省工业转型升级的政策措施等。

3月23日，国家商务部、广东省人民政府与香港特区政府联合在香港举办2015年CEPA服务贸易自由化政策宣讲会。

3月25日，国家商务部、广东省人民政府与澳门特区政府联合在澳门举办2015年CEPA服务贸易自由化政策宣讲会。

3月30日，全省对台工作会议在广州举行。省长朱小丹出席会议，强调推动粤台经贸合作取得新突破。

3月31日，省推进珠江西岸先进装备制造产业带建设联席会议第一次会议在广州召开。

3月31日，省实施《珠三角规划纲要》领导小组召开会议，研究2015年重点工作和2014年有关考核工作。省长朱小丹出席会议并讲话。

4月

4月1日，省长朱小丹到韶关调研棚户区改造和北江航道扩能升级情况。

4月9日上午，省促进粤东西北地区振兴发展协调领导小组在广州召开会议，研究部署2015年工作任务。省长朱小丹出席会议并讲话。

4月15日，第117届中国进出口商品交易会在广州开幕。

4月15日，省政府办公厅印发《实施珠三角规划纲要2015年重点工作任务》。

4月16日，省政府办公厅印发《促进粤东西北地区振兴发展2015年重点工作任务》。

4 月 20 日，国务院印发《国务院关于印发中国（广东）自由贸易试验区总体方案的通知》。

4 月 20 日，商务部联合广东、上海、天津、福建 4 省市在国务院新闻办举行自由贸易试验区新闻发布会，同时公布 4 个自贸试验区的方案。

4 月 21 日，广东自贸试验区挂牌仪式在广州南沙举行。

4 月 27 日，省委常委、常务副省长徐少华主持召开工作会议，强调持之以恒实施粤东西北地区振兴发展战略。

4 月 28 日，省委常委、常务副省长徐少华与广西壮族自治区政府副主席张秀隆座谈，共商推进珠江—西江经济带建设。

4 月 30 日，省政府印发《关于支持广州南沙新区加快开发建设的若干意见》。

5 月

5 月 5 日，省委常委、常务副省长徐少华主持召开促进粤东西北地区振兴发展粤西片工作会议。

5 月 15 日，省委常委、常务副省长徐少华主持召开促进粤东西北地区振兴发展粤北片工作会议。

5 月 18 日，省委、省政府召开全省推进珠三角“九年大跨越”工作现场会。

5 月 21 日，省长朱小丹主持召开省政府常务会议，研究开展练江流域水环境综合整治、加快推进城市基础设施建设等事项。

6 月

6 月 1—2 日，省长朱小丹到清远调研少数民族地区扶贫工作，强调精准扶贫精准脱贫。

6 月 5 日，首届中德中小企业合作交流会在揭阳举办。

6 月 10 日，省长朱小丹出席广东自贸试验区工作领导小组第一次会议，强调推动自贸试验区建设迈出实质性步伐。

6月18日，首届珠三角城市绿色低碳发展论坛在深圳国际低碳城举行，珠三角九市发布《珠三角城市群绿色低碳发展深圳宣言》。

6月25日，2015年粤澳合作联席会议在江门举行，强调把握机遇深入推进粤澳更紧密合作。

6月29日，国土资源部批复实施《广东省佛山市南海区农村集体经营性建设用地入市试点实施方案》。

7月

7月2日，省长朱小丹主持召开省政府常务会议，研究加快推进中国（广东）自由贸易试验区建设等事项。

7月6日，中国（广东）—马来西亚经贸交流会暨双边企业家理事会会议在广州举行。

7月9日，省委常委、常务副省长徐少华到清远调研城际轨道项目建设情况，强调加快推进珠三角城际轨道项目建设。

7月10日，省长朱小丹召开广东以色列理工学院筹建工作座谈会，强调力争广东以色列理工学院明年夏季招生。

7月15日，省委常委、常务副省长徐少华到广州、东莞市调研铁路建设项目，强调加快国铁项目建设打造国际物流枢纽。

7月16日，珠中江阳经济圈区域紧密合作第十次党政联席会议暨横琴自贸区与珠中江阳经济圈区域经济发展交流会在珠海市召开。

7月17日，省委、省政府召开全省进一步促进粤东西北地区振兴发展工作会议。

7月20日，省政府印发《中国（广东）自由贸易试验区建设实施方案》。

7月21日，省委常委、常务副省长徐少华到江门调研，强调着力做大珠江西岸先进装备制造业。

7月23日，省长朱小丹主持召开省政府常务会议，研究强化深汕特别合作区管理服务等事项。

8月

8月7日，省政府在广州召开2015年全省上半年经济形势分析会议。

8月10日，省长朱小丹现场检查广佛肇城际铁路建设进度，召开座谈会推动珠三角城际轨道骨干网建设全面提速。

8月11日，省委常委、常务副省长徐少华调研港珠澳大桥建设情况，强调努力确保港珠澳大桥建设按质如期推进。

8月16日，省委常委、常务副省长徐少华主持召开粤东港口群发展座谈会，强调科学规划推动粤东港口协调发展。

8月25日，省政府批准实施《粤桂黔高铁经济带合作试验区（广东园）发展总体规划（2015—2030年）》

8月31日，住房城乡建设部与省政府在广州举行部省共同推进城乡规划建设体制改革试点省建设领导小组第一次会议，强调进一步提高城乡规划建设的有效性和可操作性。

9月

9月6日，省政府常务会议审议通过《广东珠海西部生态新区发展总体规划（2015—2030年）》和《东莞粤海银瓶合作创新区发展总体规划（2015—2030年）》。

9月9日，粤港合作联席会议第十八次会议在香港举行，强调深入推进粤港更紧密合作。

9月11日，省长朱小丹出席珠三角地区水环境综合整治与绿色生态水网建设工作现场会，强调构建人水和谐新格局，推进绿色化发展。

9月22日，粤桂黔高铁经济带合作试验区（广东园）建设工作现场会在佛山市南海区举行。

9月29日，国务院印发《国务院关于同意珠三角国家高新区建设国家自主创新示范区的批复》，同意支持东莞松山湖等8个国家高新技术产业开发区（统称珠三角国家高新区）建设国家自主创新示范区。

9月29日，省政府常务会议审议通过《广东梅兴华丰产业集聚带发展总体规划（2015—2030年）》。

9月30日，广东梅州抽水蓄能电站开工建设。

10月

10 月 9 日，第十二届中国国际中小企业博览会在广州开幕。

10 月 15 日，第 118 届中国进出口商品交易会在广州开幕。

10 月 21 日，省长朱小丹主持召开省政府常务会议，部署加快推进粤东西北地区新一轮城乡生活垃圾和污水处理基础设施建设等事项。

10 月 29 日，经省政府同意，省发展改革委印发《广东珠海西部生态新区发展总体规划（2015—2030 年）》。

10 月 29—31 日，2015 广东 21 世纪海上丝绸之路国际博览会在东莞市举办。

11 月

11 月 3 日，经省政府同意，省发展改革委印发《东莞粤海银瓶合作创新区发展总体规划（2015—2030 年）》。

11 月 3 日，经省政府同意，省发展改革委印发《广东梅兴华丰产业集聚带发展总体规划（2015—2030 年）》。

11 月 12 日，省委、省政府在广州召开珠三角国家自主创新示范区建设启动会议。

11 月 13 日，省政府常务会议审议通过《华侨经济文化合作试验区发展规划（2015—2030 年）》。

11 月 16 日，省委常委、常务副省长徐少华出席两广推进珠江—西江经济带建设现场对接会，强调推动两广合作建立长效机制。

11 月 16 日，省政府办公厅印发《关于大力构建湿地生态保护体系加快珠江三角洲地区绿色生态水网建设的意见》。

11 月 19 日，2015 广东经济发展国际咨询会在广州召开，省长朱小丹在开幕式上作国际咨询会工作报告。

12 月

12 月 11 日，2015 年泛珠三角区域合作行政首长联席会议在福州召开。

12 月 17 日，经省政府同意，省发展改革委印发《华侨经济文化合作试验区发展规划（2015—2030 年）》。

12 月 21 日，支持赣南等原中央苏区振兴发展部际联席会议第三次会议在北京召开。

12月25日，广佛肇清云韶经济圈2015年度市长联席会议在广州召开，六市政府主要领导出席，标志着广佛肇清云韶经济圈正式成立。